과로 자살

※ 이 도서의 국립중앙도서관 출판예정도서목록(CIP)은 서지정보유통지원시스템 홈페이지
(http://seoji.nl.go.kr)와 국가자료공동목록시스템(http://www.nl.go.kr/kolisnet)에서
이용하실 수 있습니다. CIP제어번호: CIP2019006754(양장), CIP2019006731(반양장)

과로 자살

가와히토 히로시 지음
김명희·노미애·다나카 신이치 옮김

한울

KARO JISATSU(2nd edition)
by Hiroshi Kawahito

Copyright © 2014 by Hiroshi Kawahito
Introduction Copyright © 2019 by Hiroshi Kawahito
First published 2014 by Iwanami Shoten, Publishers, Tokyo.
This Korean edition published 2019 by HanulMPlus Inc., Paju-si
by arrangement with Iwanami Shoten, Publishers, Tokyo.

과로 자살이 다가오기 전 '직장 갑질'의 풍경
도구가 되기 전에 연대해야 한다

전수경 / 노동건강연대, 직장갑질119

인천의 공단 지역에 갔다가 들어간 식당에서 들은 이야기가 잊히지 않는다. "아들이 기계에 끼여 사망했는데 그 어머니가 사고 소식에 달려와서는 우리 애 때문에 공장이 서서 죄송하다고 했다는 이야기가 있어요. 옛날 얘기죠."

"정말 그랬을까요? 설마요?" 놀라서 계속 묻는 나에게 "아들 죽은 게 억울하지만 시골에서 올라온 어머니들은 그런 말을 할 만한 시절이었죠"라고 말했다.

밤이 내린 공단의 쓸쓸한 공기가 가끔 떠오른다.

그 시절로부터 우리는 멀리 왔다. 화력발전소에서 하청 노동자로 일하던 아들의 죽음이 정치와 자본가의 책임이라는 것을 알았기에 그들이 잘못을 인정할 때까지 물러나지 않겠다는 어머니의 절규가 2018년 겨울에 시작되어 해를 넘기며 TV 뉴스에 나왔다. 마이크 앞에 선 어머니의 울음은 기업 권력 앞에 깊은 겨울을 살고 있는 우리의 심연을 건드리는 것이었다. 누구는 그 아들은 하청, 비정규, 생산직 노동자였다고, 도시의 화이트칼라 노동자는 다르다고 말할지도 모르겠다.

2019년 2월 9일 뒤늦은 추위가 기승을 부리던 날, 이 청년 노동자가 세상을 떠난 지 두 달 만에 열린 장례식에서 조사를 한 이는 3년 전에 드라마 제작 현장의 숨 막히는 노동환경을 고발하고 세상을 떠난 이한빛 PD의 어머니였다. 3년이 지나도 아침에 눈을 뜨면 아들의 죽음이 받아들여지지 않는다고 어머니가 말한다.

지난해 '직장 내 갑질'에 대한 교육을 의뢰받아 몇 곳의 정부 산하기관을 돌게 되었다.

처음 간 곳은 기관의 장과 간부들, 하급 직원까지 한 공간에 있었는데, 기관의 장은 몸을 비스듬히 기울이고 팔짱을 낀 채 앉아 나를 보았다. 전반적으로 그런 분위기였다. 뒷자리에 띄엄띄엄 앉은 젊은 직원들만이 갑질의 유형, 대처법 등이 나올 때마다 소심하게 메모를 했다. 두 번째 간 곳은 정규직들은 업무 때문에 바쁘다고 나오지 않고 비정규직, 기간제 노동자들만이 교육장을 채우고 있었다. 직장 안에서 일어나는 갑질의 사례를 분류해 보여주고, 외국의 직장 내 괴롭힘 입법 현황 등을 말하는데 기운이 나질 않았다. 세 번째 간 곳은 중간 관리자와 하급 직원이 섞여 있었는데, 갑질 사례를 소개할 때마다 여기저기서 피식 웃음이 새어나왔다. 교육은 금요일 오후에 진행되었는데 다음날 체육대회가 열린다고 했다. 얼마 전에는 노래자랑 대회를 했다고도 했다. 사무 공간을 거쳐 교육장으로 들어올 때 보았던 널찍한 벽을 차지한 신문 스크랩들이 무엇인지 알게 되었다. 그 기관의 대표가 추천해준 신문 기사들을 벽에 오려 붙여놓은 것이었다. 조잡한 신문, 잡지 쪼가리들이 흰 벽을 온통 차지하고 있었다. 그 대표는 직원들에게 "월급이 아깝다" "머리가 비었냐" 같은 말을 수시로 하고 본인이 쓴 책을 외우게 한다고 했다. 교육장 안에서의 웃음은 모멸감을 확인한 자조의 웃음이었다.

가는 곳마다 놀랄 만큼 생기가 없었다. 조직 내 위계의 상층에 있는, 갑질의 가해자가 될 가능성이 있는 이들은 보이지 않거나 적대적이었다. 조직 내 민주주의에 대한 인식이 있어야 주체의 비민주적 리더십도 성찰할 수 있다. 과중한 업무 강요, 폭언, 폭행, 폭력적 노동환경을 조성하는 이들의 자기 성찰 없이는 아주 작은 변화라도 만들어내는 것이 얼마나 힘에 부치는 일인지 몰랐다, 직장갑질119 활동을 하기 전에는.

　기업 내 권력의 불균형은 한국 사회의 역사적, 문화적 특성과 결합해 사람을 도구화하고, 이 과정에서 권력이 없거나 약한 노동자가 표적이 된다. 더 많은 생산이 선이자 윤리인 기업의 본성과 강제적 장시간 노동을 조장, 용인하는 문화가 결합하면서 직장 내 갑질, 괴롭힘, 과로사, 과로 자살이 일어난다. 노동자 스스로를 보호할 노동조합 같은 조직이 없을 때는 브레이크 없는 가속 상태가 되기 일쑤이다.

　직장갑질119의 익명 상담 채팅방과 이메일을 통해서 본 한국 사회 노동자의 노동환경은 실로 놀라웠다. 예사롭게 견뎌오던 이들이 익명의 상담 창구가 열리자 폭발하듯이 자신의 이야기를 들고 모여들었다.

　본인이 들어온 욕설을 녹음해 60분 분량의 파일을 이메일로 전송한 대기업 사무직 노동자의 심리적 고통을 헤아릴 길이 없다. 다국적기업의 한국 지사에서 일하면서 본사에 업무 관련 제안을 한 후 책상이 옮겨지고 섬처럼 격리된 채 "사탕 하나 주지 마라" "가까이 가지 마라"는 말을 들으며 3년을 버틴 30대 여성 노동자는 너무 씩씩해서 나를 놀라게 했다. 하지만 그녀는 끝내 "몇 달만 더 버티려고요, 더 이상 못할 것 같아요"라고 말했다. 그녀에게 지난 3년은 어떤 시간이었을지 가늠하기 어렵다.

　실업계 고등학교 현장 실습생으로 시작한 공장 노동자 생활을 졸업 후에도 계속 하면서 힘들어하는 자녀에게 "사회생활이 그런 거다" "참는 법을 배워야 한다"고 말하던 부모는 공장의 비인간적 노동환경과 관리자들의 인격 모독 언행들을 알게 된 후 뒤늦은 후회를 했다.

책상을 걷어차고 서류철을 던지고 주먹을 들어 때리는 순서로 남성 직원들에게 폭력을 행사하던 사장이 자신에게도 같은 패턴으로 위협을 가하자 사표를 내고 노동청에 달려간 여성 노동자가 있었다. "그런 문제는 감독하기가 어려워요, 체불임금이 생기거든 오세요"라는 근로감독관의 말을 듣고 그녀는 발걸음을 돌려야 했다.

이 밖에도 극한의 노동시간, 수당 떼어먹기, 마른 수건도 쥐어짜는 착취 사례들은 한국 상황을 정리한 이 책의 부록에 잘 드러나 있다. 과로 자살이 예외적인 사건으로 뉴스화되고 다수의 죽음은 '개인화'되어 소리 없이 묻히는 현실에서, 이 책은 과로 자살의 사회적 맥락을 캐내고 있다. 어떤 개인의 죽음도 온전히 개인적일 수는 없겠지만, 과로 자살의 경우는 사회적인 죽음으로서 건져 올려지고 말해져야 한다. 아무리 배움을 모르는 우리 사회라 해도, 사람을 죽음에 이르게 할 만큼 생산을 압박하는 사회라면, 멈추어야 한다는, 교훈을 얻어야 하기 때문이다.

2018년 말 '직장 내 괴롭힘 방지법'이라 불리는 근로기준법 개정안이 국회를 통과해 2019년 7월부터 시행된다. 근로기준법에서는 '직장 내 괴롭힘'을 '사용자나 근로자가 업무상의 우월적 지위 또는 관계를 이용해 다른 근로자에게 신체적 정신적 고통을 주거나 업무 환경을 악화시키는' 행위로 정의하고, 산재 보상법에는 괴롭힘으로 인해 발생한 스트레스가 산업재해에 해당한다는 조항을 넣었다. 그러나 이 법의 효과는 아마도 개별 기업, 노사 관계, 노동자의 목소리 크기에 따라 달라질 것이다. 그래서 우리는 연대해야 한다, 조건 없이. 직장의 동료와 이야기해야 한다. 작은 부당함도 큰 부당함도 옆 사람에게, 동료에게 이야기해야 한다. 조건 없이. 내가 지금 당하고 있다고 드러내야 한다. 드러낼 때, 말이 시작될 때 괴롭힘·폭력은 멈칫하기 시작한다. 저항하지 않을 것이라 믿고 부당한 업무 지시, 강제 연장 노동을 강요해왔기 때문이다.

직장 갑질, 직장 내 괴롭힘이 노동자들 사이에 일어난 불화, 갈등의 결과라고 경영자들, 사측 법률가들이 주장하는 것을 여러 번 보았다. 업무 능력이 떨어지는 노동자들의 주관적인 불만을 기업이 일일이 관리할 수는 없다고 항변하기도 했다. '극기 훈련'을 통해 노동자에게 정신교육을 실시하고 생산성을 끌어올릴 수 있었던 (그렇게 믿었던) 한국의 기업들로서는 갑질, 괴롭힘에 대한 관리 책임을 기업 문화, 기업 내 민주주의 문제로 보는 것이 내키지 않을 것이다. 그들에게 『과로 자살』을 같이 읽자고 제안할 수도 있겠다.

『과로 자살』이 들려주는 일본 노동자들의 사례를 보면, 개인을 증발시키면서 회사의 인간, 조직의 인간이 되도록 몰아세우고, 이를 수행하지 못할 때 무능하거나 회사에 손해를 끼치는 인간으로 몰아가는 과정이 보인다. 과로 자살은 인간성을 기업에 종속시키고 도구화하는 자본주의, 그리고 일본과 한국 같은 가부장주의 서열 사회가 결합하여 만드는 현상이라는 것을 확인할 수 있다. 이 책의 부록에 인용한 직장갑질119의 '성공적 활동'의 결과 우리는 처참한 사례들을 많이 알게 되었다. 직장 내 괴롭힘, 강요되는 연장 노동, 노동자를 쥐어짜는 생산 압박의 심각성을 미리 알게 된 것은 우리에게 기회가 된다.

글의 앞머리로 돌아가서, 아들의 죽음에 머리를 조아리던 어머니의 시절로부터 우리는 얼마나 멀리 와 있나. 사람은 생산의 도구이고 경제가 모든 것에 우선한다는 자본주의 윤리가 영혼을 잠식하도록 두지 말자. 우리에게는 멈출 수 있는 기회가 있다.

너 나 없이 과로하는 일본과 한국의 초상

한인임 / 일과건강

국민 1인당 GDP 26위 일본, 29위 한국은 선진국 대열에 나란히 올라 있는 나라지만 장시간 노동에서는 타의 추종을 불허하는 곳이기도 하다. 그래도 장시간(주 노동시간 49시간 이상) 일하는 노동자 비율은 일본이 우리보다 적다. 조승래(2018)*에 따르면 일본은 21.3%, 한국은 32.4%, 미국 16.4%, 프랑스 10.4%, 독일 10.1%라고 한다. 이에 더해 자영업자 비율 (2013년 기준으로 한국 27.4%, 일본 11.2%로 OECD 4위와 21위를 차지)까지 고려하면 한국은 그야말로 과로의 천국이다.

이 때문인지 「세계행복보고서」(UN 연례보고서)에서 157개국 중 50위권 밖으로 밀려나 있는 한국과 일본을 발견하게 된다. 사회복지의 부족, 양극화 또한 문제라는 지적이다. 결과적으로 자살률도 한국은 리투아니아에 이어 세계 2위, 일본은 9위를 차지하고 있다.

이 책은 일본의 과로 자살 문제를 A부터 Z까지 촘촘히 다루고 있다. 다양한 사례와 보상, 예방 제도의 변화 및 대책까지. 즉, 일본의 과로사와

---

* 조승래, 「70년만의 노동대개혁, 일본의 '일하는 방식 개혁법률'」, 국회입법조사처, ≪이슈와 논점≫ (2018년 제 1490호).

과로 자살의 문제를 한눈에 볼 수 있도록, 쉽게 구성되어 있다. 국내 과로사 연구자와 활동가들에게는 필독 서적이다. 그런데 읽을수록 헷갈리는 것이, 마치 한국 이야기 같다. 어쩌면 이리도 닮았을까? 장시간 노동이 문화가 되고 압력이 되고, 직장 내에서 무시당하고 괴롭힘 당하고…. 가까운 이웃이라 전이된 것인지, 36년 식민지 역사가 남긴 흔적인 것인지, 친일 적폐를 제대로 청산하지 못해서인 것인지.

지난여름 일본 후생노동성을 방문한 적이 있다. 과로사방지법 제정 이후 일본에서 어떤 변화가 있었는지 확인하기 위해서였다. 국내에서 2018년 2월 이루어진 노동시간 단축 및 특례 업종 제한적 폐지(근로기준법 개정)에 영향을 받았는지, 일본에서도 6월에 '일하는 방식 개혁 법률'이 통과된 후라 그 효과에 대해서도 이야기를 들을 수 있었다.

일본은 2014년 과로사방지법을 제정한 후 장기적인 관점에서 장시간 노동자 비율을 낮춰가겠다는 목표를 세웠다. 2020년까지 "주 노동시간 60시간 이상 고용인의 비율을 5% 미만", "연차유급휴가 취득률 70% 이상", 2017년까지 "정신 건강 대책을 진행하는 사업장 비율 80% 이상"이라는 목표를 설정하고 조기 달성을 계획했다. 이를 위해 후생노동성 내에 전담 조직인 과로특별대책실을 설립했다.

일본은 아주 천천히 그리고 꼼꼼하게 과로사방지법을 제대로 구현하기 위한 노력을 기울이고 있었다. 한국의 경우 2018년 2월에 상당한 개혁이 있었지만, 여전히 노동시간 규제를 받지 않는 취업자의 규모가 전체의 60%를 훌쩍 넘기고 있다. 과로사예방법조차 없는 국내에서는 과연 무엇을 해야 할까? 일본처럼 우리도 천천히, 제대로 가볼 궁리를 해야 하지 않을까?

차례

이와나미신서에서 『과로 자살』 제1판을 세상에 내놓은 것이 1998년 4월이
었다. 그 해는 일본에서 자살자 수가 사상 처음으로 3만 명을 돌파한 해였고,
노동자의 과로 자살(업무로 인한 과로·스트레스가 원인이 된 자살)이 급증한 해였
다. 그 후에도 과로 자살은 지속적으로 많이 발생했다. 2014년 7월 나는 『과로
자살 제2판』을 출판했다. 이 책에서 나는 새로운 사례를 중심으로 사태의 심
각함을 호소하면서, 하루라도 더 빨리 이러한 희생자를 없애기 위한 해결책을
제시했다.

지금으로부터 30년 전인 1988년, 일본에서는 변호사·의사·직업병 전문가
들이 협력해 과로사 110번이라는 전국적인 상담 창구를 열고, 과로사 유족의
상담을 받기 시작했다. 처음에는 뇌·심장 질환에 의한 돌연사에 대한 상담이
중심이었지만, 점차 정신 질환·자살 사례에 대한 상담이 늘어나 오늘날에 이
르게 되었다.

과로사·과로 자살은 일본만의 문제가 아니다. 글로벌 경제체제 아래 세계
각지에서 비슷한 피해가 발생하고 있다. 특히 한국이나 중국에서는 일본과
마찬가지로 심각한 사회문제가 되고 있다.

한국에서는 특히 1997년 'IMF 외환 위기' 이후, 노동환경이 악화하면서 노
동자의 생명과 건강을 해치는 사례가 늘고 있다는 이야기를 들었다.

이 책의 한국어판 출간을 계기로 한국에서 과로사·과로 자살의 방지, 유족을 지원하는 노력이 확산되기를 기대한다.

또한 한일 공통으로 이 과제에 대해 정보 교환을 추진하고 서로 협력해, 적절한 대책이 강구되기를 바란다.

가와히토 히로시

『과로 자살』 초판은 1998년 4월 이와나미신서(岩波新書)에서 출판되었다.

'과로 자살'이란 업무 중에 생긴 과로·스트레스가 원인이 되어 자살에 이르는 것을 뜻한다. 과로 자살은 과로사의 일종이다. 과로 자살은 1990년대 버블경제 붕괴 이후 그 숫자가 점점 늘어났다. 과로사 110번 활동을 통해 일터의 실태를 접한 나는 큰 위기감을 절실히 느꼈고 이를 사회에 경고하기 위해 초판을 집필했다.

나의 우려는 불행한 형태로 현실이 되었다.

1998년, 일본의 자살자 숫자는 사상 처음으로 3만 명을 넘었다. 이후 2011년까지 14년 동안 자살자가 3만 명을 넘어서는 기이한 사태가 이어졌다. 2012년과 2013년에는 약간 감소했지만 여전히 3만 명에 가까운 희생자가 발생했다. 그중 우려되는 것은 '업무 문제'가 원인이나 동기로 추정되는 자살이다. 그 숫자는 연간 약 2500명(내각부 통계)에 이른다고 한다. 이는 매일 평균 7명 정도가 업무 중 생긴 과로·스트레스가 원인이나 동기가 되어 자살한다는 것을 뜻한다.

특히 심각한 것은 20~30대 청년 노동자의 과로 자살이다. 어렵게 공부해서 입사한 젊은이들이 잇따라 업무상의 과로·스트레스로 우울증 같은 정신 질환에 걸리고 급기야 목숨을 끊는다. 이런 심각한 사태가 업종과 직종을 불문하고 전국의 일터에서 발생하고 있다. 일본의 장래를 짊어질 많은 젊은이들이 비참하게 죽어가는 모습을 보며 나는 매일 암담한 기분에 빠져든다.

이 책(제2판)은 초판 이후의 상황 변화를 참작해서 초판을 완전히 다시 쓰다시피 했다.

제1장에서는 사례를 전부 바꾸었다. 내가 직접 소송을 담당하면서 조사한 자료를 바탕으로 했고, 젊은이를 중심으로 과로 자살의 실태를 구체적으로 기술했다.

제2장에서는 새로운 통계와 연구를 참고해서 과로 자살의 특징, 원인, 배경, 역사를 고찰했다.

제3장에서는 초판 이후 크게 바뀐 과로 자살과 노재 보상의 관계를 정리하고, 구체적인 의문점을 문답 형식으로 알기 쉽게 설명했다.

제4장에서는 과로사 등 방지 대책 추진법(약칭 과로사방지법) 등 변화한 정세를 참고하여 과로 자살의 방지 대책을 제언했다.

초판에 이어 많은 사람들이 이 책을 읽고 일하는 이들의 생명과 건강을 지키는 데 조금이라도 보탬이 되기를 기대한다.

가와히토 히로시

제1장

사례들

1. "바라는 일은 오직 하나. 5시간 이상 자고 싶다"

- 24세, 화학플랜트 공사 감독자

"이대로 살아가는 것이 죽는 것보다 괴롭다"

- 27세, 시스템엔지니어

> 젊은 공사 감독자는 입사 2년 차에 38일 동안이나 연속 근무를 하며 한여름 공사 현장에서 일을 계속했다. 그 결과, 정신이 병들어 자살에 이르렀다. 젊은 시스템엔지니어는 이산화탄소가 가득 찬 좁은 작업실에서 33시간 연속 근무하는 등 과도한 근무가 이어지는 가운데 우울증이 발병하고 약물 과다 복용으로 사망했다. 건설업, IT 업종 등을 중심으로 젊은 기술직 노동자들이 잇따라 목숨과 건강을 빼앗기고 있다.

1) 블로그 사이트 믹시(mixi)에 올린 글

2008년 4월 25일 23시 34분

겨우 집에 돌아왔습니다. 그런데 말이지요. 요즘 같은 시대에 왜 차갑고 딱딱한 바닥에서 자야 하는지! 그래도 그 덕에 이부자리의 고마움과 몸속까지 스며드는 새벽의 쌀쌀함과 추우면 감기에 걸린다는 것이 증명됐어! 오늘은 겉옷이 아닌 이불을 덮고 잘 수 있어. 아, 역시 24시간 근무는 너무 힘들어.

4월 28일 23시 52분

쉬고 싶다, 그러나 쉴 수 없다. 내일도 휴일이지만 어김없이 정시 출근입니다. 후유. 휴일에도 못 쉰다는 게 제일 고달프다.

5월 11일 22시 51분

오늘은 일요일인데, 앞으로 한동안은 휴일이 없을 거야. 우울증 체크했더니

'약간 우울 경향'이라는 평가가 나왔어!

5월 21일 23시 34분

집중력도 없고 장래를 예측할 능력도 없다. 무엇을 먼저 하고 무엇을 나중에 해야 할지 모르겠다. 이것은 감독업이 맞는지 여부를 떠나 사회인으로서 실격이 아닐까? 끝내고 싶다. 모든 것을 끝내고 싶다. 내 주변에 의논할 사람이 없어서 더 초조한지도. 지바(千葉)현에 지인이 없으니, 자신이 없어졌다. 사직서 쓰는 방법을 웹에서 찾아서, 막상 쓰려고 보니 결심이 서지 않는다. 직속 선배와 의논하고 싶지만 선배가 나보다 더 바쁘고 힘들어 보이는데다, 내 고민은 너무나 작아 보여 선뜻 상담을 못하겠다.

5월 28일 23시 52분

바쁜 것일까? 방금 전에 돌아왔다. 저녁밥까지 먹고, 자면 끝이다!! 역시 바쁜 것일까? 그런데 사람이 부족해! 이 사무소는 업무량 〉 인원! 한밤중에 세탁이 말이 되냐고! 정말 못 참겠어!

6월 14일 2시 22분

점심 휴식 시간에도 업무 일정을 챙겨야 해. 안 그러면 연장 근무가 확확 늘어날 뿐. 게다가 수면 시간이 상당히 부족해. 기분이 너무 가라앉아 버려서 숙면을 할 수 없네. 피로가 가시지 않는다. 피로가 가시지 않음 → 머리가 작동하지 않음 → 같은 실수 → 욕먹는 굴욕 → 잠들지 못함 → 피로가 가시지 않음 → …… 휴일은 8월쯤이면 생기려나.

6월 22일 23시 22분

생각하면 생각할수록 수렁으로 빠져든다. 그나저나 쉬고 싶다고! 휴…… 한

숨만 쉰다고 지적받고…… 고민이 있어도 상담할 사람이 없으니 더 힘들어. 그 보다…… 정말이지 잠이 안 온다!

아무리 먹어도 먹어도 체중이 줄기만 하니 어찌 된 거야! 어느새 이번 주도 시작이다.

7월 20일 22시 27분

누구에게, 무엇을, 상담하면 좋을지 모르겠습니다. 무엇이 불안한지, 무엇을 모르는지, 그것이 막연하기 때문에, 무엇이 불안하냐고 묻는다면 전부 불안하고, 무엇을 모르냐고 묻는다면 전부 모르겠다. 이제 끝일지도 몰라. 업무에 집중할 수가 없다. 생각한 것은, 살게 된다면 앞으로, 좋은 일은 반드시 있겠지만, 좋은 일과 나쁜 일의 비율이 1:100 정도라면 그다지 의미 없는 것이 아닐까. 좋은 일이 일어나기 전에 찌그러질 거야! 그보다 이미 너덜너덜해졌어.

7월 21일 12시 36분

체력과 정신력의 한계! 휴일 출근은 절대로 의욕이 안 생겨!

7월 25일 3시 41분

돌아왔다. 지금 막 집에 돌아왔네요. 방금까지 일을 했지요. 이따가 3시간 반 후에는 회사에 가야 해요. 이제 어떻게 되든 상관없어요. 아무리 생각해도 지금의 상황을 타개하는 건 어렵다. 노기(勞基) 운운해도 아무 소용이 없고 끝났어, 나는. 회사에 폐가 되기 전에 빨리 별이 돼야지.

7월 28일 21시 58분

바라는 것은 오직 하나. 5시간 이상 자고 싶다.

8월 3일 1시 14분

　　도대체 언제 쉴 수 있을까…….

　　이상(원문 그대로임)과 같이 믹시에 글을 올리던 데라다 고이치(寺田耕一)
씨는 그 해 8월 중반 돌연 회사에 무단결근했다. 그 후, 가족과 함께 심료내
과˙에서 진료를 받았지만, 11월 초순에 자살했다. 입사 2년 차, 24세라는 젊
은 나이였다.

2) 한여름에 38일 연속 근무

　　데라다 씨는 수도권 대학 공학부를 졸업하고 2007년 4월, 대기업 화학 플랜
트 유지 보수 업체인 신코(新興)플랜테크 주식회사에 입사했다. 입사 연수를
마친 후 4월 중순부터 지바 사업소에 배속되어, 거래처인 석유정제·석유화학
플랜트 현장감독 업무에 종사하게 되었다.

　　구체적으로는 각 현장에서 플랜트 설비의 정기 점검과 보수공사를 감독하
고, 또한 배관의 절단과 용접 등 화기 작업, 크레인으로 짐을 올리고 내리는
등의 중장비 작업에 입회하기도 했다. 현장 근무 외에도 협력 업체에 보내는
작업 지시서, 작업원의 위험 예지 활동을 위한 공사 안전 작업 지시서, 작업
일지 등 문서 작성 업무를 했다.

　　데라다 씨는 2008년 1월 이데미쓰(出光)에 있는 분해로 공장으로 이동해

＊　　옮긴이 주: 일본에만 있는 임상 전문과로, 심리적 요인에 의해 신체 증상이 발현되는 정신 신체병
　　　(psychosomatic disease)을 주로 다룬다. 대표적으로 섭식 장애, 공황장애, 수면 장애, 우울 상태
　　　등이 있다. 그러나 한국을 포함해 대부분의 국가에서는 정신건강의학과가 정신병(psychosis)을 포
　　　함해 이러한 문제들을 포괄적으로 다룬다.

<표 1-1> 데라다 씨의 월별 시간 외 노동시간(2008년 2월~7월)

월	시간 외 노동시간
2월 1일 ~ 29일	84시간 15분
3월 1일 ~ 31일	151시간 21분
4월 1일 ~ 30일	94시간 27분
5월 1일 ~ 31일	140시간 43분
6월 1일 ~ 30일	167시간 22분
7월 1일 ~ 31일	218시간 23분

주: 숫자는 도쿄 지방법원이 인정한 것.
옮긴이 주: 시간 외 노동이란 소정 근로시간(근로기준법하에 근로계약이나 취업규칙 등에서 '일하기로 정한 시간') 외에
이루어진 노동을 말한다. 평일 정해진 근무시간 이후까지 일하는 '연장근로'와 휴일 등에 근무하는 '휴일 근로'를 포함
한다. 국내에서는 관행적으로 연장근로를 '잔업, 초과근무, 야간' 등으로, 휴일 근로를 '특근'으로 지칭하지만 공식적
인 법적 용어는 아니다.

보수공사 감독 업무를 맡았다. 작업원 대부분이 연장자이고 경력도 데라다

씨보다 길었기 때문에, 작업원에게 지시할 때에는 대단히 신경을 써야 했다.

같은 해 2월 무렵 이후 근무가 과중해지면서 그의 건강이 무너져 내리기

시작했다.

'근무 보고(주보·월보) 보관용'(타임카드를 기초로 한 기록)에 의하면, 데라다

씨의 2008년 2월 이후 시간 외 노동시간은 <표 1-1>과 같다. 월 100시간은

물론 월 200시간을 넘는 경우도 있을 만큼, 상식을 벗어난 장시간 노동이 계속

되었다.

4월 하순에는 3일 연속 야간근무를 하라는 지시를 받았다. 침대도 없이 바

닥에서 선잠을 자야 하는 '집단 수용소' 같은 노동 현장이었다. 앞서 기술한

블로그 4월 25일의 "겨우 집에 돌아왔습니다. 그런데 말이지요. 요즘 같은 시

대에 왜 차갑고 딱딱한 바닥에서 자야하는지, 아 역시 24시간 근무는 너무 힘

〈표 1-2〉 2008년 7월 데라다 씨의 노동시간

날짜	노동시간(시작 ~ 종료)	시간 외 노동시간	비고
1(화)	7:31 ~ 17:49	1:28	
2(수)	7:25 ~ 19:22	3:07	
3(목)	7:25 ~ 19:38	3:23	
4(금)	7:26 ~ 22:21	6:05	
5(토)	7:25 ~ 18:38	10:13	
6(일)	7:26 ~ 19:01	10:35	
7(월)	7:31 ~ 21:02	4:41	
8(화)	7:26 ~ 21:57	5:41	
9(수)	7:27 ~ 22:19	6:02	
10(목)	7:24 ~ 23:06	6:52	
11(금)	7:28 ~ 22:13	5:55	
12(토)	7:34 ~ 20:12	11:38	
13(일)	7:25 ~ 18:00	9:35	
14(월)	7:24 ~ 21:56	5:42	
15(화)	7:26 ~ 21:13	4:57	
16(수)	7:25 ~ 20:58	4:43	
17(목)	7:24 ~ 22:23	6:09	
18(금)	7:26 ~ 21:53	5:37	
19(토)	7:26 ~ 20:59	12:33	
20(일)	7:29 ~ 18:50	10:21	
21(월)	7:33 ~ 17:27	5:54	바다의 날(휴일)
22(화)	7:25 ~ 21:51	5:36	
23(수)	7:25 ~ 23:27	7:12	
24(목)	7:24 ~ 3:02	10:48	
25(금)	8:00 ~ 19:48	2:58	
26(토)	7:27 ~ 19:39	11:12	
27(일)	7:38 ~ 0:18	15:40	
28(월)	7:33 ~ 22:32	6:09	
29(화)	7:28 ~ 20:13	3:55	
30(수)	7:24 ~ 22:30	6:16	
31(목)	7:24 ~ 20:40	4:26	
합계		218:23	

주: 1) 노동시간 집계표(2008년 7월 1일~7월 31일)에 기초한 것.
　　2) 숫자는 도쿄 지방법원이 인정한 것.

들어" 등의 문장이 이때의 괴로움을 전해준다.

황금연휴 마지막 날인 5월 6일, 부모님 댁을 방문했을 때에는 어머니에게 "휴일이 없어서 힘들다, 지친다" "일손이 부족하다"고 말했다.

실제 데라다 씨는 주 1회의 휴일마저도 제대로 쓰지 못했다. 3월에는 21일간, 6월에도 18일간 연속으로 근무했다. 그리고 7월에는 하루도 휴일이 없었다. 8월 3일의 블로그에서 "도대체 언제야 쉴 수 있을까…"라고 하소연했지만, 8월 7일이 되어서야 겨우 휴일을 받을 수 있었다. 6월 말부터 38일이나 휴일 없이 근무를 계속했던 것이다. 〈표 1-2〉는 7월의 일 단위의 노동시간을 정리한 것이다.

블로그 가운데 "체력과 정신력의 한계"(7월 21일), "바라는 것은 오직 하나. 5시간 이상 자고 싶다"(7월 28일)는 말은, 피로로 심신의 건강이 황폐해지는 과정에서 내뱉은 비통한 외침일 것이다.

3) 자책감, 자살 의도

데라다 씨 업무의 대부분은 분해로 내부에서 이루어졌지만 옥외 작업도 있고, 지상 20~25m의 고소 작업도 있었다. 현장 부근 [기사라즈(木更津)] 기상청의 데이터에 의하면, 7월 후반에는 거의 매일 30도를 넘는 폭염이 지속되고 있었다. 데라다 씨는 이렇게 가혹한 노동환경에서 7월 내내 단 하루도 쉬지 못하고 일을 했다. 그 결과 인간의 생리적 한계를 넘어서면서 정신 질환이 발병하게 되었다.

7월 25일 블로그에 있는 "끝났어 나는. 회사에 폐가 되기 전에 빨리 별이 돼야지"라는 말은 정신의학에서 말하는 자책감과 자살 의도를 의미하는 것으로 생각된다. 이 무렵에 우울증의 전형적 증상이 나타난 것으로 보인다.

데라다 씨는 8월 중순 무렵, 돌연 무단결근을 하고 행방불명되었다. 다행히 이때에는 얼마 후 무사히 돌아왔다. 부모가 그를 심료내과 의사에게 데려가서 우울증을 진단 받고 이후 통원 치료를 받았다. 9월에 사무실 근무로 바뀌었지만 시간 외 노동은 계속됐다. 병원을 다니는 중임에도 불구하고, 회사는 주치의와 산업의* 의견을 듣지 않고 11월 초부터 또 다시 다른 현장으로 인사 발령을 냈다. 장시간 노동의 생활이 다시 시작되었고, 데라다 씨는 결국 11월 11일 자살했다.

11월 3일, 그의 마지막 블로그에는 "11월의 마지막 휴식" "앞으로 휴식이 없을 거라는 선언. 갑작스레 정기 수리 공사가 들어와서 무조건 차출됐다"고 쓰여 있었다.

4) 월 200시간의 시간 외 노동까지 허용했던 36협정

데라다 씨의 유족은 지바 노동기준감독서(이하, 노기서)† 에 노재 보험(유족 보상 급여 및 장제급여)‡ 을 신청했고, 지바 노기서는 2010년 9월에 업무상 사망(산업재해 사망)이라는 결론을 내렸다(그 후 유족이 회사 등의 손해배상책임을 물어 도쿄 지방법원에 제소했고, 2013년 12월 회사의 책임이 인정되었다).

데라다 씨가 과도하게 장시간 노동을 하게 된 원인, 배경에는 이상한 '36협정'의 존재가 있었다. 36협정이란 노동기준법§ 제36조에 따른 노사 협정을

---

* 옮긴이 주: 노동자의 건강관리나 사업장 내 보건관리자의 업무를 지도하는 의사를 말하며, 국내 산업안전보건법 제17조에서는 '산업보건의'로 지칭한다.
† 옮긴이 주: 한국의 지방고용노동청에 해당한다.
‡ 옮긴이 주: 한국의 산재보험(산업재해보상보험)에 해당한다.
§ 옮긴이 주: 한국의 근로기준법에 해당한다.

말한다. 법정 노동시간(주 40시간 등)을 넘는 시간 외 노동의 한도를 결정하는 노사 협정이다. 이 협정이 없는 경우, 연장근로와 휴일 출근은 위법이 된다.

후생노동성의 공지에 의하면, 이 36협정으로 연장 가능한 시간 외 노동의 한도는 원칙적으로 월 45시간이다. 하지만 '공작물 건설 등의 사업'은 그 예외로 지정되어 행정에 의한 한도 규제가 없다. 이에 따라 신코플랜테크 주식회사 지바 사업소도 예외 사업장으로 취급되었다. 그 결과, 지바 사업소 노사가 체결하고 지바 노기서가 수리한 36협정에는 월 150시간, 게다가 '특별한 사정'이 생긴 경우에는 월 200시간의 시간 외 노동을 '합법화'하고 있었다.

데라다 씨가 앞서 썼던 것처럼, 회사가 초장시간 노동을 시킬 수 있었던 배경에는 이러한 36협정이 있었던 것이다.

7월 25일자 블로그에 "노기 운운해도 아무 소용이 없고"라는 표현이 있다. 여기에서 말하는 '노기'라는 단어는 노동기준법(이하, 노기법)이나 노기서를 말하는 것으로 짐작된다. 데라다 씨가 당시 36협정의 내용을 어느 정도나 알고 있었는지는 불분명하다. 하지만 그는 노기법과 노기서가 자기를 구해줄 것이라고는 생각하지 않았던 것 같다. 왜냐하면 저 정도의 초장시간 노동을 하고 있지만 지바 사업소의 36협정이 이를 '합법화'하고 있기 때문이다.

데라다 씨의 죽음을 불러온 이상한 36협정. 이를 체결했던 사용자와 노동조합, 그리고 이를 수리했던 노기서의 책임을 묻지 않을 수 없다.

원래 후생노동성은 통산 월 45시간 이상으로 시간 외 노동이 길어지면 노동자에게 건강 문제가 발생할 위험성이 크다고 지적하고 있다.

데라다 씨와 같은 희생을 되풀이하지 않으려면, 근본적으로 건설 관련 업종을 포함한 전체 업종에서 시간 외 노동의 규제를 법령으로 강화해야 한다.

5) 시스템엔지니어의 과로사

지금까지 뇌·심장 질환으로 인한 과로사는 대개 직책으로는 중간관리직, 직종은 영업직, 사무직, 운전직 등에서 일어나는 것이 일반적이었다. 과로 자살이나 정신 질환도 이들 업종이나 직종에서 상당수 발생했지만, 예전에는 그다지 두드러지지 않았던 기술 관련 분야의 젊은 노동자에게로 점차 광범위하게 확산되고 있다. 앞에서 소개한 데라다 씨처럼 건설업에서 일하는 사람들의 희생이 잇따르고 있다.

그리고 눈여겨봐야 할 것은 새로운 산업으로 주목 받는 IT 관련 업계에서 젊은 기술자, 특히 시스템엔지니어들이 과로 끝에 사망하는 사례가 늘어나고 있다는 점이다.

시스템엔지니어란 전문 지식과 기술을 구사해서 컴퓨터 시스템을 만들기 위한 설계와 테스트를 수행하는 직종이다. 참고로 프로그래머는 시스템엔지니어가 작성한 설계서를 바탕으로 실제 프로그램을 만드는 직종이다.

시스템엔지니어의 경우, 특히 프로젝트의 납기 직전이나 문제가 발생한 경우에 야간근무 등 장시간 노동이 부지기수이다. 그 때문에 시스템 개발 세계에서는 종종 '데스 마치 = 죽음의 행진'이라는 말이 통용되고 있다(『프로젝트 관리 죽음의 행진 문제 프로젝트에서 살아남는 법』, ㅋㅡㄷㄴ, 2001).

6) 33시간 연속 근무도

가와사키(川崎)시에 위치한 주식회사 후지쓰(富士通) 소셜사이언스레보라토리(후지쓰SSL)에 근무하던 니시가키 가즈야(西垣和哉) 씨는 격무에 시달리

엎드려서 선잠을 자고 있는 청년(법원 제출 자료로써 니시가키 씨의 동료가 당시의 상황을 재현했다)

다가 결국 우울증에 걸렸다. 그리고 2006년 1월, 항우울제를 과다 복용하고 27세의 젊은 나이로 사망했다. 니시가키 가즈야 씨의 죽음은 이 '죽음의 행진'이라는 말이 결코 과장이 아니라 일본의 현실임을 잘 보여준다.

2002년에 입사한 니시가키 씨는 2003년 봄부터 지상파 디지털방송 시스템 개발 프로젝트에 배치되었다. 원래 인원이 부족한데다, 발주처인 텔레비전 방송국의 엄격한 납기일, 반복되는 규정 변경 등으로 고용주는 한 달 100시간이 넘는 시간 외 노동을 요구했고 따라서 자주 밤을 새워야 했다. 니시가키 씨는 2003년 9월에 하루 약 21시간을 근무하고 다음 날까지 사실상 약 33시간의 연속 근무라는 비인간적 노동을 했다. 이 회사의 시간 외 노동에 관한 36협정에서는 무려 1일 최고 13시간까지의 시간 외 노동(총 20시간 50분 노동)을 인정하고 있다.

작업장에는 소파도, 또 잠시 눈을 붙일 수 있는 시설도 없었기 때문에 니시가키 씨와 동료들은 작은 자기 책상 위에 엎드려 쉬어야 했다. 피로를 풀 장소도 없었다(사진 참조).

좁은 공간에서 많은 사람들이 자기 자리에 앉아 내내 일하다 보니 이산화탄소 양이 안전 위생 기준치를 넘는 등 작업환경이 열악하고 건강에 상당히 해로웠다. 실수가 허용되지 않고 신경을 곤두세워야 하는 작업으로 인해 니시가키 씨를 비롯해 다수의 노동자들이 줄줄이 정신 질환에 걸렸다. 회사 자료에 의

하면, 2002년에 입사한 그해 대졸 신입 사원은 총 74명이었는데 2009년 4월 무렵에는 그중 26명이 퇴직했다. 퇴직자 중에서 정신적 문제를 가진 사람이 6명이나 있었다. 또 당시 기준으로 재직 중 정신과 진단서를 제출해서 휴직한 이력이 있는 사람도 6명이나 된다.

후지쓰SSL의 당시 사내 소식에 따르면, 몬젠나카초(門前仲町)에 있는 시스템 기술자의 작업장에 대해 이렇게 기술하고 있다.

> 노동환경이 최악입니다.
> · 좁다(1인당 공간은 80cm 이하?)
> · 덥다(용솟음치는 정열 탓)
> · 회의 책상에 접이식 의자
> 이 방의 문을 연 순간, 발을 멈췄습니다. 지금 이 시대의 작업장이라고 여겨지지 않았습니다. 게다가 너무 바빠 집에 못 갈 정도…….

나중에 재판에 증인으로 나온 그의 예전 상사도 "니시가키 씨는 입사 2년 차였는데 일을 잘하고 우수해서 이쪽 프로젝트로 끌어들였다" "신입이 들어오면 직무 교육시키느라 시간을 써야 합니다" "작업이 잔뜩 밀렸어요" "작업장에 소파는 없습니다" "의자에 앉은 채 자든가 엎드려 자든가 둘 중 하나죠" 그런 취지로 증언하며 니시가키 가즈야 씨의 노동 실태와 작업환경의 열악함을 알려주었다.

니시가키 가즈야 씨는 수면 장애에서 우울증으로 발전해, 2003년 11월에 휴직하고 이후 휴직과 복직을 되풀이하면서 블로그에 "이대로 사느니 죽는 게 낫다"는 말을 남겼다. 우울증을 치료받는 중에도 달성하기 어려운 목표

할당량이 주어졌다. 그는 증상이 악화되면서 2006년 1월 치료약을 과다 복용하고 사망했다.

북가와사키(川崎) 노기서는 그의 죽음을 노재로 인정하지 않았다. 유족은 국가(후생노동성)를 피고로 행정소송을 제기해 노기서의 잘못된 결정을 취소해줄 것을 도쿄 지방법원에 요청했다. 법원은 2011년 3월 원고의 주장을 인정해 니시가키 가즈야 씨의 죽음을 노재로 인정하는 판결을 내렸다. 국가는 항소하지 않고 판결을 확정했다.

행정소송이 확정된 후 유족 측과 회사는 재발 방지와 기업 보상 문제로 계속 교섭을 벌였고, 2012년 6월에 화해가 성립되었다. 화해에 즈음하여 회사는 노동시간을 단축하고 휴식을 위한 설비를 설치하며 이후 지속적으로 노동법이나 정신 건강에 관한 강습을 실시하는 등 노동조건을 개선해 장시간 노동으로 건강에 지장이 없도록 하고, 또한 노동재해 방지에 힘쓰겠다는 결의를 표명했다. 직원의 사망이 노재로 인정된 후에도 일터 개선에 힘쓰지 않는 기업이 적지 않은데, 후지쓰SSL의 이러한 자세는 높이 평가할 만하다.

7) 슬레이브 엔지니어?

SE란 system engineer(시스템 엔지니어)의 약어다. 하지만 내게는 슬레이브 엔지니어(slave engineer = 노예 기술자)의 약어처럼 들린다. 본래 SE는 21세기를 짊어질 기술자여야 하지만 안타깝게도 현재 일본에서는 과중한 노동의 대명사로 가장 가혹한 노동의 하나가 되었다.

이른바 IT 혁명은 노동 현장에 SE라는 새로운 기술 노동자를 대량으로 만들어냈다. 하지만 그들의 노동조건에 관한 규제는 거의 없고 장시간 노동과 열악한 노동환경이 그대로 방치되어 있다. 그 결과 대부분의 일터에서 과로사와 직업병이 속출하고 있다.

최근 5년간 과로사 110번에 걸려온 자살 상담 내용을 분석해보면 직종을 밝힌 상담 사례 중 약 20%는 SE에 속한다.

현대의 SE가 직면한 가혹한 노동 실태는 200년도 더 전에 유럽에서 일어났던 산업혁명 이후 광산이나 공장의 실태와 너무 흡사하다. 기술혁신으로 새로운 산업이나 직종이 생기면, 기업은 눈앞의 이익 추구에만, 소비자는 눈앞의 편리함에만 현혹되어 일하는 사람의 생명과 건강을 소홀히 하는 경향이 있다. 산업혁명 이후의 가혹한 노동조건을 한발 한발 개선해온 인류의 역사를 뒷걸음질하게 해서는 안 된다.

2. "연장근로 월 평균 15시간"이라는 구인 공고

– 23세 신입 영업직 사원

학생에게 구직 활동은 인생의 중요한 선택의 기회이다. 구인 기업의 정보를 수없이 읽고 취업할 곳을 선택한다. 그러나 기업 측이 근무 조건에 대해서 정확한 정보를 제공하는지 여부는 알 수 없다. 구인 공고와는 완전히 달리 월 100시간이 넘는 연장근로를 하고 업무상 트러블 끝에 영업직 청년이 대졸 신입 1년 차인 12월 죽음에 이르렀다.

1) 입사 1년 차 겨울에

"인생이 어떻게든 흘러가겠지 했는데, 그러지 못했습니다."

2002년 12월 하순, 오사키 가즈오(大崎和夫 가명) 씨는 자택에서 이러한 유서를 남기고 사망했다. 신입 사원 1년 차 겨울이었고, 당시 그의 나이는 23세였다.

오사키 씨의 유족은 그가 사망한 것이 지나친 장시간 노동, 심야 노동(야간근무)에 의한 과로와 업무 스트레스 때문이라고 생각하여 모오카(真岡) 노동기준감독서에 노재 보험을 신청했다. 그러나 해당 노기서에서는 이것이 노재가 아니라고 판단했다. 이를 납득할 수 없었던 그의 부모는 모오카 노동기준감독서장의 노재 보험금 부지급 처분을 취소해달라는 소송을 도쿄 지방법원에 제기했다(행정소송). 그리고 2006년 11월 27일, 도쿄 지방법원은 양친의 주장을 인정하고 오사키 씨의 죽음을 업무상의 사망, 즉 노동재해로 판단했다. 이 판결에 대해서 국가(노기서)는 항소하지 않고 확정했다.

2) "연장근로 월 평균 15시간"이라는 구인 공고

오사키 씨가 간토(関東)지방의 사립대학에 다니며 구직 활동을 하고 있던 당시, 모오카 공공직업안정소*를 경유해 대학에 배포된 구인 공고(다음 쪽의 사진 참조)를 통해 주식회사 간토료쇼쿠를 알게 되었다. 간토료쇼쿠는 2002년 당시 식품 도매업을 하는 중견 기업이었다. 도치기(栃木), 이바라키(茨城), 군마(群馬) 등에서 사업을 확장하고, 다양한 컵 식품 등을 소매점에 공급하고 있었다.

이 구인 공고에 의하면, 소정 노동시간은 오전 8시 30분부터 오후 5시 30분, 영업직의 경우 '연장근로 월평균 15시간'이라고 기재되어 있었다.

---

* 옮긴이 주: 한국의 고용복지센터에 해당한다.

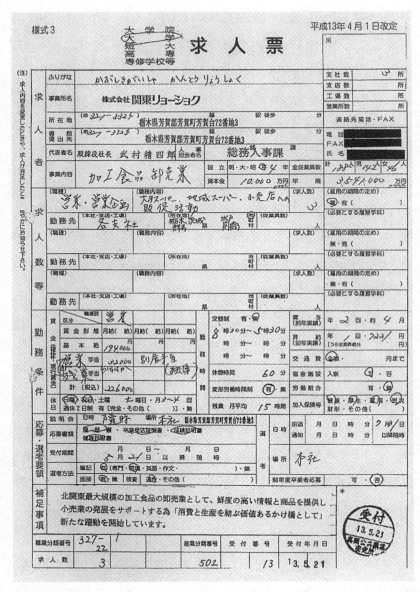

오사키 씨의 대학에 게시되었던 주식회사 간토료쇼쿠의 구인 공고

36 과로 자살

대졸자를 대상으로 하는 구인 규모가 줄어들고 구직 활동이 매우 어려운 때였지만, 2002년 4월, 오사키 씨는 해당 기업에 취업했다. 이 회사에서 오사키 씨는 오랜만에 들어온 신입 사원이었고, 1년 차부터 말하자면 '현장 즉각 투입조'에 근무하게 되었다. 출근 시각은 규칙상 8시 30분으로 되어 있었지만, 신입인 오사키 씨는 실제로는 오전 7시 30분까지 출근해서 책상을 닦거나 청소를 하거나 했다. 또한 화, 수, 금, 주 3회는 아침 8시부터 회의가 있어서 회의에 참석해야 했다. 그리고 특히 10월 이후가 되면서 눈에 띄게 연장근로가 많아지고, 업무 종료 시간이 늦어졌다. 결국 '연장근로 월 평균 15시간'이라는 구인 공고의 숫자는 현실과 크게 괴리된 것이었다.

3) '예산' 달성을 위한 중압감

오사키 씨는 입사 후 4월부터 9월까지 상사 밑에서 업무 흐름을 배웠고 연장근무도 그렇게 많지 않았다. 그러나 반년이 지난 10월부터 구체적으로 영업 업무를 담당하고 책임이 커지면서 노동시간이 급속히 늘어났다.

회사는 '예산'이라는 명목으로 각 사원들에게 매달 판매 목표 수치를 부여했다. 연수나 회의 때면 지사장 등 임원들은 영업직 사원에게 "어떠한 일이 있어도 예산을 달성할 것" "예산 달성 필수" 등의 지시를 내렸다. '예산' 달성에 신입 사원이라고 해서 특별히 봐주는 일은 없었다.

당시는 디플레로 인한 도매가의 하락과 맞물려 '예산' 달성이 어려운 상황이었다. 오사키 씨의 달성률은 낮았고 그는 10월, 11월, 점차 의욕이 떨어졌다. 10월 하순 무렵에는 고객 거래에 대한 발주를 실수해서 그 고객의 가게를 방문해 사후 처리를 하느라 정신없이 바빴다. 어느 일요일 저녁 어머니가 전화해서 저녁 식사를 같이 하자고 했지만 난처한 일이 생겨 못 간다고 거절했다. 그 무렵 교제하던 여성에게는 "문제가 생겨서 내일 회사에 가면 큰일이다"라는 문자를 보냈다.

4) 10월 이후 과중한 노동으로 황폐해지다

이 직장에는 타임카드가 없어서 도쿄 지방법원의 판결은 객관적 증거(사무소의 열쇠 기입표, 경비 회사의 경비 기록, 업무 일지)나 관계자의 증언에 기초해서 실제 노동시간을 산정했다. 판결에 따르면 시간 외 노동은 9월까지 최대 월약 46시간이었지만 10월에는 약 150시간, 11월에는 약 149시간, 12월은 22일까지 약 112시간에 달했다. 오사키 씨는 수면 시간이 부족해서 어머니가 매일 아침마다 그의 집으로 전화해서 지각하지 않도록 깨워줄 정도였다.

게다가 어쩌다 휴일에 오사키 씨가 부모님 댁에 갔을 때에도 고객이 그의 개인 휴대전화로 업무를 문의해 와서 거기에 응대하느라 휴일을 망친 일도 있었다.

수면 시간을 제대로 확보할 수 없는 장시간 노동은 심신을 극도로 황폐하게 만들고 소모시켜 우울증 등 정신 질환의 원인이 된다는 사실은 널리 알려져 있다.

심야까지 일해야 하는 장시간 노동, 업무상의 문제나 '예산 달성 필수'의 심리적 부담으로 인해 오사키 씨는 우울증 등 정신 질환에 걸리고, 그 결과 사망에 이른 것이 분명하다.

앞에서 기술한 대로 오사키 씨의 10월 이후 시간 외 노동은 1개월 100시간을 훌쩍 뛰어넘는다. 이 회사의 36협정은 월 42시간을 상한으로 정해두었지만, 협정은 완전히 무시되고 있었다.

5) 현장에 즉각 투입해 과도한 성과를 강요

이전의 많은 일본 기업들은 신입 교육을 중시하고 각 성장 단계에 적합한 일을 주는 수순을 밟았다. 그러나 최근 많은 기업들이 입사 초기부터 신입 사원에게 무거운 책임량을 주는 등 현장에 바로 투입해 성과를 내라고 요구하고 있다. 신입 사원 중에는 드물게 탁월한 능력과 체력을 가진 사람이 있어서 기대에 부응하는 경우도 있겠지만, 대부분의 신입들이 지닌 지식, 경험, 능력, 체력에 비해 회사는 1년 차부터 성급하게 과도한 성과를 요구한다.

이러한 노무관리의 변화는 대부분의 젊은이에게 과도한 압박감을 초래하고 정신 질환의 증가, 나아가서는 과로 자살의 원인이 되고 있다. 그리고 이처럼 눈앞의 성과를 추구하는 경영 자세는 일터에서의 여유를 빼앗고 노동자의 건강을 해쳐서 직원의 노동능력을 감퇴시키며, 기업의 사회적 평가를 낮추고 결국은 경영 자체의 발전을 저해한다.

일본의 경영자는 이러한 사실을 직시하고 젊은이에 대한 노무 정책을 하루빨리 개선해야 한다.

3. 아침 일찍부터 밤늦게까지 행동을 관리당하다

- 26세, 금융기관 여성 종합직*

> 남녀 공동 참여 사회의 실현을 향해 전 국가적인 대응이 이루어지고 있는 일본.
> 그런데 여성의 '전력(戰力)화'가 강조되는 일터에서 여성도 남성과 마찬가지로 장시간
> 노동이 늘어나면서, 과로·스트레스로 병들고 마침내 사망에 이르는 비극적 사례가 늘어나
> 고 있다.

1) 증거보전

2002년 3월, 신주쿠(新宿)에서 약 50분 걸리는 역 가까이에 위치한 오릭스
주식회사 아츠기(厚木) 지점에서 법관에 의한 증거보전이 실시되었다. 증거
보전이란 민사소송법에 정해진 수속 절차로, 중요한 증거가 수정되거나 폐기
되거나 하면 입증 활동이 곤란해질 것에 대비해 미리 법원이 관여하여 증거를
보존해두는 것이다. 의료사고의 경우 의무 기록을 증거보전하는 사례가 자주
있는데, 과로사 사안에도 노동시간 관련 자료를 증거보전하는 사례가 늘고
있다.

아츠기 지점이 이러한 증거보전의 대상이 된 것은 이곳에서 근무하던 여성

---

* 옮긴이 주: 일본의 정규직 일자리는 통상 종합직과 일반직으로 구분된다. 일반직은 고객 응대나 일
반적인 사무를 맡으며, 대개 연장근로가 없고 출장이나 전근 같은 업무 부담이 적지만 종합직에 비
해 임금이 낮고 경력 개발, 승진의 기회가 거의 없다. 반면 종합직은 말 그대로 종합적인 판단을 요
구하는 수준 높은 일을 맡는다는 의미로, 일반직의 관리 감독이나 기업 대상 사업 등 회사 내에서
주요 업무를 맡는다. 연장근로나 출장, 전근 등 업무 부담이 상대적으로 크지만, 임금수준이 높고
경력 개발과 승진의 기회가 열려 있다. 여성은 일반직, 남성은 종합직에 근무하는 경우가 일반적인
데, 이는 남녀고용기회균등법이 제정되면서 결혼 후 퇴직 강요 같은 성차별적 관행이 불가능해지
자, 채용 단계부터 아예 고용 트랙을 성별로 분리하는 일본 기업의 뿌리 깊은 성차별과 관련 있다.

종합직 아키모토 마키(秋本真希 가명) 씨가 지난해 12월에 자살했고, 근무 중 과로, 스트레스가 원인이었을 가능성이 높았기 때문이다. 아키모토 씨는 다음과 같은 글을 수첩에 갈겨쓰듯이 남겼고, 지점 부근 빌딩 옥상에서 투신해 사망했다(원문 그대로임).

아침 일찍부터 밤늦게까지 회사에 있고, 행동을 관리당하며 주위로부터 심한 말을 듣게 되는 상황에서, '나 자신'이 없어져 버렸습니다.

내가 어떤 인간이며 무엇을 생각하고 무엇을 표현해야 좋을지 모르겠습니다.

조금 더 강한 자신이고 싶습니다.

지점장에게 내쳐진 것 같습니다. 내가 담당한 일을 모두 빼앗아 가고.

(지점장에게 이동 신청서를 제출했다고 보고한 전후에)

'거짓말쟁이 네가 싫어'라는 말을 들었습니다. 확실히.

나는, 주위 사람에게 이 일을 말하지 않았습니다.

그래서 나에게 만일에 일이 생긴다면 어쩌면…

마지막 문장은 도중에 중단되었다.

2) 심야 근무와 조조 출근의 반복

아키모토 씨는 대학 졸업 후 오릭스에 취직했고 신입 사원 연수 후 아츠기 지점에 배치되었다.

학생 시절부터 명랑 활발하고 국제성도 겸비했으며 장래가 촉망되었다.

아츠기 지점에서 아키모토 씨가 맡은 원래 업무는 리스 대리점에 오릭스의

리스 상품 이용을 권유하는 이른바 루트 영업이었다. 그러나 입사 후 1년 9개월이 지난 2001년 1월부터 담당 지역의 기업들에게 오릭스의 각종 상품을 판매하는 법인 영업을 담당하게 되었다.

아츠기 지점은 회사 내에서 실적이 우수한 지점이었지만, 동시에 노동시간이 긴 것으로 사내에서도 유명했다.

아키모토 씨의 소정 근로시간은 오전 9시부터 오후 5시 20분까지였지만, 아츠기 지점 배치 초기부터 오후 9시 무렵까지 일하는 것이 태반이었다. 그리고 법인 영업을 맡으면서부터 지점장이 '아침 8시에 출근'하라고 지시해 장시간 노동이 한층 심각해졌다. 즉, 아키모토 씨는 오전 8시에 출근해서 전철과 버스 막차 시간인 밤 11시 30분 무렵 퇴근하는 것이 일상이 되었다. 회사에서 가장 가까운 역(혼아츠기역)의 막차 시간은 11시 38분이었다. 매일 새벽 6시 30분에 집을 나와 다음 날 새벽 1시에 귀가하는 상황이 계속되었고, 시간이 늦어지면 종종 택시로 귀가했다. 그러다 보니 수면 시간이 겨우 4시간 정도밖에 되지 않는 고달픈 나날이 이어졌다. 출근 전에 아침을 먹을 여유도 없어서 가족이 집 근처 역까지 차로 데려다주는 동안(7~8분) 차에서 어머니가 만들어준 주먹밥을 먹는 경우도 적지 않았다.

토요일에도 출근이 잦았고, 휴일과 평일 심야에 집에서 서류 검토와 작성을 하는 경우도 많았다. 예컨대 자택 컴퓨터에는 7월 8일(일) 14시 15분에 '효율적 추진에 필요한 항목'이라고 제목이 달린 문서를 갱신한 이력이 있고, 11월 7일(수) 새벽 3시 21분에 '대출 거래 조건'으로 시작되는 문서의 갱신 이력이 남아 있다. 또한 오릭스 그룹 기업의 상품인 생명보험 판매에 필요한 자격 취득을 위한 시험공부도 했다.

3) 무보수 연장근로 실태가 여실히 드러나다

아즈기 지점의 36협정은 1개월 45시간, 1년 360시간을 시간 외 노동의 상한으로 정하고 있었다. 하지만 아키모토 씨의 시간외 노동의 실상은 자택 근무를 제외하고도 월 100시간이 훨씬 넘었다.

그런데 회사의 노동시간 관리 기록('월례 보고')에는, 업무 개시 시각이 오전 8시가 아니라 오전 9시로 되어 있었다. 업무 종료 시각은 늦다 해도 밤 10시로 되어 있고, 월말이 되면 오후 5시 20분이라는 있을 수 없는 숫자가 기록되어 있었다.

증거보전에 의해서 입수한 자료 중에는 아키모토 씨가 회사에서 사용하던 컴퓨터의 문서 최종 갱신 시각 데이터가 있었다. 이를 상세하게 분석해보면 밤 11시 이후의 시각이 많았고, 회사의 노동시간 관리 기록이 실상을 반영하지 않았음이 한눈에 드러났다.

예컨대 〈표 1-3〉은 2001년 4월의 노동시간 관리 기록인데 월말 5일 동안 5시 20분 종료라고 되어 있다. 이 가운데 4월 23일의 컴퓨터 최종 갱신 시각은 23시 04분, 4월 25일은 23시 22분으로 남아 있다. 이 이틀만으로도 6시간 남짓의 노동시간이 적게 기록된 것이며, 이른바 서비스 잔업, 즉 무보수 연장근로를 한 것이다.

컴퓨터 이력 이외에도, 그녀가 이용했던 택시 영수증을 분석한 결과 심야 노동 실태가 구체적으로 증명되었다.

〈표 1-3〉 회사에 의한 아키모토 씨의 노동시간 관리 기록(2001년 4월분, 일부 발췌)

날짜	근무 형태	개시	종료	시간 외	그 중 심야	사유	승인
16(월)	통상 근무	9:00	22:00	4:40	0:00	서류 작성	○
17(화)	통상 근무	9:00	22:00	4:40	0:00	서류 작성	○
18(수)	통상 근무	9:00	22:00	4:40	0:00	서류 작성	○
19(목)	통상 근무	9:00	22:00	4:40	0:00	서류 작성	○
20(금)	통상 근무	9:00	22:00	4:40	0:00	서류 작성	○
21(토)							
22(일)							
23(월)	통상 근무	9:00	17:20	0:00	0:00		○
24(화)	통상 근무	9:00	17:20	0:00	0:00		○
25(수)	통상 근무	9:00	17:20	0:00	0:00		○
26(목)	통상 근무	9:00	17:20	0:00	0:00		○
27(금)	통상 근무	9:00	17:20	0:00	0:00		○

4) 몸 상태 악화

이처럼 가혹한 노동이 계속되면서 아키모토 씨의 건강은 점차 악화되었다. 눈 아래에 다크서클이 생기고 어머니에게 미용 성형수술 같은 방법으로 고칠 수 없겠냐고 물었고 어머니는 (장시간 노동) 생활을 바꿔야 한다고 타일렀다.

8월에 한 번 의사 진찰을 받았다. 진찰 기록에 환자는 "2개월 전부터 식욕부진, 구역질, 어지러움, 하혈?"을 호소하고, 또 "업무 스트레스, 부서 이동으로 분주함, 상사가 엄함"이라고 적혀 있다. 그 후에도 일에 쫓겨 결국 병원 진료를 받지 못한 채 사망에 이르렀다. 9월 무렵부터는 안색이 나빠지고 몸이 바짝 마르고 통통했던 볼이 홀쭉해졌다. 동창회에서 오랜만에 만난 친구가 "너무 야위었어, 괜찮니?" 하고 걱정해주었다. 눈에 초점이 없고 멍하니 집중력이 떨어지고 사람의 말을 건성으로 듣는 상황이 자주 벌어졌다.

5) 퇴직 신청과 지점장의 지위를 이용한 괴롭힘

11월 하순 무렵에는 아키모토 씨의 체력이 완전히 고갈되었다. 그는 더 이상은 견딜 수 없다는 생각에 오릭스를 그만두겠다고 아츠기 지점장 A에게 말했다. 또 그 일로 본사 인사 과장과도 면담했다. 그러나 회사 측이 다음 해 4월에는 영업직이 아닌 다른 부서로 이동시켜주겠다며 퇴직을 만류해 계속 다니기로 했다. 다만 3월까지는 너무 길다고 가족에게 푸념했다.

아츠기 지점장 A는 원래 부하, 특히 여성 사원을 방약무인한 태도로 대할 때가 많았다. 예를 들면 아키모토 씨에게 술을 강요하거나, 지점의 술자리에 참석하지 못한 여성 사원에게 전화해서 남자 친구와 같이 있는 거 아니냐며 당장 오라고 명령하기도 했다. 또한 같은 술자리에서 허락도 없이 다른 여성 사원의 휴대전화를 조작해 거기에 등록된 남성에게 멋대로 전화해서 여성 사원을 울리는 등 몰상식한 행동을 해왔다.

아키모토 씨가 퇴직 신청을 한 후 지점장 A는 전보다도 더 심하게 그녀를 대했다. 12월 초 어머니는 그녀가 늘 넋이 나가 있는 것을 느꼈다. 너무나도 그 모습이 이상하고 걱정이 되어 사정을 물으니 "아침부터 밤까지 지점장에게 관리를 받아" "지점장이 아침 8시에 출근하고 일이 끝날 때까지는 집에 가지 말래"라고 말했다.

유서에 휘갈겨 쓴 "거짓말쟁이" "네가 싫어"라고 쓴 말은 그 무렵 지점장 A가 그녀에게 한 폭언으로 추측된다.

1월 이후 과도한 노동으로 극도의 피로가 쌓인 데다 지점장 A는 자기 지위를 이용해 그녀를 괴롭혔다. 그 결과 아키모토 씨는 그만 기운이 소진되어 12월 하순에 자살했다.

6) 덴쓰(電通) '귀신 10칙'을 배포

이 사건을 조사하면서 내가 놀란 것은 지점장 A가 부하에게 덴쓰의 사훈 '귀신 10칙'을 배포한 것이다.

'귀신 10칙'이란 대형 광고 업체인 주식회사 덴쓰가 사원의 행동 규범으로 직원 교육에 사용하는 유명한 사훈이다. 그 제5항에 "일단 붙잡았으면 '놓지 마라'. 목에 칼이 들어와도 놓지 마라. 목적을 완수할 때까지는"이라고 기록되어 있다. 그것은 대법원(2000년 3월 24일 판결)까지 올라갔던, 덴쓰 사원 고(故) 오시마 이치로(大嶋一郎) 씨의 과로 자살 소송(제4장 참조)에서 덴쓰의 노무관리가 적절한가를 묻는 한 가지 사례로 문제가 되었다. '목에 칼이 들어와도 놓지 마라'는 것은 과도한 정신주의를 강조하는 행동 규범이다. 이것이 직원에게 장시간 동안 무보수 연장근로를 강요하는 회사의 체질을 만들었다고 할 수 있다.

2000년 3월에 덴쓰에 대한 대법원 판결 결과가 크게 보도되어 화제가 되었음에도 불구하고, 그 후에도 오릭스 아츠기 지점장 A는 똑같은 것을 부하에게 배포했다. 또 과도한 노동을 시키고 그 결과 덴쓰처럼 20대 중순의 젊은이를 죽게 만들었다.

7) 젊은 여성 노동자에게 확대되는 우울증과 죽음

아키모토 씨가 사망한 지 3년이 넘어서야 그 죽음을 업무상 사망, 즉 노재로 인정한다고 아츠기 노기서가 결정했다. 노기서 담당자는 결정이 나오기까지 시간이 너무 오래 걸렸음을 유족에게 사죄했다. 그리고 이후 회사에게 무보수 시간 외 노동을 시정할 것을 지도하는 등 필요한 행정지도를 수행하겠다고 약속했다.

1980년대 남녀고용기회균등법 제정, 1990년대 여성 노동자의 노동시간 규제 철폐는 여성의 일터 진출 확산을 가져왔다. 하지만 다른 한편으로는 여성 노동자도 남성과 동등하게 장시간 노동을 해야 하는 상황을 초래했다. 특히 2000년대에 들어와서 과로사 110번에는 여성 노동자의 우울증 같은 정신 질환, 과로 자살 상담이 매년 증가하는 경향을 보이고 있다. 특히 대학을 졸업하고 취직한 지 반년 이내에 병에 걸리고 사망하는 사례가 적지 않다.

나는 아키모토 씨 이외에 최근 5년 동안 다섯 명이나 되는 젊은 여성의 과로사, 과로 자살 사건을 담당했다. 그 중 네 명에 대해서는 이미 노재 인정(공무상 재해 인정 포함)을 받아냈다. 그 어느 사례나 막대한 업무량, 장시간 노동, 부적절한 노무관리가 원인이자 배경이 되고 있다.

남녀 고용 평등 사회의 실현을 목표로 하는 일본에서 과로사나 과로 자살이 남녀 공통의 문제가 되고 있는 상황은 매우 심각한 문제가 아닐 수 없다.

4. 재해에 대응하다 결국 과로로

- 40세, 여행 회사 과장

> 대지진 같은 돌발 사태가 일어나면 관련 부서의 사람들은 그 대응으로 바빠 죽을 지경이
> 된다. 잠도 못자고 쉬지도 못하는 생활이 불가피한 경우가 많다. 이 결과 민간 기업,
> 공무원을 가리지 않고, 극도의 과로와 스트레스로 인해 죽음에 이르는 사례도 빈번하다.

1) 유족의 말

2011년 2월 22일 뉴질랜드 크라이스트처치에서 대지진이 발생해 현지에 있던 일본인을 포함해 많은 사람들이 사망했다. 동일본 대지진이 발생하기 17일 전의 일이었다. 천재든 인재든 커다란 재해가 발생하면 관련 업무 담당자는 사후 대응을 위한 업무로 바빠진다. 그러한 과로, 스트레스의 결과 과로사, 과로 자살에까지 이르게 되는 것이다.

마쓰다 노부오(松田信夫 가명) 씨 또한 그 희생자 중 한 명이었다.

신주쿠 노동기준서가 마쓰다 씨의 죽음을 노재로 인정한 후 유족(부인)은 기자회견에서 다음과 같이 호소했다.

저는 여행 회사 JTB법인도쿄의 영업 과장으로 일하던 남편을 약 2년 전 3월에 과로 자살로 잃었습니다. 남편은 밤을 새워 일하거나, 막차를 타고 다니면서 쉬지 않고 일하는 나날을 보냈습니다. 제가 걱정하면 "앞으로 3개월만 참으면 괜찮아질 거야"라고 말할 뿐이었습니다. 어느 날, 실종되었던 남편이 제 아버지 묘소에서 자살한 채로 발견되었고, 저는 몸의 반쪽이 뜯겨나가는 것 같은

마음으로 신원을 확인했습니다.

갑자기 남편을 빼앗긴 저는 상실감에 빠져 어떻게 해야 좋을지 몰라서 가와히토 변호사를 찾아갔습니다. 그리고 다시는 보고 싶지 않은 자료들을 구석구석 뒤져가며 필사적으로 정보를 수집했고, 노재 신청 반년 후 노기서에서 과로사를 인정받았습니다.

남편이 사망했던 당시, 저는 정신적으로 지쳐서 아무 것도 할 수 없는 상황이었습니다. 하지만 커다란 사회 문제가 되고 있는 과로사를 초래한 기업에게 반성을 촉구해야 한다고 생각했습니다. '이름뿐인 관리직'을 늘리고 그들의 과도한 노동 실태를 방치하는 기업이 '대학생이 취업하고 싶은 기업'이 되어서는 안 됩니다. 사업주의 책무를 분명히 하고, 과로 자살 방지책의 필요성을 사회 곳곳에 알리고 싶습니다.　　　　　　　　　　　 2013년 1월 30일 유족

2) JTB에 학교는 VIP

마쓰다 씨는 대학 졸업 후인 1994년 당시의 일본교통공사에 입사했다. 이 회사는 2001년에 주식회사 JTB가 되었고 2006년에는 주식회사 JTB가 사업지주회사가 되면서 그룹 전체가 재편되었다. 이에 따라, 마쓰다 씨는 주식회사 JTB법인도쿄 소속이 되었다.

마쓰다 씨는 입사 이후 주로 수학여행 등 학교 관련한 단체 여행 영업을 담당해왔다. 이 업무에는 학교 등 고객 방문, 여행 기획, 여행 동행 인솔, 역과 공항 송영 등이 포함되어 있다. 업무 성격상 심야·조조와 주말 근무를 자주 했다.

마쓰다 씨는 2008년 2월에 매니저로 승진했다. JTB에서 사원 1명이 담당하는 단체 여행 건수는 연평균 약 40~50건이었지만, 마쓰다 씨가 2010년도에

담당했던 건수는 그 1.5배인 68건이었다.

마쓰다 씨가 담당했던 단체들 중에는 JTB에게 중요한 단골들이 많았다. 그리고 고객의 요구에 따라 세심하게 대응하기 위해서는 방문 영업을 자주 해서 의사소통을 긴밀히 해야 했다. 그중에서도 특히 사립 A여자중고등학교와 사립 B중고등학교는 VIP라 할 만큼 중요한 고객으로, 많게는 주 3회나 분주히 드나들었다.

A교에 대해서는 2월에 해외 홈스테이, 5월에 국내 여행과 단기 홈스테이를 포함하는 해외 수학여행, 여름에는 국내 영어 스쿨 여행 등을 기획하고 있었다. B교에 대해서는 7월에 해외 홈스테이, 8월에 전 운동부의 하계 합숙, 10월에 수학여행 등을 기획하고 있었다. 이들 가운데 해외 홈스테이 기획은 국내외 여러 관계자와 연락하고 상담해야 하기 때문에 시간과 품이 많이 들었다. 수십 명의 학생들에 대해서 각자의 알레르기 등을 고려하여 방문처인 현지 호스트 가정을 찾아서 매칭을 하거나, 해외 보험의 보상 내용을 하나하나 확인해 대응하는 등 업무가 복잡하고 방대했다.

3) 부하의 퇴직과 과장으로의 승진

2010년 10월 무렵 부하인 S 씨가 갑자기 퇴사했다. S 씨는 마쓰다 씨와 마찬가지로 중요한 고객을 담당했으며 부서의 매상을 촉진하는 견인차였다. 마쓰다 씨는 S 씨가 담당하던 업무의 약 절반을 인계받아 업무량이 한층 늘어났다. 특히 S 씨가 담당하던 사립 C교와 사립 D교를 인계받았는데, C교가 2010년 10월 18일부터, D교가 같은 달 26일부터 여행이 있었기 때문에 마쓰다 씨는 갑자기 동행 인솔을 맡아 극도로 바빠졌다. 마쓰다 씨는 10월에 S씨에게 보낸

메일에서 "바빠서 죽을 것 같아"라고 썼다.

이러한 가운데 마쓰다 씨는 2011년 2월 1일부로 영업4과의 과장으로 승진했고 15명이 넘는 과원(부하)을 담당하게 되었다. 과의 실적 보고, 다음 연도의 계획 입안, 과원의 업무관리, 과내의 최종 결재, 회의 지휘 등을 담당하게 되었고, 새로운 업무가 한층 더해졌다. 게다가 원래 마쓰다 씨가 담당하던 업무로부터 해방된 것도 아니었다. 과장 승진 후에도 여전히 한 명의 영업사원으로서 학교 관련 단체 여행을 판매하는 담당이었기 때문에, 그 업무 부담도 갈수록 늘어났다. 특히 승진 시기인 2월은 예년처럼 A교 해외 홈스테이 여행의 기획 업무로 바쁜 시기였다.

4) 뉴질랜드 대지진의 발생

2011년 2월 22일, 뉴질랜드 크라이스트처치에서 대지진이 발생했다. 마쓰다 씨가 담당하는 학교 중 하나가 2월 25일부터 뉴질랜드로 홈스테이 여행을 가기로 되어 있었고, 크라이스트처치도 행선지에 포함되어 있었다. 출발 직전에 대지진이 발생했기 때문에 일정과 행선지 등 당초의 예정을 대폭 변경하는 것이 불가피했다. 마쓰다 씨는 거의 준비가 끝나가고 있던 홈스테이 여행 기획을 한정된 시간 내에 처음부터 뜯어고쳐야만 했다.

A교 여행에서는 참가 학생을 여러 그룹으로 나누어서 뉴질랜드 국내 3개 도시로 보낼 예정이었고, 그 가운데 하나가 크라이스트처치였다. 크라이스트처치 이외의 2개 도시에 배정된 그룹은 예정대로 2월 25일에 출발했지만, 크라이스트처치로 갈 예정이었던 그룹은 약 2주 후에 목적지를 변경해 출발하기로 했다.

<표 1-4> 마쓰다 씨의 실종 직전까지의 노동시간 집계표(2011년 3월 5일~2월 20일)

날짜	노동시간 (시작 ~ 종료)	1일 구속 시간	1일 노동시간	총 노동시간	시간 외 노동시간
3/5(토)	9:05 ~ 23:21	14 : 16	13 : 16	116 : 35	76 : 35
3/4(금)	8:15 ~3 0:37	22 : 22	18 : 22		
3/3(목)	5:23 ~ 24:32	19 : 09	18 : 09		
3/2(수)	8:15 ~ 24:00	15 : 45	14 : 45		
3/1(화)	6:20 ~ 25:33	19 : 13	18 : 13		
2/28(월)	7:19 ~ 25:38	18 : 19	17 : 19		
2/27(일)	6:30 ~ 24:01	17 : 31	16 : 31		
2/26(토)	17:20 ~ 29:59	12 : 39	8 : 39	95 : 18	55 : 18
2/25(금)	9:15 ~ 29:12	19 : 57	15 : 57		
2/24(목)	7:07 ~ 28:00	20 : 53	16 : 53		
2/23(수)	6:26 ~ 24:00	17 : 34	16 : 34		
2/22(화)	6:00 ~ 24:00	18 : 00	17 : 00		
2/21(월)	7:40 ~ 28:55	21 : 15	17 : 15		
2/20(일)	9:00 ~ 12:00	3 : 00	3 : 00		

주: 1) 시간 외 노동시간 = 총노동시간 – 40(소정 노동시간).
2) 숫자는 신주쿠 노동기준감독서가 인정한 것.

이를 위해 마쓰다 씨는 불과 2주밖에 안 되는 단기간에 목적지 선정부터 호스트 가정 매칭까지 완수해야만 했다.

마쓰다 씨가 이렇게 긴급 대응을 하느라 극도로 바빠졌음에도 불구하고, 회사의 상층부, 부장 등은 마쓰다 씨의 업무를 덜어주는 조치를 취하지 않았다.

이러한 무리가 겹쳐진 결과, 마쓰다 씨는 과장으로 승진한 2월 1일부터 돌연 실종된 3월 6일까지 33일 동안 딱 하루(2월 13일)밖에 쉬지 못했다. 뉴질랜드 대지진 이후에는 휴일이 전혀 없어, 심야 노동, 철야 연장근로까지 하는 가혹한 연속 근무가 이어졌다.

우리 변호사의 조사에 의하면, 실종되기 직전 1개월 동안 시간 외 노동은 358시간 20분에 달했다. 마쓰다 씨의 수면 시간은 겨우 4~5시간 정도였으며,

야간근무도 여러 번 했다(〈표 1-4〉).

5) 정신 질환 · 실종 · 사망

마쓰다 씨의 부인은 남편의 이상한 상태에 대해 노기서에서 다음과 같이 설명했다.

> 한 손님이 2월 18일에 여행을 신청하며 2월 말경 출발하겠다고 했어요. 남편은 그 손님의 비행기 탑승권 발권을 출발 직전까지 잊고 있었던 것 같아요. 여행 출발 며칠 전에 손님이 전화해서 아직 탑승권을 못 받았는데 그래도 되는지 문의했어요. 손님은 여태까지 이런 일이 한 번도 없었다는 거예요.
>
> 뉴질랜드 대지진이 일어나고부터는 제가 거의 매일 차로 회사까지 남편을 데리러 갔어요. 남편은 조수석 문을 엄청 큰소리가 나게 확 잡아당겨 열고는 마구잡이로 의자에 쿵쾅 앉는데 눈은 어느 한 점만을 골똘히 응시하는 듯했어요. 남편은 원래 문을 조용히 여는 사람에요. 그렇게 난폭하게 행동하는 사람이 아닙니다. 얼마나 피곤하면 그럴까 싶어 놀랐어요.

마쓰다 씨는 실종 전날인 3월 5일에는 "생활이 이래서 미안해" 하며 울었다. 실종 당일 6일에는 지금까지 본 적이 없는 무서운 표정으로 저쪽으로 가라며 아내를 밀쳤다.

신주쿠(新宿) 노기서가 의학적 견해를 부탁했던 전문부회(전문의 3명으로 구성)의 의견은 다음과 같다.

노기서가 조사한 결과를 보면 종전보다 1월 시간 외 노동이 무려 160시간을 초과하는 상황에서 2011년 2월 1일 과장으로 승진하고 2월 22일에 뉴질랜드 대지진이 발생하면서 대응 부담이 겹치는 바람에 당시 마쓰다 씨는 심신이 극도로 고갈된 것으로 추정된다. 모습의 변화로는 아내가 위화감을 느낄 정도의 언동과 의기소침, 자책감, 제지, 허탈감 등이 나타났고 곧이어 자살에 이른 경과를 감안할 때, 늦어도 2011년 3월 초순 무렵에 F3의 '기분(감정) 장애'가 발병했을 가능성이 높다. 그리고 2011년 3월 11일의 자살은 정신 질환으로 정상적 인식, 행위 선택 능력이 현저하게 떨어지거나 또는 자살행위를 제지하는 정신 억제 능력이 저해되어 일어난 것으로 생각된다.

전문부회는 이같이 판단하고, 마쓰다 씨의 죽음을 업무상 원인에 의한 죽음으로 본다는 의견을 진술했다. F3의 '기분(감정) 장애'란 ICD-10(질병의 국제적 진단 가이드라인)에 의한 정신 질환 분류의 하나로 우울증이 대표적이다.

유족 증언이나 전문가 의견을 토대로 신주쿠 노기서는 마쓰다 씨의 사망을 노재로 인정하고 유족에게 노재 보험금 지급을 결정했다.

6) 불상사가 일어난 배경

2014년 4월 29일 NHK 밤 9시 뉴스 톱에 JTB중부의 사원이 깜박 잊고 기후(岐阜)현 고등학교 소풍에 사용할 전세 버스를 예약하지 않는 실수를 저질렀고, 이를 감추기 위해 학생으로 가장해 소풍을 중지하지 않으면 자살하겠다는 익명의 편지를 해당 학교에 보내 소풍이 중지되도록 꾸몄다는 보도가 있었다.

분명히 그 JTB 사원의 행동은 용서받을 수 없는 것이다. 하지만 그 사원을

'어처구니없는 녀석'으로 비판하고 처분하는 것으로 끝내도 되는지 생각해볼 필요가 있다. 이 불상사의 배경에 과도한 업무량 등이 관련된 것은 아닌지, JTB는 물론 언론도 잘 조사해서 교훈으로 삼아야 할 것이다.

연하장을 배부하지 않고 폐기한 우체국 직원도 있었다. 짐을 배달하지 않고 방치한 택배기사도 있었다. 이러한 사건들이 잇달아 발생하는 데에는 현재 유통·서비스업계 노동자가 너무나도 일이 많다는 점이 그 배경에 있다고 생각한다.

마쓰다 씨는 마지막까지 책임을 다하려다 그만 기운이 소진해 병에 걸리고 생명까지 잃었다. 주위에 피해를 주지 않으려고 필사적으로 일한 결과의 비극이었다.

7) 재해 수습을 하다 일어난 과로사

마쓰다 씨의 죽음에는 뉴질랜드 대지진 수습 업무로 인한 부담이 결정적으로 작용했다. 현재 일본의 대부분 일터에서는 민간, 공무원을 불문하고 빠듯한 인원으로 일을 하고 있다. 따라서 대지진 같은 돌발 사태가 일어나면 관련 부서의 사람들은 어쩔 수 없이 급격하게 바빠지고 철야와 쉴 틈도 없이 일하는 경우가 많다.

과로 자살은 아니지만, 유명 전기회사의 해외 마케팅 본부 과장은 3·11 동일본대지진 후 외국인 상사 두 명이 일본을 떠나버리면서 그에게 일이 집중되고 극도의 과로 스트레스가 쌓여 4월 하순 급성 심기능 부전으로 돌연사했다 [나중에 미타(三田) 노기서에서 노재 인정].

모두 알다시피 3·11 피해 지역에서는 공공, 민간 부문에서 이 같은 사례가

수없이 발생했다. 미야기(宮城)현의 시치가하마정(七ヶ浜町) 사무소에서는 평소 지병을 앓고 있던 세무과장이 대지진 발생 직후부터 약 1주일간 야간근무를 계속한 끝에 사무실 안에서 돌연사했다(위정맥류 파열에 의한 출혈성 쇼크). 이 사례는 처음에 지병이라는 이유로 부당하게도 공무상 재해로 인정받지 못했다. 그러나 판정에 불복해서 다시 신청(심사청구)한 결과 2014년 3월에 판정을 뒤집고 공무상 재해로 인정받았다.

천재지변은 인류가 피하기 어려운 일이다. 하지만 갑작스러운 재해에 대한 대응 계획을 세울 때 공무원이나 관련 기업에서는 피난 훈련뿐만 아니라 긴급 인원 체계를 미리 마련해야 한다.

5. "월급 도둑!"이라고 매도당하며

- 34세 의료 정보 담당자

> 계장으로부터 "차 기름값도 아깝다" "제발 부탁이니 사라져버려" 등 질책과 매도를 당하던 제약 회사 사원이 "기력이 완전히 바닥나서 도저히 어쩔 도리가 없다"라는 말을 남기고 사망했다. 상사에 의한 권력형 괴롭힘(power harassment)은 많은 노동자를 상처 입히고, 마침내 죽음에 이르도록 압박해왔다. 괴롭힘을 없애는 대응이 필요하다.

1) 유서

2003년 3월, 제약 회사인 닛켄(日研)화학 주식회사 나고야(名古屋) 지점 시즈오카(静岡) 영업소에 근무하던 호리카와 쓰네오(堀川恒雄 가명) 씨가 자살했다. 다음의 유서는 호리카와 씨 직속 상사의 상사에 해당하는 X 영업소장에게 보낸 것이다(원문 그대로이나 인명은 가명으로, 강조는 필자가 했다).

X 님께

　　염치없게 되었습니다. 많이 고민했지만, 자살이라는 결과를 선택했습니다. 업무 때문에 많이 괴로웠습니다. 닛켄에 입사해 13년 정도 보내면서 햇수와 실력의 갭을 나날이 느꼈지만, 계장님에게 지도 받기에 늦었고, 계장님과 대화조차도 끊어지고, 어쩔 도리가 없어졌습니다. 부끄럽지만 마지막에는 "네 존재가 눈꼴사나워. 넌 있는 것만으로도 모두에게 피해를 줘. 네 마누라도 그럴 거야. 부탁이니 꺼져!" 또 "휘발유 값도 아까워" "네가 어디를 가든 넌 일 못하는 녀석이라고 떠벌릴 거야!" 등의 말까지 들었습니다. 더 이상 제 자신이 한심해서 무엇을 어떻게 해야 할지 모르겠고, 또 기력도 소진되고 제 못난 점만 생각나고 그런 자신이 정말 싫어졌습니다. 지난달부터 문득 '죽고 싶다'는 생각이 들기 시작했지만 가족도 걱정되고 '이대로 끝나는 건가!'라는 생각이 들면, '어디 두고 보자'는 마음이 들기는 했지만, 돌파구도 없고, 계장님과는 거의 대화를 재개할 환경이 아니었습니다. 하지만 A 선생님(주: 거래처 병원의 의사) 일과 최근의 해프닝을 생각하면, 제 자신의 노력과 의욕의 부족함을 통감합니다. 계장님이 제게 "넌 회사를 이용하고 있어, 월급 도둑이야!"라고 했습니다. 이 말대로라면 정말로 모든 분께 폐가 될 뿐이지요. 앞으로 일을 생각했지만, 어떻게 해야 할지 모르겠고, 기운도 없습니다. 정말로 Y 씨(주: 계장)가 말한 대로 되었습니다.

　　소장님이 몸소 B(주: 거래처 병원의 하나)에도 같이 가주셨는데 죄송합니다. 또한 B뿐만 아니라, 제 담당 구역의 선배들이 구축했던 자산을 망쳐버려서 죄송합니다. 이번의 GRB(주: 약품명)에 관해서도, 이런저런 생각들이 모자랐습니다.

배치전환, 전근, 전직 등 다른 선택도 있겠지요. 가족을 생각하면 엄청나게 잘못된 일이지만, 이제는 제 기력이 고갈돼 도저히 어찌할 자신이 없습니다.

소장님의 기대를 저버려서 죄송합니다. 또한 이렇게 바쁜 시기에 염치없는 일을 저질러서 진심으로 면목이 없습니다. 정말로 큰 폐를 끼쳤습니다. 죄송합니다.

2) 인간의 생명과 건강을 지켜야 할 제약 회사에서

제약 회사가 제조, 판매하는 의약품에 관한 정보를 의료 관계자에게 전달하는 업무 종사자를 의료 정보 담당자(medical representative 통칭 MR)라고 부른다. 실질적으로는 영업직이지만, 다루는 상품이 인간의 생명과 건강에 직결되는 의약품이며, MR에게는 의약품에 관한 정확한 지식을 의료 종사자와 소통하는 능력이 요구된다.

본래 제약 회사는 인간의 생명과 건강을 보호한다는 공공성이 강한 존재이며, 경영에서도 특히 건강한 일터 환경이 요구되는 곳이다. 그런데 닛켄화학 나고야 지사의 시즈오카 영업소에서 계장 Y는 비상식적인 권력 횡포를 저질렀고, 급기야 호리카와 씨의 자살이라는 가슴 아픈 비극이 일어났다.

호리카와 씨는 대학을 졸업하고 닛켄화학에 입사한 이래 사망하기까지 십수 년 동안 심신 모두 건강하고 순조롭게 업무를 계속해왔다. 결혼해서 두 명의 자녀를 두었고 행복하고 원만한 가정생활을 꾸려왔다. 그런데 2002년 4월 호리카와 씨가 소속되어 있던 시즈오카 영업소 시즈오카 2계(시즈오카 현 동부 지역의 병원을 담당) 계장으로 Y가 부임하고부터 상황이 급변했다.

Y가 시즈오카 2계에 부임하기 전 계장은 M과 S였는데, 호리카와 씨는 이두 명의 상사와의 사이에 특별히 문제가 없었다. 그렇지만 Y는 부임한 해의

가을 무렵부터 영업 성적, 업무 방법과 관련해 호리카와 씨에게 가혹한 말을 집요하게 퍼부어댔다. 그 내용은 유서에 쓰인 대로 인간의 존엄을 부정할 정도의 지나친 질책이었다. 유서에 쓰인 내용 이외에도 Y 계장이 호리카와 씨에게 "황산으로 닦고 와라"고 말했다는 증언도 있다.

그 결과, 호리카와 씨는 2002년 말 무렵부터 심신에 적신호가 오기 시작했다. 12월 말 경 동료 중에는 호리카와 씨가 기력이 떨어졌다고 느끼는 사람도 있었다. 집에서도, 수면 중에 오한을 느끼고 매일 새벽 네 시나 다섯 시 경에 눈이 떠졌다. 새해가 되면서는 좋아하던 영화를 보러 가지 않았고 텔레비전 게임도 하지 않았으며, 취미에 대한 관심과 흥미도 사라지고, 지친 모습을 주위에서 눈치챌 정도였다. 게다가 평소 식사를 남기는 법이 없는 호리카와 씨가 1월 중순에 장모님이 만들어준 튀김을 남긴 적도 있었다.

3) 거래처 병원의 의사에게 엎드려 사과하다

이렇게 심신의 건강이 나빠지는 상황에서, 호리카와 씨는 1월 하순 담당하고 있던 B 병원의 C 의사가 단가가 높은 약품인 그로우제트펜(펜형 인간 성장호르몬 주입기) 신규 환자를 소개해주는데도 회의를 이유로 이를 거절해, 결과적으로 다른 회사에 빼앗기는 잘못을 저질렀다.

그리고 2월에는 신규 그로우제트펜의 사용 방법을 설명하러 오라는 C 의사의 의뢰에 신속하게 대응하지 못했다. 그 후 소장이 Y와 함께 의사를 방문하라고 지시해서 의사의 진료실을 방문했다. 그 때 호리카와 씨는 C 의사에게 엎드려 사죄했다. C 의사는 호리카와 씨의 이상한 행동에 놀랐고 그의 정신적 이상을 감지했다.

게다가 3월에 들어서면서 다른 병원의 A 의사가 이미 열린 심포지엄에 관한 안내와 정보를 전해주지 않았다며 불평했다. 호리카와 씨는 소장과 함께 A 의사에게 사죄하러 갔지만, 의사는 담당자의 교체를 요구했다.

유서에 나온 "A 선생님 일과 최근의 해프닝을 생각하면, 제 자신의 노력과 의욕의 부족함을 통감합니다. 또한 B뿐만 아니라, 제 담당 구역의 선배들이 구축했던 자산을 망쳐버려서 죄송합니다" 이 부분은 1월 하순부터 3월 상순에 걸친 일련의 외근 활동에 대한 것이다. 이렇게 잘못하고 트러블이 계속된 후, 호리카와 씨는 3월 상순 새벽에 자살했다.

4) 유족에 대한 동료들의 사죄

호리카와 씨가 사망한 지 3주 정도 지난 후 동료 네 명이 유족의 집에 찾아가, 나고야 지점 전·현직 직원 26명이 연명한 사죄의 글과 위로금을 유족에게 건넸다. 그 사죄의 글은 다음과 같다.

호리카와 씨 가족께

이번 일에 대해 진심으로 사죄의 말씀을 드립니다.

같은 나고야 지점에 소속돼 있으면서 이런 결과를 맞이해 어떤 사죄의 말씀을 드려야 할지 모르겠습니다.

이 위로금은 나고야 지점의 동료들이 (중략) 자진해서 모은 금액입니다.

약소하지만 도움이 되기만을 바랄 뿐입니다.

진심으로 죄송합니다.

뜻을 같이 하는 동료 일동

동료들이 이런 사죄문을 가지고 온 배경에는 호리카와 씨가 죽기 전부터 동료들이 Y의 언동에 문제가 많다는 점을 알고 있었다는 사실이 있었다.

도쿄 지방법원 판결(후술)은 '타인이 본 Y 계장의 인상'으로 다음과 같은 사실을 인정하고 있다.

"부하와의 사이에 말투로 언쟁이나 충돌이 벌어지는 일이 많았다."

"전후를 생각하지 않고 일방적으로 몰아붙이는 말투이고 인신공격하기도 했다."

"부하를 지도할 때 어떻게 하면 문제를 해결할까 하는 건설적인 방향이 아니라 거리낌 없는 말투로 오로지 상황만을 내세워 부정적으로 말한다는 인상을 주어서 상담하기 어렵고 부하나 젊은이들에게는 인기가 없었다."

5) 호리카와 씨가 당한 괴롭힘의 배경

그런데 이처럼 문제가 많은 Y가 불합리한 언동을 계속 일삼는데도 왜 회사 상층부는 내버려두었을까.

우선 실적 지상주의 사상이 있었다고 생각한다. Y의 영업 실적은 순조로웠다. 2002년 4월 시점에 시즈오카 2계의 영업 성적은 회사 전체의 영업 거점 47개소 중 41위로 하위권이었다. 회사는 이 침체 상황을 개선하기 위해 Y의 언동에 문제가 많다는 것을 알면서도 Y를 시즈오카 2계에 부임시켰다는 생각이 든다. 일반적으로 영업 성적은 담당 지역의 다양한 외적 조건에 의해 좌우된다. 또 시즈오카 2계는 계장과 호리카와 씨, 그리고 또 한 사람 MR의 3인 체제였기 때문에 호리카와 개인이 특별히 비난받는 것은 도리에 어긋난다.

그보다 더 근본적인 것은 회사 본사의 상층부, 그리고 나고야 지점 상층부는 지위를 이용해 폭언을 일삼는 상사의 괴롭힘에 완전히 둔감했고, 또 이를 막는 노무관리 정책을 전혀 실시하지 않았다. 호리카와 씨가 죽은 후에도 회사 간부는 사망 원인을 성실하게 조사하지 않고 유족에게 사죄하지도 않았으며 또 Y에게 조치를 취한 흔적이 없었다. 그리고 호리카와 씨의 죽음과 관련해 유족에게 어떠한 잘못도 인정하려 들지 않았다. 그런 점에서 직장인의 인권을 존중하는 자세를 전혀 느낄 수 없었다.

6) 법원이 일터 내 괴롭힘을 용인한 노기서의 과오를 바로잡다

호리카와 씨의 부인은 남편의 죽음이 상사가 저지른 비상식적 괴롭힘 때문이었다고 생각했다. 남은 어린 자식들과의 생활을 위해서, 또 회사의 이상한 체질을 변화시키기 위해서라도 행정기관이 움직여주기를 원했다. 그리하여 시즈오카 노기서에 노재를 신청(노재 보험의 적용 신청)했다. 그러나 노기서는 Y의 언동이 그렇게 심각한 문제가 아니며 호리카와 씨가 장시간 노동을 하지 않았다고 판단하고 업무 외 사망으로 판정했다. 당시 나는 유족 대리인으로 시즈오카 노기서에 수차례 드나들며 담당관에게 사건의 내용을 설명했다. 노기서가 업무 외 사망'으로 결정(노재 불인정)하자 나는 정말로 분한 심정이었다.

유족은 노기서의 결정에 이의를 제기하고 2006년 도쿄 지방법원에 행정소

---

* 옮긴이 주: 해당 노동자의 사망이 업무 때문이 아니라 '업무 외' 요인 때문에 발생했다는 것으로, 즉 노동재해(산업재해)로 인정하지 않는다는 뜻이다.

송(노기서가 잘못 내린 처분의 취소 소송)을 제기했다. 법원 심리에서는 호리카와 씨의 예전 동료 한 명(퇴직자)이 Y의 가혹한 언동에 대해 증언했다. 또 직업병 전문 정신과 의사가 호리카와 씨는 상사의 괴롭힘에 의해 극도의 스트레스를 받아 정신 질환에 걸리고 그 결과 사망했다는 감정 의견을 진술했다.

2006~2007년 무렵에는 가혹한 괴롭힘이 있어도 장시간 동안 노동한 사실이 없으면 자살의 경우 거의 노재로 인정되지 않았다. 그런 중에 도쿄 지방법원이 Y의 비상식적 언동을 적절하게 인정하고 호리카와 씨의 죽음을 노재로 판단해 시즈오카 노기서의 과오를 바로잡았다. 사법의 양식을 발휘한 획기적 판결이라고 할 수 있다.

이 판결이 내려진 날 밤, 〈NHK 뉴스 워치 9〉에서는 이 사건의 내용을 자세히 보도하고 직장 내 괴롭힘 현상에 강한 경종을 울렸다.

그리고 후생노동성은 이 정당한 판결에 항소를 단념하고, 나중에는 이 판결을 근거로 직장 내 괴롭힘 사안에서 정신 질환과 자살에 관한 노재 인정 고려 방식을 일부 개정하라는 지침을 내렸다.

그러나 일본은 유럽이나 캐나다와 비교해볼 때 직장 내 괴롭힘을 없애기 위한 행정과 민간의 대응이 아직도 뒤쳐져 있으며 강력한 개선이 시급하다.

6. 협박받은 피해자가 오히려 좌천당하다

- 51세, 중간관리직

> 경영자의 방침과 현장 직원 사이의 틈에 끼어서 고군분투하는 중간관리직이 많다. 특히 경영진이 구조 조정을 하는 과정에서 중간관리직은 현장과의 알력에 고심한다. 때로는 부하가 중간관리직을 협박하는 특이한 사태도 발생한다. 이러한 상황에서 정신적 핍박을 받아 자살까지 한 관리직이 있다.

1) 독자가 보낸 편지 한 통

1998년 4월 20일 『과로 자살』 초판(이와나미신서)이 발행되고 나서 약 한 달 후 이와나미서점을 경유해서 편지 한 통을 받았다.

『과로 자살』 저자 가와히토 히로시 님께

저는 22살 회사원입니다. 지난달 말에 아버지가 자살하셔서 이제 가족은 어머니와 여동생과 저, 세 명입니다. 너무나도 갑작스레 일어난 일이라 무슨 일이 일어났는지 잘 이해가 되지 않습니다. 아버지가 남기신 유서와 일기를 읽으니 회사 내의 트러블로 상당한 심적 고통을 겪으신 듯합니다. 작년 봄, 아버지 회사에서는 구조 조정이 시작되고 아버지가 사원들에게 퇴직을 권고하는 일을 맡으셨습니다. 그런데 퇴직 통지를 받은 사람 중 한 명이 어떻게든 회사에 남으려고 아버지를 협박하고(가족에게 폭력을 가하겠다는 등등) 사장과 노동조합에 쳐들어가 항의하는 등 소동을 일으켰습니다. 실은 아버지가 그 사람을 채용한 당사자였기 때문에 그 일에 책임을 지고 타부서로 좌천당했습니다. 1년 동안 그런 일로 상당히 괴로워하신 나머지 최근 침울해지고 말수도 줄어들었습니다. 그렇다고 자살을 선택하시다니 믿기지 않습니다. 이 책 속에 실린 과로사 110번의 연락처를 꼭 가르쳐주시기 바랍니다. 회사는 아버지의 자살로 다른 움직임이 없는지, 또 우리 동태를 살피려는 듯 전화를 하거나 집에 찾아 오기도 합니다. 우리 여자 셋은 어떻게 해야 할지 모르겠습니다. 상담해주실 분이 필요합니다. 부디 부탁드립니다.

편지를 받고 얼마 후 나는 자칭 회사원이라 했던 편지의 주인공(이하 장녀로 호칭)을 만났다.

그녀의 아버지 고노 아키라(河野明 가명) 씨는 주식회사 오다큐(小田急)레스 토랑시스템에 근무했다. 그는 1997년 초 무렵부터 1년 이상이나 부하 A에게 서 집요하게 들볶이고 협박을 당했다. 원래 사장이나 간부는 고노 씨가 부당 한 공격을 받지 못하도록 지켜줘야 하는데도 오히려 그를 좌천시켰다. 즉, 가 해자는 일터에 그대로 남고 거꾸로 피해자인 고노 씨가 회사에서 냉대를 받는 신세가 되었다. 그는 좌천된 지 이틀째 되는 날, 집을 나섰지만 출근하지 않은 채 그대로 행방불명이 되었다. 그리고 다음 날 어느 산 속에서 자살한 사체로 발견되었다. 그 부근은 그가 어릴 적 매미를 잡으며 놀았던 남다른 추억의 장 소였다고 한다.

2) 수첩에 남긴 일기

고노 씨가 남긴 수첩에는 3월 11일부터 4월 22일까지의 일들이 기록되어 있었다(원문의 일부, 강조는 필자가 했음).

3/11 3층에서 어제 있었던 회담의 상황을 듣다.

우리 집 근처에 전단지를 뿌리겠다고 협박함.

가족을 생각하면 우울하다.

사장과 전무에게 위임되는 듯하지만 나에 대한 처분은 불가피할 것이다.

지금으로선 회사를 그만둘 수 없다.

주택대출금, 학비, 생활비, 지금의 생활을 파탄낼 수는 없다.

내 인생이 타인에게 휘둘리는 게 불쾌하다.

내 50년 인생에서 사람의 도리를 벗어난 적이 없다.

폭력에 대처할 방법이 없다는 게 속상하다.

3/12 하루 종일 삶과 죽음에 대해 생각하다.

어제는 밤을 꼬박 샜다.

죽을 장소도 생각했다. 너무 한심하다.

3/13 사태는 지지부진해 변화가 없는 듯하다. 믿을 수 있는 사람이 점점 줄어
드는 듯하다.

지금 생각해보면 나는 적을 꽤나 많이 만들었다. 많은 사람들이 불만을
품게 만들었다.

회사도 앞으로는 부적절한 사람을 한 곳에 배치하지 말고 그만두거나,
그만두게 하는 방법을 마련해야 할 것이다. 그렇지 않으면 이후 또 문제
가 일어날 것이다.

가족을 지켜야만 한다. 지금은 그것만이 제일 중요하다.

만약 내가 죽는다면 장례식은 절대 하지 말 것. 재로 만들어 산에 뿌려
주기를. 묘도 필요 없다. 나를 아는 사람들이 기억의 한 편에 간직해주
면 그걸로 족하다.

3/16 15일 ○○에게 TEL ○○으로 전화를 건다. 만나서 이야기하고 싶다는 요
청도 거절했다고 한다. 그러면서 신주쿠를 못 걷게 할 거라며 협박한다.

○○ 말이 조직은 우익이라고 한다.

3/24 지배인과 내 이동은 변함없을 것이다. 빨리 결말을.

그가 우리 가족의 구성이나 인상 등까지 다른 사람에게 말했다는 이야기를 들으니 불안하다.

아내에게는 일이 돌아가는 경위를 어느 정도 말했지만 아이들에게는 겁을 먹을까 봐 아직 말하지 않았다.

3/30 그러나 곰곰이 생각하면 왜 협박하는 자는 회사에 남고 나 같은 사람이 이동해야 하는지, 이것은 비상식적인 일이라는 생각만 든다.

4/3 오다큐 백화점 담당자를 바꾸겠다는 취지를 오다큐 백화점 전무에게 말했다고 한다. 모두가 납득할 수 있는 이동이 가능할까?

4/9 업무가 있는 부서라면 좋겠는데 지루한 부서면 어떻게 지낼지. 현장 경험만 있는 난 업무가 없을 때의 허무함을 견디기 어려울 것이다. 올 1년 동안 참고 견딘 것은 과연 무엇이었단 말인가.

4/13 내가 본사에서 할 일도 없이 멀뚱히 있을 장면을 생각하면 소름이 오싹 돋는다.

4/16 ○○ 부장으로부터 TEL, ○○로 이동 결정이란다.

4/20 지금까지 만사 순조롭게 지냈는데 거의 막판에 져버렸다. 30년간 쌓아온 것은 대체 무엇이었단 말인가.

이 나이에 이동이라니, 앞으로 해코지나 행패 부리는 일들이 일어날 것이다.

4/22 내게 동조하는 사람이 전혀 없음을 재인식. 쫓겨나는 사람에게는 아무도 붙지 않는다.

○○ 씨도 내게 냉담했다.

내가 뿌린 씨는 스스로 책임지라는 것.

내일부터 냉엄한 승부가 시작된다. 질 수 없다.

수첩 마지막에는 다음과 같은 말이 적혀 있다. 아마 산 속에서 쓴 것으로 생각된다.

> 지금은 담담한 정적만이 감돈다.
> 증오는 증오만을 낳으니까.
> 저 세상으로 가져갈 것이다.

그리고 고노 씨의 가방 안에는 가족에게 보내는 유서가 들어 있었다.

그 첫머리는 "후회투성이의 인생이었습니다, 그저 미숙한 남편, 아버지였다는 생각만 듭니다"로 시작되었다. 마지막에는 부인에게 "용서해주오", 자녀 둘에게는 "어머니를 부탁한다"는 문장을 남기고, 날짜 "1998년 4. 24 18:00"을 적었다.

3) 허위 비방 전단지

사망한 고노 씨는 1970년대에 '오다큐레스토랑시스템'에 입사했다. 이 회사는 오다큐 전철 노선에서 각종 음식점을 운영하고 오다큐 전철과 오다큐백화점의 사원 식당, 오다큐 전철 차내 서비스 등을 운영하는 푸드 서비스 회사이다. 고노 씨는 입사 후 급식 사업 부문에 배속되어 오다큐 그룹 사원을 대상으로 하는 급식 사업에 종사했고, 1995년 무렵부터 급식 사업 요리장과 신주쿠 제2점포 점장을 겸하게 되었다. 또한 중간관리직으로서 직원의 고용에 관련된 업무도 수행했다.

고노 씨에 대한 동료의 평가는 "성실" "꼼꼼하게 주변을 배려한다" "업무

능력이 있다" "믿어주었다" 등 호평이었다. 직장 조직에서의 인간관계, 친구 관계에 대해서도 특히 문제되었던 적은 없었다.

1995년경 회사가 A를 채용(계약 사원)했을 때 고노 씨가 추천인이었는데, 사내에서 A의 평판은 나빴다. 1997년 2월경 회사는 직원 인원 정리 방침을 세웠고, A는 퇴직 권고 대상자 중 한 명으로 거론되었다.

이런 와중에 A는 고노 씨가 식당의 돈을 착복했다, 창고의 맥주를 마셨다, 여성을 미행하여 유혹했다는 등 전혀 사실무근의 내용들이 담긴 전단지를 만들어 이를 점원 식당의 고객이기도 한 오다큐백화점의 노동조합에 넘겼다.

이 때문에 오다큐백화점과 노조로부터 점원 식당의 규율에 관해서 강한 의혹을 샀고, 회사는 그 대응으로 애를 먹었다. 또한 회사는 전단지에 적힌 내용에 대해 고노 씨에게 사정을 듣고도 회사의 신용을 훼손시켰다는 이유로 '시말서'를 제출하도록 했다. 또한 신주쿠 제2점포의 점장 직에서 해임시켰다.

4) 회사의 불합리한 대응

게다가 1998년이 되어 고용계약 갱신 즈음 A는 중상 전단지를 사장에게 보내 문제를 다시 악화시켰다. 이에 회사 상층부는 A와 3월 말까지로 고용계약을 갱신하고, 다른 한편 고노 씨에게 재차 사정을 듣고 증거가 없는데도 혹독하게 몰아붙였다. 그리고 아무런 부정이 없었음에도 불구하고, 4월 23일부터 사실상 좌천에 해당하는 부서 이동 명령을 내렸다. 같은 날 그는 영업부 부장으로부터 "당분간 명함은 만들지 않을 것이다"는 이야기를 들었다. 고노 씨의 직속 상사(지배인) 또한 자리를 빼앗기고 다른 곳으로 좌천되었다.

요컨대, 회사 상층부가 오다큐 그룹의 고객이 제기한 불만에 관해서 문제의 시시비비를 명확하게 하여 노무 정책을 실행하는 것이 아니라, 말썽꾼은 그대로 놔두고 중간관리자 두 명에게 책임을 떠넘기는 '해결'을 노렸다는 것이다.

A의 집요한 해코지와 협박 외에 회사 상층부의 불합리한 대응으로 인해 고노 씨의 심리적 스트레스는 점점 심해졌다. 일기에 따르면 1998년 3월에는 죽고 싶은 마음도 나타났다. 자택에서 고노 씨는 자기 방에 두문불출하는 경우가 많아졌고, 좋아하는 등산과 스포츠 관람에 나서는 일도 점차 사라졌다.

이러한 상황에서 고노 씨는 죽음에 이를 정도의 우울증에 걸렸고, 그 결과 죽고 싶은 마음이 생겨 자살에 이르렀다고 추정된대[아마가사 다카시(天笠崇) 정신과 의사의 감정의견서].

5) 부인도 병으로 사망하고 두 자녀가 노재 신청

고노 씨가 사망하고 나서 수개월 후, 부인은 사장에게 편지를 쓴 후 장녀와 함께 회사를 찾아가 사장과 면담했다. 이 때 사장은 "본인이 그렇게까지 생각하고 있는 줄은 전혀 눈치채지 못했습니다"라는 말만 했다.

그러나 부인은 노기서에 노재 신청하는 것을 망설였다. 남편의 죽음이 회사 업무 때문이라는 것을 알고 있었지만, 마음 어딘가에서 스스로를 책망하는 생각이 들었던 것이다. 장녀는 제대로 노재를 신청하고 회사에도 책임을 묻고 싶은 마음이 간절했다. 하지만 "어머니가 매일 괴로워하시고 슬퍼하시는 모습을 보면서, 더는 어머니에게 부담을 드릴 수가 없었어요"라고 당시의 심경을 전했다.

그리고 불행이 겹쳤다. 남편이 사망하고 나서 약 4년 후, 부인이 투병 생활 끝에 사망했다. 장녀는 후에 법원(행정소송)에 제출한 진술서에 노재 신청에 이르기까지의 심경을 다음과 같이 기술했다.

아버지의 돌연한 죽음과 그리고 회사가 그에 대해 아무런 진실도 밝혀주지 않았다는 점, 또 어떠한 사죄도 없었다는 점, 그런 것들로 인해 어머니는 과도하게 스트레스를 받아서 몸을 해쳤다고 우리 자매는 생각합니다.

어머니가 투병 중일 때 나는 아버지의 노재 신청을 하고 회사와 싸우겠다는 결의를 새롭게 했습니다. 반드시 노재로 인정받겠다, 회사의 사죄를 받겠다고 생각했습니다. 그것은 아버지뿐만이 아니라 어머니의 행복한 생활, 어머니의 건강까지도 오다큐레스토랑시스템이라는 회사가 빼앗아갔다고 생각했기 때문입니다.

어머니가 암 통증으로 고통받으면서 숨을 거두기 전, 나는 '지금이 아니면 기회가 없다' 생각해서 "엄마, 소원이에요. 아버지 노재 신청해도 되지?"라고 큰소리로 말했습니다. 어머니의 의식은 이미 몽롱했고 나의 말을 알아들으셨는지는 알 수 없었습니다. 어머니는 금방 숨을 거두었습니다.

고노 씨의 부인이 사망하고 반 년 후인 2002년 11월, 자매는 노기서에 노재 신청을 했다.

6) 도쿄 지방법원이 노재로 인정하고 확정

그러나 당시 전국의 노기서는 장시간 노동 이외의 자살 사건에 대해서는 거의 전부 노재를 인정하지 않았다. 시부야 노기서는 고노 씨가 남긴 수첩 등 증거가 있음에도 불구하고, 그의 죽음을 업무 외 사망이라고 판단했다. 행정기관에 대한 이의신청 수속(심사청구, 재심사청구)이 오래 걸려 결론이 지연되었지만 끝내 결론은 변하지 않았다. 특히 노동보험 심사회(재심사를 담당)에서는 청구를 접수하고 재결까지 약 2년 반이나 걸렸다. 자매는 어쩔 수 없이 노기서의 위법 부당한 결정을 취소해달라는 행정소송을 제기했다. 그리고 2009년 5월 20일, 도쿄 지방법원이 원고 측의 주장을 전면적으로 인정해 고노 씨의 죽음을 노재라고 판결했다. 후생노동성은 항소하지 않았고 이 판결은 확정되었다. 고노 씨가 사망한 지 이미 11년 정도의 세월이 흐른 뒤였다.

모름지기 경영자는 현장과의 다양한 알력 속에서 일하는 중간관리자의 입장을 잘 이해해야 한다. 회사 내부와 고객과의 트러블 대처에서 이른바 '무사안일주의'를 배제하고 사실과 도리에 맞는 해결책을 강구해야 한다.

또한 노기서 등 각 행정기관은 중간관리자의 실태를 정확하게 파악하고 이 사례와 같은 괴롭힘 사건에 적절하게 대처해야만 한다.

7. 의료 현장의 가혹한 노동
- 29세 외과 의사, 44세 소아과 의사

> 의사의 과중한 노동이 심각한 사회문제가 되고 있다. 특히 소아과, 산부인과, 외과 등에서는 장시간 노동, 과다한 당직 횟수, 빈번한 의료사고 소송으로 말미암아 인력 부족이 만연하고, 그로 인해 과로사나 과로 자살까지 하는 사례가 발생하고 있다. 의사의 가혹한 근무 조건은 의료의 질 저하, 의료사고 발생으로 이어진다. 의사의 건강 없이 건전한 의료는 있을 수 없으며 따라서 근본적 개혁이 필요하다.

1) '쉬고 싶다'

외과 의사 스기무라 고지(杉村孝二 가명, 29살) 씨는 1989년 10월부터 1992

년 3월 31일까지 이바라기(茨城)현의 쓰치우라(土浦)협동병원 외과에서 봉직의로 근무하다가 같은 해 4월 전근한 직후 자살했다.

경찰에게 보내는 유서를 보면 자살 동기를 "매일의 생활에 심신이 지친 나머지 정신적으로 병약해져 쉬고 싶어서입니다"라고 썼다.

스기무라 의사의 유족(부모)은 노재 보험(유족 보상)의 시효 성립 직전인 1997년 4월 초순 쓰치우라 노기서에 노재 신청을 했지만 인정받지 못했다(업무 외 사망으로 결론). 노재 보험 심사관이나 보험 심사회에 냈던 이의신청(심사청구, 재심사청구)도 질질 오래 끌다가 결국 기각되었다. 그래서 2002년 8월 아버지가 국가(쓰치우라 노기서)를 피고로 하여 유족 보상금 부지급 처분취소 행정소송을 미토(水戸) 지방법원에 제기했다.

2005년 2월 22일 미토 지방법원은 스기무라 의사의 죽음이 업무상 사망이며 노재로 인정한다는 판결을 내렸다. 의사의 과로사나 과로 자살을 둘러싼 행정소송으로는 첫 판결이었다. 국가가 항소를 단념했기 때문에 미토 지방법원의 판결이 그대로 확정되었다.

2) 2년 반 동안 휴일이 불과 27일

쓰치우라협동병원에서 스기무라 의사는 외래 환자 진료, 외과 수술(평일 거의 매일 한 명 내지 수 명의 환자), 입원 환자 진료, 검사 업무(내시경 등), 응급 환자 진료 업무(일직, 당직 등의 업무)를 맡았고, 진료 경험을 바탕으로 학회 등에 보낼 논문이나 서류를 작성했다. 스기무라 씨는 환자나 의료 스태프를 배려하는 세심한 성격으로 주위 평가가 아주 좋은 의사였다. 또 꼼꼼하고 성실한 성격으로, 인간의 생명을 직접 좌우한다는 책임을 인식하며 진지하게 수술

〈표 1-5〉 스기무라 의사의 시간 외 노동시간 집계표
　　　　(1989년 10월~1992년 3월. 숙박 일직을 포함)

년/월	시간 수	년/월	시간 수	년/월	시간 수
1989.10	175.0	8	123.5	6	160.0
11	202.5	9	127.0	7	171.0
12	259.5	10	166.0	8	155.0
1990.1	235.5	11	168.0	9	178.0
2	157.5	12	189.5	10	183.0
3	156.5	1991.1	146.5	11	186.0
4	175.5	2	169.0	12	131.0
5	179.5	3	170.0	1992.1	183.5
6	167.5	4	147.5	2	156.5
7	145.5	5	149.0	3	204.0

주: 숫자는 미토(水戸) 지방법원이 인정한 것임.

이나 치료에 임했다.

　이 병원은 지정 응급의료기관으로 중증 응급 환자를 다수 진료하며, 환자 수에 비해 의사가 부족했다. 조반(常磐) 고속도로에서 일어난 사고 피해자도 종종 긴급 호송되었다. 스기무라 의사가 재직할 당시 같이 근무했던 동료 의사들은 실제로 외과 의사가 두 명 정도 부족함을 늘 느꼈다고 증언했다.

　그래서 스기무라 의사는 2년 반 내내 토요일과 일요일, 또 추석이나 신년 초 같은 명절에도 제대로 쉬지 못했다.

　노기서 등 행정기관이 조사 과정에서 제출한 급여 명세서를 보면 스기무라 의사의 시간 외 노동시간은 한 달에 80.5시간이었다. 그런데 병원에서 같이 근무한 의사는 "시간 외 노동이 그보다 더 많았고, 다른 젊은 의사가 당시 실제 노동시간을 기록한 메모를 병원 측에 제출했을 것"이라는 정보를 일러 주었다. 그래서 소송 중에 유족 측이 이 노동시간 메모의 존재를 주장했고, 병원 측에 제출을 요구해서 재판 중반에 증거로 제출받았다.

이 메모에 의하면 스기무라 의사는 늘 시간 외 노동을 100시간 이상 했고, 200시간 넘게 일한 달도 있어서 평균적으로 한 달에 약 170시간의 시간 외 노동을 했다는 사실이 드러났다. 2년 반(30개월) 동안 휴일은 총 27일 뿐으로, 한 달에 한 번도 쉬지 못하거나 휴일이 전혀 없는 달도 가끔 있었다. 12월 31일에도 신년 초에도 일했다. 〈표 1-5〉는 법원이 인정한 스기무라 의사의 시간 외 노동시간 기록이다.

3) 늘 수면 부족, 건강 악화

스기무라 의사는 병원에서 그리 멀지 않은 곳에 병원 측이 마련해준 집에 살았다. 집에 있을 때도 병원에서 오는 전화나 호출기로 담당 환자나 긴급 환자의 상황을 듣고 치료 지시를 내렸다. 병원으로 호출되는 경우도 적지 않았다. 그런 일들이 있어 아파트에 있을 때도 숙면을 제대로 취할 수 없었다.

당직 때는 거의 잘 수 없었다. 당직은 저녁 5시부터 다음 날 아침 9시까지였는데, 쓰치우라협동병원은 1차, 2차, 3차 가리지 않고 모든 응급 환자를 받았기 때문에 특히 정신없이 바빴다. "(당직 의사는) 졸다가 환자를 받고 깨어나서 대체로 그렇게 하룻밤을 보낸다" "당직은 1차부터 3차 응급 환자를 전부 진료하는 형태였기 때문에, 진료 시간 외에 긴급 환자를 보는 경우가 정말 많았어요. 병원 당직 때는 환자가 오지 않아 충분히 잘 수 있는 날이 거의 없어요"라고 동료 의사가 증언했다.

이처럼 1일 24시간 1년 365일 일을 안 하는 날이 없는, 즉 쉬는 날이 없는 이상한 생활이 계속되는 동안 스기무라 의사는 심신의 건강이 점점 나빠졌다. 오랜만에 집에 온 아들의 모습에 대해 아버지는, "아들이 야위고 까칠해 보여서 걱정스러웠다" "뭔가 특별히 고민이 있는 것 같지는 않았으나 심신이 지쳐 있었다"고 진술했다. 동료 의사는 "마르고 머리카락이 빠졌어요" "정신과 몸의 균형이 깨져 노이로제에 걸린 게 아니었을까 싶어요"라고 말했다. 한 간호사는 "잠을 제대로 잘 수 없다고 하소연하고 수면제를 먹어도 효과가 없어 주사를 맞아야 겨우 잠드는 것 같다"고 증언했다.

심신이 지친 나머지 스기무라 씨는 4월 도쿄도 내로 전근한 직후 자살했다.

4) 소아과 의사의 유서

나카하라 도시로(中原利郎) 소아과 의사(부장)는 도쿄도 내 고세이(佼成)병원에서 근무하던 1999년 8월 '저출산과 경영 효율의 틈새에서'라는 제목의 유서를 남기고 병원 건물 옥상에서 투신자살했다.

그 유서에는 아래와 같은 말이 적혀 있었다.

소아를 검사할 때면 말귀를 못 알아들어 큰소리로 우는 아이를 겨우 겨우 달래며 검사해야 합니다.

현행 의료보험 제도는 이처럼 수고와 손이 가는 소아 진료를 충분히 배려한다고 할 수 없습니다.

현재는 상근 4명 체제로 거의 하루 종일 소아과 당직 근무를 하고, 게다가 월 1~2회 도쿄도 영유아 특수 응급 사업에 협력하고 있습니다. 응급 환자 수는 소아과 환자가 내과 환자보다 많아, 나 같은 40대 중반에게 월 5~6회의 당직 근무는 몸에 무리가 있습니다. 또 간호사, 사무직원을 비롯한 스태프의 과로가 쌓이고 이것이 '의료 미스'의 원인이 되지 않을까 걱정하며 매일 조마

조마하게 업무를 수행하고 있는 상태입니다. 올 1월에는 ≪아사히신문≫에 나온 내 대학 동기의 '과로사' 기사를 읽었죠(이것은 현장 사람들에게 큰 충격이었습니다).

이제 곧 21세기를 맞이합니다.

경제 대국 일본의 수도에서 일어나고 있는 너무나도 빈약한 소아과 의료 현실입니다. 불충분한 인원과 낡은 설비하에서 일어나고 있는 그 이름값도 못하는 (임시방편의) 응급, 재해 의료. 이 답답함 속에서 저는 의사라는 직업을 계속해나갈 기력도 체력도 다 잃었습니다.

5) 상근 의사가 반으로 줄어

나카하라 의사는 성실하고 명랑하며 소신 있고 책임감이 강해서 환자의 신뢰가 두터웠다. 그는 일반 외래, 전문 외래(가와사키병과 예방접종), 입원 환자 진료, 휴일 야간 진료 당직, 학술집담회, 간호학교 강사 등의 업무를 맡고 있었다. 게다가 1999년 1월 부장 대행에 취임하면서, 소아과의 총괄 책임자로서 병원 회의와 진료부장 회의 출석, 외근하는 비상근 의사의 진료와 간호사 처치에 대한 점검, 소속 직원의 근태 관리 등의 업무도 맡았다.

이 병원에서는 1999년 1월 전임 소아과부장이 정년퇴직하고 나카하라 의사가 부장 대행이 되었다. 그 외에도 상근하던 베테랑 의사가 퇴직했지만 대체 의사가 원활하게 충원되지 않았다.

그 결과 3월에는 상근 의사가 실질적으로 반으로 줄어들면서 나카하라 의사는 한 달에 8회나 당직 근무를 하게 되었고, 휴일도 이틀밖에 쓰지 못했다. 4월에도 6번이나 당직을 섰다. 이미 40세 중반에 들어선 나카하라 의사의 심신에 커다란 부담이 된 것은 의문의 여지가 없다.

1999년 3월, 4월이 되면서 나카하라 의사는 당직 직후가 아니더라도 무척이나 피곤한 모습으로 집에 돌아가 뻗는 일이 많아졌다. 또한 자택에서 전화소리가 들리면 병원 호출 전화는 아닐까 하고 과민하게 반응했다. 이러한 그의 모습 때문에 가족은 그의 눈치를 보며 생활했다. 하루는 그가 우는 소리로 "5월 황금연휴가 지나면 이제 의사 한 명이 들어온다. 그렇게 되면 조금은 나아질 테니 조금만 참아줘"라고 말하며 고개를 숙인 적이 있었다.

그러나 5월이 되자 부장 회의 전날에 특히 신경질적이 되고, 정기 구독하던 축구 잡지도 보지 않은 채 방치하는 경우가 많아지는 등 취미에 대한 관심이 줄어들었다. 게다가 6월에는 자택에서도 직장에서도 화내는 일이 잦아지고 기분 나빠하는 상황이 이어졌다. 또한 자택에서 장남에게 소리를 지르거나 갑자기 토하고 울면서 잠이 드는 등 분명히 이상한 언동이 눈에 띄기 시작했다. 그리고 8월 중반에 자살하기에 이른다.

6) 노기서가 노재로 인정하지 않은 것을 도쿄 지방법원이 인정

나카하라 의사의 부인은 남편의 죽음이 과로사라고 생각했다. 신주쿠 노기서에 노재 보험의 적용을 요구하는 노재 신청을 했지만, 해당 노기서에서는 노재라고 인정하지 않았다. 그 이유는 예컨대 당직을 하더라도 환자가 와서 진료하는 시간 이외에는 거의 휴식이 이어지고 통상적으로 수면을 취할 수 있기 때문이라는 것이다. 당직의 실정을 전혀 이해하지 못한 상태에서, 나카하라 의사의 심신에 가해진 부담이 심한 것은 아니라고 판단했던 것이다.

그래서 유족은 노기서의 결정을 뒤집기 위한 소송(국가가 피고인 행정소송)

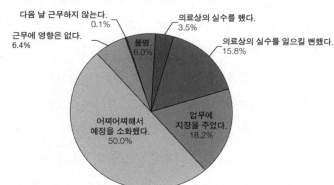

〈그림 1-1〉 당직 근무가 다음 날의 진료 업무에 미치는 영향

다음 날 근무하지 않는다.
0.1%

의료상의 실수를 했다.
3.5%

근무에 영향은 없다.
6.4%

불명.
6.0%

의료상의 실수를 일으킬 뻔했다.
15.8%

어쩌어찌해서
예정을 소화했다.
50.0%

업무에
지장을 주었다.
18.2%

자료: 도쿄도 의사회 봉직의 위원회, 2003, 「봉직의의 상황」.

을 제기했다. 도쿄 지방법원은 의사의 증인 심문 등을 거쳐 2007년 3월 14일 나카하라 의사의 사망이 노재라는 판결을 내렸다. 이 판결은 ≪아사히신문≫이 1면 톱 기사(도쿄 본사판)에 보도되고 커다란 사회적 반향을 불러일으켰다. 저출산 시대에 소아 의료의 현실을 개혁하기 위한 중요한 문제 제기가 되었다. 이 판결에 대해 국가는 항소하지 않고 확정지었다. 유족과 병원 사이의 손해배상 소송은 최종적으로 대법원에서 화해가 성립되었다.

7) 의료의 질과 관련해서도 심각한 문제

의사의 가혹한 근무 조건은 의료의 질 저하, 의료사고 발생이라는 관점에서 보아도 심각한 문제라 할 수 있다.

「봉직의의 상황」(도쿄부 의사회 봉직의 위원회, 2003)에 의하면, '당직 근무 다음 날 진료 업무에 미치는 영향'에 대해서 "의료상의 실수를 했다"가 3.5%,

"의료상의 미스를 일으킬 뻔했다"가 15.8%, "업무에 지장을 주었다"가 18.2%
였으며, "다음 날은 근무하지 않는다"는 응답은 겨우 0.1%에 지나지 않았다
(〈그림 1-1〉).

스기무라 의사와 나카하라 의사의 경우, 본인의 초인적인 노력에 의해 의료
사고는 발생하지 않았지만 의사 자신의 건강이 황폐해지고 비극적 결과를 초
래했다.

유감스럽지만 현재까지도 많은 의료 현장에서 의사의 과로사, 과로 자살이
발생하고 있다. 특히 외과, 소아과, 산부인과 등에서 두드러진다. 이들 부문은
근무 조건이 가혹하고 의료 소송이 빈번하기 때문에 젊은 의사의 지원이 적어
전문의 부족이 심각한 사회문제가 되고 있다.

8. 산산조각 난 신임 여성 교사의 꿈

- 23세, 초등학교 교사

일본 사회에서 아이들 한 명 한 명은 모두 소중한 존재이다. 초등학교와 중학교의 역할이
더더욱 중요해지고 있다. 그러나 한편으로는 그 중요한 교육을 짊어진 교사들이 지나치게
많은 업무, 관리직의 부적절한 관리, 학부모와의 알력 등으로 정신 질환에 걸려 생명까지
잃는다.

1) 신임 발령을 받은 지 불과 2개월 만의 애절한 죽음

무책임한 저를 용서해주십시오. 원인은 모두 저의 무능함에서 비롯되었습
니다.

우리 가족, 미안해요.

2006년 4월, 꿈과 정열을 안고 초등학교 교사로 첫 발을 내디딘 신임 교사 다케시타 교코(竹下恭子 가명) 씨는 불과 2개월이 지난 6월 1일, 노트에 이렇게 써놓고 자살했다. 겨우 23세의 젊은이였다.

다케시타 씨는 태어나서 교사가 될 때까지 심신이 매우 건강했다. 성실하고 온화한 성격으로 많은 친구들에게 사랑을 받았다. 대학 지도 교수는 "밝고 온화하여 인품이 좋고, 업무 내용도 정확하게 잘 파악하고 책임감도 강하고 실천도 잘하고, 결점이 없는 학생이었다"고 했다. 또한 다케시타 씨가 자원봉사를 했던 학교의 교장도 "표정이 풍부하고 아주 산뜻한 인상을 주었다. 대범한 듯하면서도 심지가 굳은 듯했다. 교육을 적극적으로 배우려는 자세도 느꼈다"는 취지로 말했다. 주위의 이러한 평가를 받으며 장래가 촉망되던 그녀가 왜 부임 후 불과 2개월 만에 슬픈 죽음을 맞이했던 것일까.

2) 단 학급 학교에서 학급 담임을 맡다

다케시타 씨는 대학을 졸업하고 도내 신주쿠의 A초등학교에 부임했다. A초등학교는 소위 단 학급 학교로, 1학년부터 6학년까지 각 학년마다 학급이 하나씩이다. 다케시타 씨는 2학년 학급 담임을 맡았다. 그러다보니 다케시타 씨에게는 같은 학년에 상담할 선배 교사가 없었다. 그녀는 친구에게 "각 학년마다 학급이 하나라 상의할 사람이 없어서 나 혼자 다 해결해야 해"라고 말했다.

게다가 A교는 2005년에 상근 교사가 10명(그중 학급 담임 6명)이었지만 2006년에 인사이동이 있어 학급 담임 6명 중 4명이 타교로 갔고 다른 한 명도 이동

했다. 이에 따라 4월, 5월에는 거의 모든 학급 담임이 새로 부임한 교사들로 채워졌다. 이들은 낯선 A교에서 각자의 직무로 정신없이 바빠서, 다케시타 씨가 다른 선배 교사에게 학생 지도에 대해 고민을 털어놓거나 상의하기가 사실상 어려운 환경이었다. 또한 A교는 2005년에 신주쿠의 연구지정 학교(2년간) 였는데, 앞에서 기술했듯 대규모 인사이동이 있었기 때문에 A교의 2006년도 교사들에게는 부담이 컸다.

3) 부담이 큰 신임 교사의 4~5월

다케시타 씨에게는 학급 담임이 해야 하는 직무(교과 지도 24시간, 학급 지도, 학급 운영) 외에도 학습 지도부(도덕부, 생활 종합부), 생활 지도부, 급식 지도부, 섭외부, 각종 위원회(전람회 위원회 등), 클럽 활동(축구, 농구), 신교연(국어부연구회) 등의 직무가 배정되었다.

어떤 업종이나 직종이든 신입 사원은 일정 기간의 연수 기간이 있으며 신입이 되자마자 업무를 맡는 일은 드물다. 그런데 학교교육 현장에서는 대학을 졸업한 직후인 4월부터 신임 교사가 학급 운영과 학부모 대응을 모두 맡는다. 그 부담이 신입에게 과도한 경우가 적지 않다.

4~5월이라는 시기는 경험 있는 교사도 입학식 등의 각종 행사나 학급 꾸리기 같은 자기 직무 수행에 전념하느라 정신이 없어 신임 교사를 교육시키거나 지도할 만한 여유가 없다. 그리고 앞에서 기술한 대로, 더구나 A교에서는 인사이동으로 새로 전근해 온 교사가 많았기 때문에 다케시타 씨를 거의 지원해 주지 못해서 그녀의 정신적 부담이 커졌다. 같이 사는 가족은 다케시타 씨가 4월 첫째 주부터 이미 일에 쫓기는 듯, 다음 날 수업이 머리에서 떠나지 않아

일을 제대로 못 하겠다고 말했다고 한다.

4) 연장근로, 휴일 출근, 집에서까지 일해도 도저히 못 쫓아가

다케시타 씨의 근무시간은 원래 오전 8시 15분부터 오후 5시까지였다. 그러나 실제로는 오전 7시 30~40분경에 출근하고 밤에는 오후 8~9시 무렵까지 일하는 것이 보통이었다. 통근하는 데 약 1시간이 걸렸기 때문에 적어도 아침 6시 30분 전에 집을 떠났고 밤에는 9~10시경에 귀가했다. 교내에서는 실질적으로 휴식 시간을 가질 수 없었으며, 토요일과 일요일 중 하루는 출근해서 일했다.

게다가 같이 사는 가족 이야기에 따르면 집에서 한밤중까지 갖가지 문서 작업을 하고 밤 2시 무렵까지 컴퓨터 앞에 앉아 있었다고 한다.

그 결과 다케시타 씨의 초과근무시간은 한 달에 100시간을 훌쩍 넘고 수면 시간은 4~5시간 정도밖에 안 되었다.

그럼에도 일이 순조롭게 진행되지 못했다. 부임한 지 2주 정도 지난 시점에서 친구에게 모든 수업이 늦어지고 있다고 털어놓았다. 4월 28일 친구들 모임에서도 "수업 준비나 다른 일 때문에 휴식 시간에 못 쉬고, 아이들과도 전혀 못 놀아"라고 말했다.

4월, 5월에는 학급 지도, 학급 운영 이외에도 소풍 현지 조사, 생활부회, 학부모회, 연구 분과회, 전람회 위원회, 가정방문, 교내 연수회, 학부모-교사회 등 각종 학교 행사가 있었다. 학급 운영에 시간적 여유를 빼앗겨 점점 더 고민에 빠진 다케시타 씨에게 이들 행사는 한층 부담이 되었다.

5) 학부모의 비판에 시달리다

다케시타 씨 학급의 한 학부모(이하, 학부모 X라고 한다)가 4~5월에 반복적으로 알림장에 다케시타 씨의 교육지도에 대한 의문과 비판 의견을 적어 보내서 다케시타 씨는 그 대응에 고심했다.

4월 11일의 연락장에는 자녀가 자기 이름을 쓸 때 배운 한자 이외에는 사용하지 말라고 한 것은 왜인가라는 질문이 적혀 있어서 다케시타 씨가 다음 날 전화로 설명했다. 17일의 연락장에는 3일 전에 일어난 아이들끼리의 싸움에 대해서 면담을 신청했고, 다케시타 씨는 전화로 설명했다. 20일의 연락장에는 한자 숙제를 내달라는 의견을 제기했다. 5월 2일에는 바라던 숙제를 내주지 않는다, 가져간 노트를 돌려주지 않는다, 하교시간이 지켜지지 않는다 등의 의견이 적혀 있었다. 또한 지금까지의 의견에 대한 다케시타 씨의 대답이 단답형이다, 좀 더 구체적으로 써달라는 의견이 적혀 있었다.

또한 5월 22일의 알림장에는 주간 예정표를 주지 않는다, 숙제를 내주는 방식이 안정적이지 않다, 아이들 다툼으로 수업이 엉망인 것이 걱정이다 등의 의견에서 더 나아가, 다케시타 씨가 아이들에게 소홀한 것은 아닌가, 결혼도 안 했고 자녀를 키워본 적이 없어서 경험이 부족한 것은 아닌가, 금후 교장과의 면담도 생각 중이다 등 다케시타 씨의 인격을 부정하는 듯한 비판까지 적었다.

5월 22일의 알림장 내용은 너무나 지나친 것으로 다케시타 씨는 신임 지도 담당 교사에게 그 내용을 전하고 이 교사는 교장에게 보고했다. 그런데 교장은 다케시타 씨더러 보호자에게 전화하라고 지시했고, 다케시타 씨는 학부모에게 "죄송합니다"라고 사과했다. 그날 밤 다케시타 씨는 가족에게 "알림장에 빽빽하게 적어 보내는 학부모가 있다. 무엇을 써서 돌려보내면 좋을지 모르겠다"고 고민을 털어놓았다. 가족이 다케시타 씨에게 들은 바에 의하면, 그녀가 코멘트를 붙여서 돌려보냈더니 학부모 X가 그것을 지우개로 지우고 "이제 답변은 필요 없습니다"라고 써서 보낸 적도 있다고 했다.

교장이 다케시타 씨더러 학부모 X에게 전화하라고 한 것은 다케시타 씨에 대한 X의 공격적 자세를 생각해볼 때, 다케시타 씨에게 심리적 부담을 한층 더 크게 만들었을 가능성이 있다.

6) 몹시 피곤에 지쳐

5월 23일에 반 아이들 두 명이 싸웠고, 24일에는 4명이 싸움을 벌였다. 이런 가운데 25일 2학년 학급 수업 참관 후 여러 학부모들이 교장에게 면담을 요청해 "주간 일정표가 있으면 좋겠다" "아이가 싸워도 선생님이 주의를 주지 않는다" 등 다케시타 씨의 학급 운영에 불만을 표했다. 교장은 이를 받아들여 다케시타 씨에게 "학부모의 의견을 받아들여서 주간 일정표를 작성하도록" 지시했다.

또한 25일에는 6월 7일에 열릴 PTA(학부모 교사 연합회) 주최 '아동 모임'의 티켓을 배부해야 했는데, 다케시타 씨가 이를 깜빡했다. 부교장은 26일 수업 후 다케시타 씨에게 각 가정을 방문하여 배부하라고 지시했고, 그녀는 각 가정을 방문해 전달했다.

26일 금요일 저녁 학생 시절 친구들 모임이 있었다. 밤늦게 모습을 나타낸 다케시타 씨를 보고 친구들은 놀랐다고 한다. 다케시타 씨는 매우 피로한 얼굴을 하고 있었고, 눈에 초점이 없었으며 말을 거의 하지 않고 식욕도 없었다. 다케시타 씨는 집으로 가는 길의 전철에서 친구의 이야기에 답을 하며 "교장으로부터, 학부모가 다케시타 선생님을 신용하지 않는다는 말을 들었다" "스스로가 한심스럽다" "중요한 수업 참관 같은 것이 있는데 그렇지 않아도 따라가지 못하니 두려워" "해도 해도 따라가지 못해서 어떻게 하면 좋을지 모르겠다" 등과 같은 말을 했다.

27일, 다케시타 씨는 집 안에서 자살을 시도했으나 미수에 그쳤다. 월요일에 가족과 함께 정신의학과 진료를 받고 '우울 상태'라고 진단되어 항불안제를 처방받았다. 다케시타 씨는 약을 먹으면서 약간 기운을 회복하는 것처럼 보였지만, 31일 가족이 잠깐 한눈 판 사이에 자살을 시도했고, 6월 1일 병원에서 사망했다.

7) 공무 재해 신청

다케시타 씨의 양친은 딸의 죽음이 공무에 기인한 것으로 생각해서 2006년 10월 24일에 지방공무원 재해보상 기금(지공재) 도쿄도 지부장에게 공무 재해를 신청했다.

2007년 4월 신주쿠 교육위원회는 "해당 교사가 아이들 지도와 보호자 대응으로 인해 깊은 고통을 겪고 있었던 것으로 보입니다" "사고에 이르기까지의 상황 파악이 결과적으로 충분하지 않았고, 학교와 사망한 해당 교사에 대한 지원이 부족했던 점을 막중하게 받아들이고 있습니다"라는 보고서를 공표했다.

그러나 지공재 도쿄도 지부장은 2008년 9월 5일 공무상 재해는 아니라는 결정(공무 외 결정)을 내렸다. 학교가 어느 정도 지원했다, 통상 범위 내의 직무여서 과중한 것은 아니었다, 학부모가 알림장에 쓴 인신공격적 비난은 이후 중단되었다 등을 근거로 내세웠다. 양친은 이러한 공무 외 결정에 대해, 지공재 도쿄도 지부 심사회에 이의신청(심사청구)을 했다. 더불어 정보공개 청구도 해서, 지공재가 공무 외 결정을 내리기까지의 과정을 알 수 있는 자료를 신청해서 받았다. 이를 통해 처분청인 지공재의 지부장은 다케시타 씨의 과중 부담을 정당하게 평가하고, 공무상 재해 쪽으로 일차 결론을 내리고 있었던 것, 그러나 지공재 본부가 이를 번복해 공무 외라고 결정했던 사실이 드러났다.

심사청구의 구두심리에는 당시의 동료, 함께 살고 있던 가족, 그리고 교직원 환자를 다수 진료하고 있는 정신과 의사가 의견을 진술했다. 다케시타 씨가 사망한 지 3년 8개월이 지난 2010년 2월, 지부 심사회는 결과를 뒤집어 공무상 재해임을 인정하고, 그 재결서가 3월 5일 유족에게 전달되었다.

8) 다른 학교 현장에서도 비슷한 희생자가

다케시타 씨가 사망한 2006년 12월, 니시도쿄(西東京) 시내 초등학교의 신임 교사가 다케시타 씨와 비슷한 사정으로 우울증이 발병해 자살했다(동 사건은 2014년 5월 현재 도쿄 지방법원에 행정소송이 진행 중이며, 공무상 재해 여부를 심리 중이다).

또한 2004년 9월, 시즈오카현 이와타(磐田) 시립 초등학교의 신임 교사 기무라 유리코(木村百合子) 씨가 우울증 발병 끝에 자살했는데, 행정소송에서 공무상 재해로 인정되었다(시즈오카 지방법원과 도쿄 고등법원에서도 유족이 승소 확정). 이 재판에서 기무라 씨는 학급 운영으로 고뇌하면서도 가능한 한 최선의 노력과 책임감으로 대응했지만, 신임 교사에게 고도의 지도 능력을 요구하는 것은 가혹하며 기무라 씨에게 충분한 지원이 이루어졌다고는 도저히 인정할 수 없다고 판단해, 공무와 자살 사이에 상당한 인과관계가 있다고 인정했다.

일본의 학교 현장에는 많은 교사들이 분주한 업무, 학부모의 억지, 관리직의 부적절한 대응, 제대로 갖춰지지 않은 인사 체계 등으로 인해 심신의 건강을 해치고 있다. 문부과학성의 발표에 의하면 2012년도에 정신 질환으로 휴직 중인 교직원은 4960명에 달한다.

다케시타 씨와 같은 고통스러운 죽음이 반복되지 않기 위해서, 교육 행정에 종사하는 사람들, 현장의 교사와 학부모 측 모두가 교육 현장의 개선을 위해 노력해야 한다.

제2장

특징, 원인, 배경, 역사

1. 민간, 정부의 통계

1) 과로사 110번

지금까지 과로사 110번(변호사와 의사 등으로 이루어진 전화 상담소로 1988년 6월에 출범)의 도쿄 창구에는 462건의 자살 상담이 있었다. 그 '피재자(被災者)'의 연령, 직종은 〈표 2-1〉과 같다.

'피재'라는 말은 일반적으로 지진 등 재해를 입은 사람을 뜻한다. 그러나 노동재해로 건강을 해치는 경우에도 쓰고, 노동 행정이나 노동 재판에서는 노재로 상처를 입거나 병에 걸리거나 생명을 잃은 노동자를 '피재자'라고 부른다. 이 책에서는 과로 자살이 과로사의 일종이라는 생각에서 이 '피재'라는 호칭을 쓰고자 한다.

〈표 2-2〉는 도쿄 상담 창구에 들어온 최근 몇 해 동안의 사례 요약을 보여준

〈표 2-1〉 과로 자살 피재자의 연령, 직종(~2013년 6월 15일)

연령	건수	직종	건수	직종	건수
20대	106	영업	60	의료, 복지	9
30대	118	기술	113	운전기사	11
40대	92	사무	88	연구	9
50대	86	현업(現業)*	45	주방, 조리	3
60대	6	임원	14	보안	4
70대	1	교사	10	그 외	12
미상	53	관리	28	미상	52
		판매	4		

주: 1) 유서 있음 130건(28.1%).
　　2) 정신과 진료 과거력 있음 105건(22.7%).
옮긴이 주: *국가 또는 지방자치단체에서 권력 집행적 행정작용을 수반하지 않는 사업. 예컨대 우편, 조폐, 인쇄, 국유림 사업 등을 포함.
자료: 과로사 110번 도쿄 사무국 집계, 462건의 데이터로부터.

〈표 2-2〉 과로사 110번 사무국에 들어온 과로 자살로 추정되는 상담 사례(2009년 이후 사망)

연령	업종/직종	특징
① 50대	편집	심야 2~3시경에 택시로 퇴근하고, 토요일, 일요일에도 쉬지 못했다. 특히 직전 3개월 동안 바빠서 "잘 수 없다" "이명이 들린다" "머리가 이상해진 느낌이 든다"고 말했다. 유서 없음.
② 20대	기술 개발	밤 11시까지 장시간 노동. 자살 직전에 인사 이동이 있었고, 업무 때문에 괴로워했다. "시간이 큰일이다"고 말했으며, 기운이 없었다. 유서 없음
③ 20대	제조 회사 영업	통상 업무 외에 접대와 출장이 많았고, 마시지도 못하는 술을 억지로 마셔야만 했다. 죽기 1개월 쯤 전에는 매우 황폐한 모습으로, 주위에서 놀랄 정도로 먹는 양이 줄어들었다.
④ 30대	공무원	인문계 출신이었지만 정보처리 업무로 자리 이동을 하고, 익숙하지 않은 업무를 일손이 부족해 월 100시간이 넘게 장시간 노동함. 일터에서 발생했던 한 도난 사건의 대책으로도 힘들어했다. 유서 있음.
⑤ 30대	의료	장시간 노동으로 우울증에 걸렸지만, 휴가를 신청해도 허가해주지 않고, 회사가 이해해주지 않았다. "늘 화만 내서 죄송합니다"라는 유서를 남기고 자살.
⑥ 40대	엔지니어	오전 7시부터 심야 3시경까지 장시간 노동 계속, 해외 출장지에서 실적 부진을 이유로 상사에게 심한 질책을 받고, 귀국 후 1주일 만에 자살했다. 유서 없음.
⑦ 50대	회사원	직장 리더에게 괴롭힘을 당하고, 다른 사원의 지원도 없었다. 업무가 산적해 매일 1시간은 무보수 연장근로, 토요일도 출근했다. 퇴직 후 곧 자살했다.
⑧ 40대	시스템 엔지니어	10년 이상 추석과 설날에도 쉬지 못하고, 아침부터 밤까지 일을 계속했다. 정신과에 다니면서 수면제도 복용했지만, 처음으로 무단결근하고 자살했다. 유서 있음.
⑨ 20대	제조업	상사는 업무 지도는 안 해주면서 고함치고 괴롭혔으며, 연장근로도 많았고 공황장애를 진단받았다. 자리 이동을 신청했으나 연기된 후 자살했다.
⑩ 20대	공무원	우울증 증상을 느꼈지만 휴일이 없기 때문에 치료가 불가능했다. 연수 기간 중에도 매일 통상 업무의 연장근로를 해야 하기 때문에 일터에 돌아가기를 반복, 저녁도 먹지 못하고 한밤중 12시 가까이까지 일함.
⑪ 50대	운송업	덤프트럭 운전기사. 아침 일찍부터 밤늦게까지 과중 노동이 원인이 되어 근무 중 사고를 냈지만, 회사 보험이 합의금의 일부밖에 보상해주지 않아, 잔금을 지불하지 못해 자살했다. 유서 있음.
⑫ 20대	제조 회사 엔지니어	입사하고부터 살이 빠졌다. 퇴근은 언제나 심야에, 식사도 못하는 경우가 많았다. 회사에 사표를 제출했지만 상사가 수리하지 않았고, 욕설을 퍼부었다. 유서 있음.
⑬ 20대	연수생	관공서의 연수생이었지만, 월 80시간 전후의 장시간 노동이 반년 이상 이어져 자살했다. 연장근로 수당도 전액 지급되지 않았다
⑭ 50대	전자 기기 제조	장시간 노동이 계속되고 출장도 많았지만, 3·11 동일본 대지진 후 특히 업무가 심해졌다. "바쁘다" "잘 수 없다"고 말했다. 대규모 구조 조정으로 정신적 스트레스가 컸다.

⑮ 30대	기술직	수년에 걸쳐서 월 70~100시간의 연장근로. 불면 증상을 호소해 의사가 처방하는 약을 복용했지만 효과가 없어서 심료내과를 방문함, 유서 있음
⑯ 40대	IT 계열	출퇴근 기록도 없고 연차휴가도 얻지 못하고 "휴직하고 싶다"고 말했다.
⑰ 50대	지방공무원	근무처가 변했기 때문에 데스크 업무가 늘어나고 노동시간이 길어졌다. 수개월 동안 주말에 쉬지 못할 정도. 몸 상태가 악화되어 우울증이 발병하고 자살했다.
⑱ 20대	운송, 영업기사	첫차로 출근해 퇴근은 심야. 식욕이 감퇴하고 탈모가 생겼으며, 주말에는 열이 나면서 잠을 자는 경우가 많았다. 과로로 입원할 정도로 "괴롭다"고 말했다. 업무 중에 일터에서 자살했다.
⑲ 20대	음식업	아침, 오후 교대조 근무가 있고 근무시간이 불규칙. 휴일도 없고 점포에서 자는 경우도 많았다. 그만두고 싶다고 말했지만 결국 사직하지 못한 것 같다. 유서를 남기고 일터에서 자살했다.
⑳ 50대	공립 교원	학급이 붕괴된 반의 담임을 겸임하고 스트레스를 받았다. 그 후, 학교를 옮겨 심료내과 진료를 받았으며, 휴직하고 증상이 나아지는 것처럼 보였지만 일터 복귀 직전에 자살했다.
㉑ 50대	관리 사무	업무가 변하고 일손 부족 등으로 장시간 노동을 피할 수 없었다. 회사가 지급한 휴대전화로 새벽 5시에도 전화가 왔다. "잘 수 없다"고 말했다.
㉒ 50대	제조 기술직	한 달에 100시간이 넘는 연장근로가 오랫동안 지속되었다. 상사와의 트러블, 집요한 퇴직 권고 등에 의한 스트레스 때문에 우울증에 걸려 점점 파리해지는 듯한 모습이었다.
㉓ 30대	출판 영업	4년 이상 심야 퇴근이 계속되었고, 재택 연장근로도 많았다. 심료내과에서 우울증을 진단받았고 질병 상황을 상사에게 전했지만 어떠한 배려도 없었다.
㉔ 50대	건설	단신 부임, 일손 부족으로 업무량이 많고 주말에 집에 돌아갈 수 없을 정도. 상사가 말한 만큼 성과가 나지 않은 것과 중간관리직으로서의 책임을 강하게 느껴서 괴로워했다. 유서 있음.
㉕ 30대	공무원 기술연구원	상당한 초과 노동과 상사의 부적절한 지도로 정신적 핍박을 받아 건강이 무너졌다. 상사로부터 부정한 행위를 강요당한 적도 있었다. 유서 있음.
㉖ 40대	공무원	인사 이동하면서 일터 내에서 인간관계가 어려운 것으로 유명한 부서의 책임자가 되었다. 따돌림과 괴롭힘으로 심하게 스트레스를 받았다. 일터의 배려가 충분치 않았다.
㉗ 30대	부동산 영업	돌연 익숙하지 않은 직종으로 이동해 낯선 업무로 괴로워했다. "두통이 심하다" "회사를 그만두고 싶다"고 말했다. 월요일 아침, 출근하기 위해 집을 나섰지만 회사로 가지 않고 자살.
㉘ 40대	인쇄 영업	매일 연장근로가 이어지고 우울증으로 업무 실수도 있었다. 2개월 요양이 필요하다는 진단을 받았지만 회사에서 사정 때문에 3주 정도밖에 쉬지 못하고, 복귀 후에도 회사로부터 배려를 받지 못했다.
㉙ 40대	금융 보험	연장근로가 많고 거의 막차로 귀가, 휴일 출근과 일을 집으로 가져가는 경우도 많았다. 업무량이 늘어나 육체적, 정신적 피로가 가중되었고 권력형 괴롭힘도 있었다.
㉚ 40대	건설현장감독	매일 늦게까지 일했고 휴일 출근도 있었다. 공사 기한 때문에 죽기 직전에는 신년 초 휴일에도 쉬지 못할 정도였다. "도시락을 다 못 먹겠다" "잘 수 없다"고 말했다. 유서 있음.

다(모두 2009년 이후에 사망한 사례). 이들 상담 사례들 중 상당수의 유족은 피재자의 자살을 노동재해(노재)로 보고, 노재 보험금(유족 보상 연금 등) 지급을 노동기준감독서에 신청했다. 또 회사를 피고로 해서 기업에게 손해배상소송을 제기하는 유족도 적지 않다.

2) 정부의 통계

일본에서 자살 전체의 통계와 분석은 주로 경찰청이 맡고 있다. 2006년 6월 자살대책기본법이 제정된 이후에는 경찰청의 조사 자료를 내각부가 발표하는 형태로 바뀌었고 매년 통계 발표의 시기가 빨라졌으며 분석 내용도 더 상세해졌다. 이 경찰청 통계의 원인, 동기 항목 중에 '근무 문제'가 있어 중요한 참고 자료가 된다.

구(舊) 후생성, 후생노동성은 인구동태 통계의 한 항목으로 자살자 전체 숫자를 파악했지만 특별히 분류하거나 원인을 분석하지는 않는다. 단 인구동태 통계에서는 5년에 한 번 산업별 통계를 내고, 5년마다 취업자 전체(유직) 중 자살자 숫자를 발표하고 있다. 2010년도 자살자 숫자는 남성 7264명, 여성 1489명에 달했다.

후생노동성 노동기준국은 2002년도 이후부터 정신 질환·자살 사안의 노재 보험 지급 건수(노재 인정 건수)와 내용을 분석한 결과를 발표하고 있다.

이 지급 건수는 1990년대 후반까지 극히 소수였지만 2000년대 이후에 점차 증가했고 그 내용 분석(연령, 업종 등)도 자세해졌다.

경찰청, 내각부 통계에서 2007년부터 2013년까지 '근무 문제'가 원인이나 동기가 되어 자살한 건수는 매년 2500건 전후(2207~2689건)였다. 그러나 후생

노동성 노동기준국 통계의 자살 노재 인정 건수는 2007년부터 2012년까지 매년 100건 미만(63~93건)에 머물고 있다.

경찰청, 내각부 통계의 상세한 분석에 대해서는 이 장의 제3절에서 다룰 것이며, 후생노동성 노동기준국의 노재 인정 사례의 상세한 분석 결과는 이 장의 제3절과 제3장에서 다룰 것이다.

2. 과로 자살의 특징

1) 연간 2000명 이상의 피재자

과로사 110번의 상담·조사 활동, 정부의 조사 통계 등을 통해서 본 과로 자살은 대체로 다음과 같은 기본적 특징을 갖고 있다.

첫째, 뇌·심장 질환으로 인한 과로사와 마찬가지로 광범위한 노동자들에게 확산되고 있다. 업종, 직종을 불문하고 거의 모든 분야의 일터에서 발생하고 있으며, 임원으로부터 중간관리직, 일반직에 이르기까지 회사 내의 지위를 가리지도 않는다. 민간뿐 아니라 공무원의 일터에서도, 정규직 노동자만이 아니라 비정규직 노동자에게서도 발생하고 있다.

정확한 통계가 없어서 피재자 숫자를 엄밀하게 이야기하기는 어렵지만, 1992년 이후 경찰청 「자살 통계」에서 '근무 문제'가 원인·동기로 분류된 자살자 숫자는 연간 천 수백 명에 이른다. 2007년 이후에는 연간 2500명 내외에 달하고 있다. 경찰청 통계의 다른 항목('건강 문제' '경제·생활 문제')으로 분류된 사례들 중에 과로 자살이 포함되었을 가능성이 있다는 점에서, 과로 자살자 숫자는 1년에 최소한 2000명 이상에 이를 것이 틀림없다.

둘째, 연령은 20세 전후의 청년부터 60세 이상 고령 세대에 이르기까지 광범위하게 분포되어 있지만, 뇌·심장 질환에 비해서 상대적으로 젊은 세대의 피재 사례가 많다.

또한 노재 보상 상담 차 방문하거나 노재 신청과 제소를 하는 쪽 역시 젊은 세대인 경우가 두드러진다. 이것은 유족 측 사정과도 관계있다고 생각한다. 자살에 관해서는 뿌리 깊은 사회적 편견이 존재하기 때문에 자녀를 가진 배우자(많은 경우에는 처)는 사인을 극구 숨기고 싶어 하는 경향이 강하다. 물론 독신자가 사망한 경우에 부모와 형제도 비슷한 경향이 있지만, 역시 그 정도를 보자면 처자가 남겨진 편이 훨씬 강하다. 따라서 뇌·심장 질환에 비해 피재자가 젊을 때 상담, 노재 신청, 재판에 이르는 경우가 많은 것으로 추정된다.

셋째, 성비를 보면 남성의 자살 사례가 많다. 일반적으로 자살은 여성보다 남성이 많은 편이다. 일본 노동 현장에는 여성 전일제 노동자가 남성에 비해서 적고, 정규 고용된 여성 노동자도 남성만큼 장시간 노동을 하는 사례가 상대적으로 적다. 아마도 이러한 남녀 차이가 배경이라고 생각된다. 그러나 제1장 제3절 사례처럼 여성 노동자의 자살 혹은 정신 질환 사례가 늘어나고 있다.

2) 과중 노동의 특징과 배경

넷째, 자살에 이르는 원인으로는 장시간 노동, 휴일 노동, 심야 노동, 열악한 일터 환경 등 과중한 노동에 의한 육체적 부담과 무거운 책임, 과중한 할당량, 달성하기 어려운 목표 설정, 권력형 괴롭힘과 성적 괴롭힘 등의 괴롭힘, 일터에서의 인간관계 트러블 등에 의한 정신적 부담이 꼽힌다. 이들은 과로성의 뇌·심혈관 질환에도 공통된 요소이지만, 과로 자살의 경우에는 정신적 스트레스의 비중이 더 크다.

피재자가 이렇게 과중한 노동에 처하는 배경에는 버블경제 붕괴 후 일본 경제 침체라는 환경에서 각 기업이 비용 삭감과 극심한 인원 정리를 감행하는 것이 자리하고 있다. 글로벌 경제 체제가 확대되면서 국제적 경쟁 격화에 의해 시간을 다투는 기술 개발이 요구되며, 달성하기 어려운 납기가 설정되고 있다는 문제도 있다. IT 업계는 이른바 21세기 '실내 건설업'으로 여겨진다. 이는 전통적으로 장시간 노동이 많은 (실외) 건설업과 마찬가지 혹은 그 이상으로 납기에 얽매이며 휴일 노동, 심야 노동이 일상화되고 있다.

그 결과 많은 기술자들이 적은 예산과 인원으로 할당된 업무를 빨리 달성하기 위해 전력을 다해야 하며, 우수한 인재라도 난관에 부딪히거나 심신의 균형이 무너지는 경우가 많다.

국내 소비 시장이 계속 정체되는 가운데, 이른바 마른 수건에서 물을 짜내는 것처럼 늘어나지 않는 수요를 '영업력'으로 메우려고 한다. 그에 따라 영업 직에게는 야간, 휴일에 관계없이 영업을 지속하는 노동이 요구되는 경향이 있다.

중고령 노동자의 인원 정리 탓도 있지만, 기업은 시간적 여유를 두고 청년 기술자를 육성하는 것이 아니라 신입도 '현장에 바로 투입'하여 제 몫을 요구하고 있다. 경험과 능력에 합당하지 않은 과도한 부담을 청년 노동자에게 부과하는 경향이 강해졌다. 이 결과 심신의 건강을 해치는 신입 사원과 20대 노동자가 늘어나고 있다.

구조 조정 해고의 대상이 될 수 있다는 두려움, 그 정신적인 압박감 때문에 스스로를 과중한 노동에 몰입시켜 건강을 해치는 사례도 있다. 예컨대 "당신이 일할 곳은 없다"는 말을 듣고 자살한, 이른바 '해고 자살'이라고 할 수 있는 사례도 적지 않다. 1990년대 후반부터 비정규 고용이 매년 늘어나는 가운데, 정규직 노동자가 비정규직이 되는 것을 두려워하는 심리 상태가 확산되고 있다. 이것도 과중 노동을 촉진하는 요인이다.

한편 인사 총무 업무를 맡았던 중간관리직이 구조 조정 수행 중에 회사와 노동자 사이에 끼어 괴로워하거나, 회사의 불미스러운 사건을 처리하느라 심적 고통을 겪는 등 오늘날 기업의 문제적 행동에 희생되는 사례도 적지 않다.

1990년대 후반 이후 일본의 제조업 현장에 야간근무, 불규칙 노동이 본격적으로 도입되면서, 자동차도 밤에 만드는 시대가 되었다. 제조업 현장에서 심야 교대 근무가 늘어나면서 그때까지는 일부 특수한 업종에 국한되었던 심야 교대 근무가 많은 산업으로 확대되자, 수면 장애, 건강 문제를 호소하는 경우가 늘어나고 우울증의 큰 원인이 되고 있다. 니콘 주식회사 구마가야(熊谷) 공장에 파견되어 일하던 우엔단 유지(上段勇士) 씨는 심야 교대 근무 등으로 수면 장애가 생겼고, 1999년 3월에 우울증이 발병해 사망했다. 도쿄 고등법원은 2009년 7월 28일 판결에서 우엔단 씨의 죽음을 노재로 인정하고 기업의 손해배상책임을 인정했다(대법원에서 확정).

의사나 학교 교사처럼 '선생'이라고 불리는 직업에 과로 자살이 발생하는 것은 국민을 위한 의료·교육의 충실이라는 시대적 요청에 부합할 만큼의 인력이 확보되지 않았기 때문이다. 그 결과, 의료·교육 현장에서 과중 노동이 계속되고, 제1장의 사례들이 보여주는 것처럼 과로 자살이 줄을 잇고 있다.

지방·국가공무원의 일터에도 주민·국민의 다양한 요청에 부응하는 체제가 정비되지 않은 경우가 많고, 게다가 일본 특유의 국회 운영의 비효율 등이

빌미가 되어 공무원의 과로, 스트레스에 의한 정신 질환, 자살이 줄을 잇고 있다.

3) 우울증 등의 발병

다섯째, 자살에 이르는 과정에서 자살자의 다수는 우울증 등 정신 질환이 발병했던 것으로 추정된다. 그러나 과로 자살자의 다수는 정신과 의사의 치료를 받지 않은 채 사망한다. 과로사 110번의 도쿄 창구 상담 사례를 보면 피재자 462명 가운데 105명(22.7%)만이 정신과(심료내과 포함) 치료 내역이 있다. 하지만 자살 후 조사를 해보면 우울증 등 고유한 정신 질환 증상을 보였던 사례가 많다.

정도의 차이는 있지만, 과로 자살자는 진료받기 전에 몸 상태가 안 좋다고 호소하고 일반 내과에서 진료를 받는 경우가 많다. 안타깝게도 이들 가운데 많은 사람들이 초진 단계에서 우울증 등 정신 질환 진단을 받지 못하고, 결국 적절한 정신과 치료 기회를 놓친다(제4장 제3절 참조). 또한 2000년대 이후 우울증 등 정신 질환자가 늘어남에 따라, 정신 질환 진료 경험이 부족한 의사가 담당하는 경우도 늘어나고 있다. 과로 자살자 사례를 조사해보면 정신과 전문의 관점에서는 부적절한 의료 행위도 있다.

우울증 환자는 그 병의 증상으로 자살하고 싶은 생각, 자살 기도에 이른다. 과로 자살의 경우, 일반적으로 과로, 스트레스 → 우울증 등 정신 질환 → 자살 기도라는 순서를 밟는 경우가 많다. 이는 과로성의 뇌·심장 질환에서 과로, 스트레스 → 뇌·심장 질환 → 사망이라는 과정을 따르는 것과 기본적으로 동일하다.

〈그림 2-1〉 정신 질환과 자살

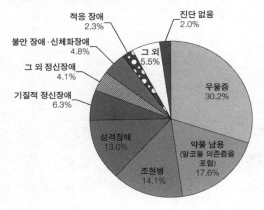

자료: WHO, 2002년.
자료: 다카하시 요시토모(高橋 祥友), 『자살 예방』, 이와나미신서(2006).

　또한 후생노동성은 자살 사례의 노재 인정 요건으로 업무로 인해 우울증
등 정신 질환에 걸려 자살한 경우에 한정하고 있다. 이 점에 관해서는 제3장에
서 상세히 다루겠다.

4) 평범한 노동자가 우울증에 걸리는 시대

　WHO 회원국들이 공동 조사를 통해 1만 5629건의 자살 자료를 분석한 적이
있다. 그 결과, 자살자의 약 95%는 죽음에 이르기 전 어떠한 종류든 정신 질환
증상을 보이는데, 그중 적절한 정신과 치료를 받은 사람은 20% 정도였다(〈그
림 2-1〉).

　예전부터 우울증은 성격 유형 중 멜랑콜리 친화형 사람이 잘 걸린다고 알려
져 있었다. 멜랑콜리 친화형 성격이란 독일 정신과 의사 후베르투스 텔렌바흐

(Hubertus Tellenbach)가 명명한 것이다. 그 특징은 일터에서 책임감이 강하고 세심하고 근면하며, 대인 관계에서는 성실하고 권위나 서열을 존중하며 도덕심이 높은 경향이 있다는 것이다. 한편 정신과 의사 오노 유타카(大野裕) 씨는 성격 자체가 아니라 성격과 환경의 상호작용이 우울증에 빠지는지 아닌지를 결정한다고 지적한다(大野裕, 2000).

정신과 의사 가토 사토시(加藤敏)[자치의과 대학교수] 씨는 "현대는 일터 자체에서 컴퓨터 관리를 통해 근로자의 잘못을 용납하지 않는 정밀성과 완벽주의를 철저하게 관철하고 있다. 또한 소비자, 이용자, 고객을 불편하게 하거나 그들에게 실수하는 일이 없도록, 세심하고 철저한 타인 배려를 전면에 내세우고 있다. 즉 일터 자체가 완벽주의로 타인 배려를 중요시하고 있다"고 지적하며, 이 같은 규범을 '일터의 멜랑콜리 친화형화'로 특징지었다.

그리고 그는 "'일터의 멜랑콜리 친화형화'는 텔렌바흐가 말하는 멜랑콜리 친화형 사람과는 다르다. 사람들이 반드시 진심으로 공감해서 타인을 배려하고 양심적으로 행동하는 것이 아니라, 단지 회사의 지시를 절대적인 명령으로 여기고 그에 따라 일한다. 고객을 최우선시하고 타인 배려를 신조로 내세우는 일터 윤리는 기업 경쟁에서 승리하려는 의도적 전략의 색채가 강하다. 그렇기 때문에, 여기서 말하는 '일터의 멜랑콜리 친화형화'는 엄밀하게는 '위조 멜랑콜리 친화형화'라고 말하는 게 적절할 것이다"라고 했다. 또한 그는 "이러한 '일터의 위조 멜랑콜리 친화형화'에 의해, 사회인에게 요구되는 평균적인 꼼꼼함과 타인 배려, 즉 현대를 살아가는 데 필요한 인성을 지닌, 지극히 정상인이 우울증에 걸리는 경우가 늘어나고 있다"고 말한다(加藤敏, 2013).

가토 씨는 이 결론이 일터 관련 우울증에 관한 통계조사에 의해 뒷받침된 것이라고 부언했는데, 이는 내가 과로 자살 사안을 조사하면서 실감했던 것과 일치한다.

현대는 지극히 평범한 사람들이 우울증에 걸리는 시대이다. 그리고 역시 아주 평범하게 일하는 사람들이 자살하는 시대가 되었다.

5) 가해자가 피해자를 나무라다

여섯 번째, 많은 기업들이 일터에서 과로 자살이 발생하면 그 원인을 노동조건이나 노무관리와 연관 지어 생각하지 않는다. 직원의 죽음을 일터 개선의 교훈으로 삼지 않으며, 유족에 대해서도 냉랭하다.

일터에서 자살이 발생하면 마땅히 직원의 죽음이라는 중대한 사태를 진지하게 받아들이고 교훈을 이끌어내기 위해 해당 노동자의 노동시간 등 노동조건, 노동환경, 노무관리, 건강관리 상황이 적절했는지 여부를 검증해야 한다. 실제로 이러한 대처를 실행하는 기업도 있지만 그 수는 유감스럽게도 굉장히 적다. 오히려 많은 기업들이 노동조건이나 노무관리의 문제점은 덮어놓고 자살을 노동자 개인의 책임으로 돌리는 경향이 강하다. 그리고 "회사에 폐를 끼쳤다"며 유족을 고압적 태도로 대하고, 오히려 유족이 "죄송하다"고 사과하는 기이한 상황이 발생하기도 한다. 자살의 기본적 원인을 제공한 가해자 측이 유족＝피해자 측을 나무라는, 정말 본말이 전도되는 상황이 발생하고 있다.

과거 한 기술자가 실종된 후 회사는 그의 아버지에게서 "깊이 사과를 드립니다"라는 각서를 받으려 했던 적이 있었다(『과로 자살』 초판). 또 다른 기업은 노동자가 철야 작업을 끝낸 후 실종되자 장기 무단결근으로 처리해 징계 해고했다. 그 후 해당 노동자는 자살한 것으로 밝혀졌고, 노기서가 업무상 사망으로 인정했다.

또 기업을 감독해야 할 의무가 있는 노동 행정기관이 그 역할을 충분히 하지 못하는 경우도 많다. 그 결과 과로 자살이 발생해도 기업 측에 진지한 반성이 이루어지지 않은 채, 일터의 문제점이 그대로 방치되는 경우가 빈번한 것이 현실이다. 그러나 노기서에 따라서는 유족이 노재 신청을 하면 조사를 성실하게 해서 노재를 인정하고 그와 동시에 사업주에게는 노동기준법·노동안전위생법 위반의 시정, 권고 등 조치를 강구하는 곳도 있다.

6) 어둠 속에 묻힌 과로 자살

일곱 번째, 과로 자살은 그 실태가 좀처럼 조직 밖으로 새나가지 않고, 전체 자살 예방 대책 안에서도 뒤처진 분야이다.

거의 모든 기업은 일터의 모순점이 드러나는 것을 두려워해 사실을 은폐하는 방식으로 이 문제를 처리하려고 한다. 또는 유족이 무언가를 요구할까 봐 미리 걱정하면서 편협한 '기업 방어' 대책에 돌입하는 경우도 있다.

또 피재자의 유족은 자살의 원인이 업무 때문이라고 생각해도 이를 좀처럼 주위 사람들이나 사회를 향해 주장하기 어려운 것이 현실이다. 왜냐하면 자살했다는 사실이 알려지면 남은 친족의 취직이나 결혼 또는 생활에 악영향이 미치지 않을까 두려워하기 때문이다. 확실히 일본 사회는 자살 원인에 대해 이해가 불충분하고 다른 사고사나 병사에 비해 자살자 개인이나 그 가족을 부정적으로 평가하는 경향이 있다. 세입자가 자살한 경우, 집주인이 유족에게 터무니없는 청구를 하는 일마저 있다.

기업이 과로 자살 실태를 숨기고 또 자살에 대한 사회적 편견이나 차별이 존재하기 때문에 유족이 사회나 행정 체계에 호소하는 것이 쉽지 않다. 이러한 복잡한 사정이 중첩되면서 과로 자살은 어둠 속에 묻히는 경향이 있다. 2006년 6월에 자살대책기본법이 제정되면서 온 나라가 자살 예방 대책에 나섰다. 지방자치체, NGO, 정신과 의사 등 전문가의 노력에 의해, 특히 지방이나 고령자의 자살 예방 측면에서는 그 성과가 나타나고 있다. 그러나 일터 과로 자살 예방에 관해서는 재계나 각 기업의 노력이 부족하여, 뚜렷한 개선이 없다고 할 수밖에 없다.

3. 정부의 자살 통계 분석

1) 경찰청 통계와 후생노동성 통계

2006년 6월 자살대책기본법이 제정되기 전에는 경찰청이 「자살 통계」를 발표해왔다. 그러나 이후에는 경찰청 「자살 통계」를 내각부가 발표하는 방식으로 바뀌었다. 또한 이것과는 별도로 후생노동성의 인구동태 통계에 의해서 자살 사망자 숫자가 발표되고 있다. 경찰청 통계는 1978년 이후 집계를 시작했으며, 1977년 이전의 숫자는 없다. 후생노동성 통계는 1947년 이후 현재까지 자료가 존재한다. 양쪽 통계는 조사 방법이 다르기 때문에 숫자가 일치하지 않는다.

내각부가 작성한 『2013년 판 자살 대책 백서』의 설명에 의하면, 후생노동성 인구동태 통계와 경찰청 「자살 통계」 사이에는 다음과 같은 차이가 있다. ① 후생노동성 통계에는 외국인이 포함되지 않지만 경찰청 통계에는 일본에 체류하는 외국인의 자살이 포함됨, ② 사망일의 특정 방법에 차이가 있음, ③

사후 정정보고 방식에 차이가 있음.

경찰청 통계는 경찰의 독자적 수사, 조사에 의해서 자살이라고 판단했던 사망의 총계이지만, 후생노동성 통계는 의사가 사망진단서 등에 '자살'이라고 판단했던 사망의 총계이다. 유족 가운데에는 사회적 편견이 두려워 자살이 분명함에도 사망진단서에 "자살이라고는 쓰지 말라"고 의사에게 부탁하는 이들이 적지 않다. 필시 이러한 사정도 두 통계의 차이에 기여할 것으로 생각한다.

이 책에서는 기본적으로는 경찰청 통계의 숫자를 사용하되, 필요에 따라서 후생노동성 통계의 숫자를 가져왔다.

이 두 가지 정부 통계에도 여전히 현실과의 간극이 있다고 생각한다. 예컨대 원래 자살인데 교통사고와 뇌·심장 질환으로 간주되어 원래 이 통계에 포함되어야 하는 사례가 누락되었을 가능성이 존재한다. 거꾸로 자살을 위장한 타살 등의 사례까지 포함되어 있을 수도 있다. 이러한 오차를 염두에 두면서 1945년 제2차 세계대전 후 일본의 자살 변천을 정리해보겠다.

2) 자살자 숫자, 자살률의 추이

〈그림 2-2〉, 〈그림 2-3〉 (경찰청, 「자살 통계」)은 각각 1978년 이후의 일본의 자살자 숫자와 자살률(인구 10만 명당 자살자 숫자)의 추이를 보여주고 있다.

중일전쟁 전의 자살률은 20.0 전후였으며, 중일전쟁이 개시된 후 전쟁 중에는 감소했다(宮島喬, 1979). 일본의 자살률은 1997년 이전까지 구미 여러 나라와 비교해서 중간 정도였지만(高橋祥友, 1997), 1998년 이후에는 구미 여러 국가보다 상당히 높은 수준이 지속되고 있다. 〈그림 2-4〉처럼 2009년 즈

〈그림 2-2〉 자살자 숫자의 추이

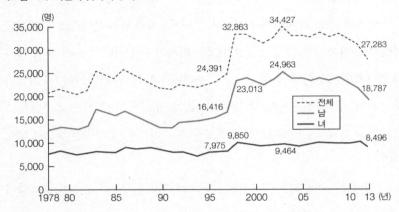

자료: 경찰청, 「자살 통계」를 바탕으로 내각부 작성.

〈그림 2-3〉 자살률의 추이

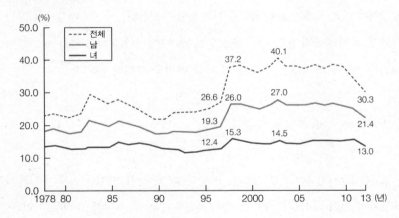

주: 자살률은 인구 10만 명당 자살자 숫자로 한다.
자료: 경찰청, 「헤이세이 25년(2013)까지의 자살 상황」, 내각부

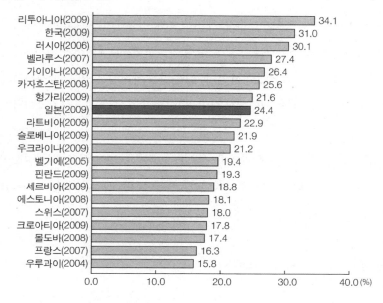

〈그림 2-4〉 자살률의 비교

주: 2000년 이후 자료가 있는 국가들 중 상위 20위만 게재.
자료: 세계보건기구자료에 의해 내각부 작성.

음의 비교에서 일본보다 자살률이 높은 곳은 구소련, 동구권 국가들, 한국 등이다.

3) 성별, 연령, 직업의 유무

일반적으로 자살은 여성보다 남성 쪽이 많다. 자살률 성비(남성 자살률을 여성 자살률로 나눈 후 100배 한 수치)는 전쟁 이후 150 전후였지만, 1983년에 처음으로 200을 돌파했고, 2012년에는 237, 2013년에는 233이 되었다.

『2013년판 자살 대책 백서』에 의하면, 30대는 증가 경향인 반면 50대는 감소하는 경향이다. 또한 연령 계층별 자살 사망률의 추이를 보자면, 전체적으로 20대 자살률이 높아지는 경향에 비해 40대 이상에서는 감소하는 추세에 있다. 나이대별 사인 순위를 보자면, 남성의 경우 20~44세에서 사인의 제1순위, 여성의 경우 20~34세에서 사인의 제1순위를 차지하고 있다. 국제적으로 보아도, 15~34세의 젊은 세대에서 사인 제1순위가 자살인 것은 선진국에서는 일본뿐이다.

2012년의 자살자 가운데, 취업자(자영업, 관리자, 피고용자)의 숫자는 9720명이며, 자살자 총수의 약 35%를 차지했다. 2013년에는 취업자의 숫자가 9401명으로, 자살자 총수의 약 34.5%를 차지했다.

4) 원인·동기를 분류하는 방식

자살 가운데 업무와 관련된 사례들이 어느 정도나 되는지 살펴보자. 현재 경찰청 「자살 통계」의 원인·동기 대분류는 '건강 문제' '경제·생활 문제' '가정 문제' '근무 문제' '남녀 문제' '학교 문제' '그 외'로 되어 있다. 유서의 내용과 주변인 인터뷰 등을 바탕으로 경찰이 이를 분류했으며, 2007년 이후에는 자살자 한 명에 대해 3개까지 항목을 표기할 수 있게 되었다.

2007년부터 2013년까지 원인·동기별 자살자 숫자의 추이는 〈그림 2-5〉와 같다. 자살자 전체 숫자를 보자면, 2007년에 비해 2013년에 약 17.6% 감소했다. 그러나 '근무 문제'에 한해서 보면 오히려 2007년 대비 2013년에 약 5.3%가 증가했다.

1999년까지 경찰청 통계는 원인·동기를 '가정 문제' '병고 등' '경제생활 문제' '근무 문제' '남녀 문제' '학교 문제' '알코올의존증 정신 질환 등' '그 외' '미상'

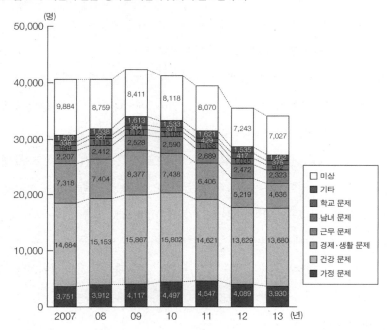

〈그림 2-5〉 자살의 원인·동기별 자살자 숫자의 연도별 추이

주: 2007년에 「자살 통계」 원표를 개정해, 유서 등 자살을 암시하는 자료에 의해 분명하게 확정할 수 있는 원인·동기
　를 자살자 1명당 최대 3개까지 표기하게 되었다.
자료: 경찰청, 「자살 통계」 원표 자료를 바탕으로 내각부 작성.

으로 분류했다. 하지만 2000년 이후 경찰청 「자살 통계」에는 종래의 '병고
등' '알코올의존증 정신 질환' 항목이 없어지고 새롭게 '건강 문제'라는 항목이
추가되었다. 1999년 전후의 항목별 사람 수로부터 유추해보면 '병고 등'과 '알
코올의존증 정신 질환'이 합쳐져 '건강 문제'가 되었음이 분명하다. 이 '건강
문제'는 원인·동기 가운데에서 매년 가장 많은 항목이지만, 종전에는 그 내용
에 대해서 명확한 설명이 없었다. 내가 통계 항목의 변천으로부터 추정해보건
데, ① 중병, 불치병에 걸리면서 장래에 대한 비관으로 자살에 이른 경우, ②

정신 질환과 알코올 의존증이 발병해 자살에 이른 경우의 두 종류가 있다고 판단된다. ②의 사례들 중에는 정신 질환의 원인이 업무상의 과로와 스트레스인 경우도 당연히 포함될 것이라고 지적해왔다.

최근에 경찰청, 내각부의 통계 발표는 '건강 문제'의 구체적 내용을 언급하며, 그 내용마다 구분해 숫자를 발표하고 있다. 예컨대 2013년 '건강 문제'로 분류된 1만 3680명의 내역은 다음과 같다.

'질병으로 고통(신체적 질병)' 4463명, '질병으로 고통, 영향(우울증)' 5832명, '질병으로 고통·영향(조현병)' 1265명, '질병으로 고통·영향(알코올 의존증)' 210명, '질병으로 고통·영향(약물 남용)' 60명, '질병으로 고통·영향(그 외 정신 질환)' 1321명, '신체장애로 고통' 275명, '그 외' 254명.

이 중 정신 질환 발병자의 경우, 그 원인이 업무 때문일 가능성이 당연히 있을 것이다.

따라서 '건강 문제' 항목 안에도 과로 자살 사례가 상당히 포함되어 있을 것으로 보는 것이 타당하다.

게다가 최근의 '경제·생활 문제'라는 분류 항목을 보자면, 그 구체적 내용에 '도산' '사업 부진' '실업' '취업 실패' 등이 있다. 자영업자와 무직자뿐만이 아니라, 그것들 때문에 일어난 '피고용자, 직장인'의 자살도 상당하다. 예컨대 2013년에 '피고용자, 직장인'이 '도산' '사업 부진' '실업' '취직 실패' 중 하나로 자살한 경우도 183명이나 된다.

따라서 '경제·생활 문제'라는 분류 항목에도 과로 자살 사례가 포함되어 있을 가능성이 있다.

5) '근무 문제'가 자살의 원인이나 동기

　1980년 이후 원인·동기 분류에서 '근무 문제'로 간주되는 것은 〈그림 2-6〉
과 같다.

　1980년에는 919명으로 전체 자살자의 4.4%를 차지했는데 1994년부터
1997년 사이에는 1200명 전후, 전체 자살자의 5%를 넘었다. 그리고 1998년에
는 1877명으로 갑자기 늘어나, 전체 자살자의 5.7%가 되었다.

　2007년부터는 「자살 통계」 원표가 개정되어 확실하게 추정할 수 있는 원
인, 동기를 자살자 한 명당 3개까지 표기할 수 있게 되었다. 그에 따라 원인,
동기 분류에서 '근무 문제'로 간주되는 사람이 2000명 이상, 2500명 내외인
상황이 지속되고 있다. 최고는 2011년 2689명이었고 2012년에는 2472명,

〈그림 2-6〉 '근무 문제'가 자살의 원인이나 동기

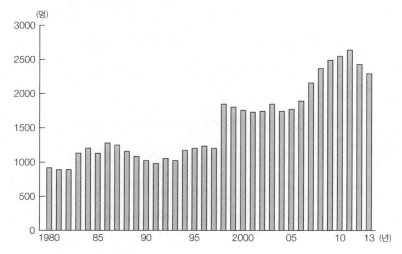

자료: 경찰청, 「자살 통계」를 바탕으로 작성.

2013년에는 2323명이었다.

또 통계상으로 원인이나 동기를 특정할 수 없는 사례가 연간 7000명 이상이
다(2012년은 7243명, 2013년은 7027명). 따라서 2010년부터 2013년까지 원인이
나 동기를 특정할 수 있는 사례 중, '근무 문제'가 원인이나 동기가 되어 자살한
비율은 매년 최소 10% 이상을 차지한다(2012년 약 12%, 2013년 약 11.5%).

'근무 문제'로 자살한 사람 중, 자살 당시 피고용자로 근무했던 사람은 2010
년부터 2013년 통계에서는 약 2000명 전후이고, 그 외에 자살 당시 자영업,
무급 가족 종사자, 학생, 무직자인·경우도 있다.

6) '근무 문제'의 구체적 내용

'근무 문제'로 자살한 사람의 구체적 내용을 살펴보면, 2012년 통계에서 '업
무 실패' 441명, '일터 인간관계' 572명, '일터 환경의 변화' 315명, '업무 피로'
689명, '기타' 455명이다. 즉, '업무 피곤' = 과로가 가장 많았다. 마찬가지로
2013년 통계에서는 '업무 실패' 438명, '일터 인간관계' 539명, '일터 환경의
변화' 303명, '업무 피로' 649명, '기타' 394명으로, 역시 '업무 피로' = 과로가
가장 많았다(〈표 2-3〉).

또 〈표 2-4〉는 과로 자살이 광범위한 업종과 직종으로 확산될 가능성을 시
사한다.

〈표 2-3〉 '근무 문제'가 원인이나 동기인 자살

연령		~19세	20~29세	30~39세	40~49세	50~59세	60~69세	70~79세	80세~	불상	합계
합계	계	21	467	538	636	493	141	21	3	3	2323
	남	19	397	478	572	450	129	19	2	3	2069
	여	2	70	60	64	43	12	2	1		254
업무 실패	계	1	83	104	112	89	42	6		1	438
	남	1	78	96	107	83	40	5		1	411
	여		5	8	5	6	2	1			27
일터 인간관계	계	5	130	139	144	101	16	3		1	539
	남	4	97	112	118	88	14	3		1	437
	여	1	33	27	26	13	2				102
일터 환경의 변화	계		43	72	100	71	16	1			303
	남		37	68	94	66	15	1			280
	여		6	4	6	5	1				23
업무 과로	계	9	132	139	184	143	36	5		1	649
	남	8	114	130	166	130	33	5		1	587
	여	1	18	9	18	13	3				62
기타	계	6	79	84	96	89	31	6	3		394
	남	6	71	72	87	83	27	6	2		354
	여		8	12	9	6	4		1		40

자료: 경찰청, 「경찰 통계」(2013); 내각부

〈표 2-4〉 자살의 원인 동기가 '근무 문제'인 2323명의 내역

분류		근무 문제 계	업무 실패	일터의 인간관계	일터 환경 변화	업무 과로	그 외
자영업·가족 종사자		143	48	14	7	46	28
전문 기술직	교사	36	3	8	7	12	6
	의료·보험 종사자	101	14	32	12	23	20
	연예인·프로스포츠 선수						
	변호사	2		1		1	
	기타·전문·기술직	133	22	33	22	42	14
관리직	의원·지사·과장 이상의 공무원	10	2		4	4	
	회사·공단 등의 임원	65	19	13	6	17	10
	회사·공단 등의 부·과장	82	11	17	15	31	8
사무직	사무원	213	33	46	42	66	26
판매 종사자	판매 점원	85	12	24	6	32	11
	외교원·세일즈맨	115	32	19	17	30	17
서비스업 종사자	노천·행상·계통 회수	5		2		2	1
	미용사·이용사						
	조리인·바텐더	14	3	6		3	2
	음식점 점원	21	2	6	1	10	2
	호스티스·호스트	5	1	2			2
	유흥·오락 시설 등 점원	3		2		1	
	기타·서비스직	115	21	35	18	30	11

(피고용자·직장인)

		1	2	3	4	5	6
기능공	건설 기술자·배관공	32	6	4	1	16	5
	운송·정밀기계공	28	6	5	4	9	4
	기계공(운송·정밀 제외)	47	9	10	9	15	4
	금속가공공	27	4	4	6	12	1
	식품·의료품 제조공	25	4	4	5	10	2
	기타 기능공	96	16	22	13	23	22
보안 종사자	경찰관·자위관·소방사 등	68	10	12	12	21	13
	기타 보안 종사자	20	4	6	3	7	
통신 운송 종사자	운수 종사자	69	18	17	10	17	7
	통신 종사자	12	2	4	2	2	2
노무 작업자	토목 작업 노무 종사자	49	11	13	3	14	8
	운반 노무 작업자	25	6	4	3	8	4
	기타 노무 작업자	151	24	36	21	49	21
기타		241	36	52	36	70	47
피고용자·작업인의 합계		1895	331	439	278	577	270
무직	학생·생도 등	16		6		1	9
	주부, 실업자, 연금·고용 보험 등 수급자, 기타	261	57	78	18	22	86
미상 합계		8	2	2		3	1
총계		2323	438	539	303	649	394

주: 자살 통계의 직업 분류는 표준 직업 분류와 다르다.
자료: 경찰청, 「자살 통계」(2013)

7) 자살 장소

과거의 경찰청 통계에서는 자살 장소가 명확했다. 해당 통계에 따르면 '근무처'에서 자살한 사람이 1980년에 202명이며 전체 자살자의 0.9%였다. 1993년 이후에는 그 숫자가 300명 이상으로 늘어났고 비율은 1.5% 전후에 달했다. 그리고 최근 내각부가 발표한 '지역 자살 기초 자료(상세 자료)'에 따르면 2009년 651명, 2010년 605명, 2011년 591명, 2012년 565명으로 매년 전체 자살자 수의 약 2%를 차지한다. 일반적으로 '근무처'에서 자살하는 사례를 보면 특히 업무와 밀접한 관련이 있는 것으로 보인다.

8) 노재 신청 건수는 빙산의 일각

이상처럼 경찰청 「자살 통계」를 보면, 연간 거의 2000명 전후의 피고용자(노동자)가 '근무 문제'가 원인이나 동기, 그 둘 중의 하나가 되어 자살하고 있다.

한편 자살(미수를 포함)로 노재를 신청한(국가를 상대로 노재 보험금을 청구) 건수는 2010년부터 2012년까지 연간 169건에서 202건이었고, 그 중 노재로 인정받은 것은 65건에서 93건에 불과하다.

즉 경찰이 '근무 문제'를 자살의 원인이나 동기로 판단한 사례 수와 비교해 볼 때, 약 10% 정도만이 노재를 신청하는 셈이다. 게다가 후생노동성이 노재로 인정하는 경우는 신청 사례들 중 30%에서 40% 정도에 지나지 않는다. 요컨대 경찰청 「자살 통계」의 원인, 동기별 분류에서 '근무 문제'로 여겨지는 사례 수와 비교하면 3~5% 정도에만 노재 보험이 적용되고 있음을 알 수 있다. 이는 글자 그대로 빙산의 일각이다.

따라서 후생노동성의 노재 인정 건수(노재 보험금 지급 건수)를 업무에 기인한 자살자 숫자로 간주하면 실제와 큰 괴리가 있다.

9) 노재 인정 사례들의 연령

2010년부터 2012년 사이의 자살 관련 노재 인정 건수(지급 결정 건수) 또는 자살을 포함한 정신 질환 노재 인정 사례들의 연령별 분포가 〈표 2-5〉에 잘 나타나 있다.

이상에서 알 수 있듯 10, 20, 30대의 자살 노재 인정 건수는 2010년 29건(전체의 44.6%), 2011년 34건(51.5%), 2012년 44건(47.3%)으로, 전체 인정 건수의 50% 내외를 차지한다.

자살을 포함한 전체 정신 질환 노재 인정 건수는 10, 20, 30대를 합친 것이 2010년 166건(전체의 53.9%), 2011년 186건(57.2%), 2012년 256건(53.9%)이며, 모두 전체 인정 건수의 50%를 넘는다.

〈표 2-5〉 정신 질환·자살의 연령별 노재 인정 건수 ( ) 안은 자살

	2010년	2011년	2012년
19세 이하	4(1)	5(0)	4(1)
20~29세	74(16)	69(12)	103(20)
30~39세	88(12)	112(22)	149(23)
40~49세	76(21)	71(10)	146(31)
50~59세	54(13)	56(19)	50(11)
60세 이상	12(2)	12(3)	23(7)
계	308(65)	325(66)	475(93)

주: 자살은 미수를 포함하는 건수이다.
자료: 후생노동성

〈표 2-6〉 뇌·심장 질환의 연령별 노재 인정 건수 ( ) 안은 사망

	2010년	2011년	2012년
19세 이하	0(0)	0(0)	0(0)
20~29세	5(2)	7(6)	9(6)
30~39세	38(20)	29(10)	56(32)
40~49세	96(42)	95(40)	113(43)
50~59세	104(38)	119(47)	118(32)
60세 이상	42(11)	60(18)	42(10)
계	285(113)	310(121)	338(123)

자료: 후생노동성

뇌·심장 질환으로 인한 사망, 그리고 뇌·심장 질환으로 인한 사망과 장애를 모두 합한 노재 인정 건수를 2010년부터 2012년까지 피재자의 연령에 따라 정리한 것이 〈표 2-6〉이다.

10, 20, 30대의 뇌·심장 질환 사망 건수는 2010년 22건(전체의 19.5%), 2011년 16건(13.2%), 2012년 38건(30.9%)으로, 자살에 비해 39세 이하 비율이 낮다.

뇌·심장 질환으로 인한 사망과 장애를 합친 노재 인정 건수는, 10, 20, 30대에서 2010년 43건(전체의 15.1%), 2011년 36건(11.6%), 2012년 65건(19.2%)이다. 역시 정신 질환·자살 사례와 비교해 39세 이하의 비율이 낮다.

10) 노재 인정 사례에서 확인된 업종 등

〈표 2-7〉과 〈표 2-8〉은 2012년도의 자살을 포함한 정신 질환 전체의 노재 인정 건수와 뇌·심장 질환으로 인한 사망과 장애를 합한 노재 인정 건수에 대해 업종별, 직종별(대분류)로 정리한 것이다.

〈표 2-7〉 업종별 노재 인정 건수(2012년)

업종	정신 질환·자살	뇌·심장 질환
농업·임업·어업·광업·채석업·자갈 채취업	7	7
제조업	93	42
건설업	22	38
운수업·우편업	52	91
도매업·소매업	66	49
금융업·보험업	12	1
교육·학습 지원업	13	5
의료·복지	52	11
정보 통신업	35	15
숙박업·음식 서비스업	30	24
기타 사업(상기 이외의 사업)	93	55
합 계	475	338

주: 1) 업종에 대해서는 「일본표준산업분류」에 근거하여 분류함.
　　2) '기타 사업(상기 이외의 사업)'으로 분류되는 것은 부동산업, 기타로 분류되지 않은 서비스업 등.
자료: 후생노동성

〈표 2-8〉 직종별 노재 인정 건수(2012년)

업종(대분류)	정신 질환·자살	뇌·심장 질환
전문·기술직 종사자	117	62
관리직 종사자	26	26
사무 종사자	101	30
판매 종사자	54	39
서비스직 종사자	57	36
수송·기계 운전 종사자	33	86
생산 공정 종사자	56	21
운반·청소·포장 등 종사자	15	3
건설·채굴 종사자	11	19
기타 직종(상기 이외의 직종)	5	16
합 계	475	338

주: 1) 직종에 대해서는 「일본표준직업분류」에 근거하여 분류함.
　　2) '기타 직종(상기 이외의 직종)'으로 분류된 것은 보안직 종사자, 농림 어업 종사자 등.
자료: 후생노동성

〈표 2-9〉 자살의 시간 외 노동시간(1개월 평균)별 노재 인정 건수(2012년)

구분	자살(미수 포함)
20시간 미만	3
20시간 이상 ~ 40시간 미만	3
40시간 이상 ~ 60시간 미만	8
60시간 이상 ~ 80시간 미만	13
80시간 이상 ~ 100시간 미만	7
100시간 이상 ~ 120시간 미만	17
120시간 이상 ~ 140시간 미만	15
140시간 이상 ~ 160시간 미만	6
160시간 이상	14
기타	7
합계	93

주: 기타 건수는 업무에 의한 심리적 부담이 극심하다고 인정된 사안 등, 노동시간을 조사하지 않고도 업무 때문이라고
    판단했던 사례의 건수이다.
자료: 후생노동성

두 개의 표를 비교해보면 업종의 경우, 뇌·심장 질환은 운수, 우편업이 가장 많지만 정신 질환은 제조업이 가장 많다. 의료, 복지, 정보 통신업의 경우, 뇌·심장 질환은 그렇게 많지 않지만 정신 질환이 상당히 많은 점이 특징이다.

〈표 2-9〉는 노재를 인정받은 자살 사례들의 시간 외 노동을 나타낸다.

이들 사례 중 심리적 부담을 받은 사례에는 시간 외 노동 외에도 '업무 내용, 업무량의 변화에 큰 영향을 준 사건이 있었다', '(심한) 괴롭힘, 집단 따돌림, 또는 폭행을 당했다' 등이 언급되었다.

4. 유서의 특징

앞서 기술한 대로 과로사 110번 도쿄 창구에 접수된 자살 상담 사례 중 28.1%의 피재자가 유서를 남겼다. 제1장에서 소개했던 사례의 유서도 그러했지만, 과로 자살 유서에는 가족과 회사에 대한 '사죄의 말'이 많고 스스로를 책망하는 표현이 눈에 띈다(원문 그대로임).

회사 분들께 대단히 심려와 폐를 끼친 것이니 회사를 원망하지 말아주세요…… 남아 있는 분들께 면목이 없습니다만……(기술자의 유서).

부장님께. 한심한 부하여서 정말 죄송합니다. 기대에 부응하려 노력했지만, 역부족이었습니다. 이렇게 된 이상 죽음으로 사죄드리며, 사장을 비롯한 인사부, 회사 측, 조합 측, 거래처 담당자에게 깊이깊이 사죄드립니다. 매우 힘든 시기에 이렇게 되어 죄송합니다(과장의 유서).

회사의 여러분. 여러분들께 폐를 끼쳤습니다. 일을 못한 점 용서해주십시오. 지금까지 업무를 해오면서 스스로의 결단력 등 역량 부족을 실감하며, 이대로 계속 일한들 폐만 끼칠 뿐, 그저 죽고만 싶습니다. 폐를 끼쳐 죄송합니다(기술자의 유서).

회사에 커다란 폐를 끼칠 거라는 것을 알면서도, 이 방법밖에 없습니다. 부디 용서해주세요. △△ 씨, ○○ 씨, ×× 씨 진심으로 죄송합니다. 부디 용서해주세요. 용서해주세요(과장의 유서).

어머니, 먼저 가는 불효를 용서해주세요. 어쨌든 고통스러웠습니다. 일에 대한 기력이 소진됐습니다. 저 자신도 이러한 스스로가 한심스럽습니다(기술자의 유서).

죄송합니다. 먼저 가는 것에 대해 사과드립니다(공무원의 유서).

1) 왜 항의가 아니라 사죄인가?

과로 자살 문제에 힘을 쏟기 시작했을 무렵, 나는 다양한 유서를 읽으면서 왜 이렇게까지 회사에 사과하는 것일까 이해할 수 없었다. 몸이 부서지도록 끊임없이 일을 해도 영업 성과가 오르지 않는 경우가 있다. 제품 개발이 진척되지 않는 경우가 있다. 인사가 원활하게 진행되지 않는 경우도 있다. 그것은 개인의 책임이 결코 아니다. 무리한 난제를 부과하는 상사와 회사 조직, 그 배경에 있는 사회의 병리 그 자체에 문제가 있음이 분명하다. 그러나 스스로의 미흡함을 사죄하고 목숨을 끊는 노동자들.

때로는 유서 가운데 "원망하려거든 저와 회사를 원망하세요, 아아 분하고 원통하다"라는 말도 있어 회사의 책임을 지적하는 것도 있다. 하지만 일반적으로 과로 자살 유서에는 자신을 자살로 몰아넣은 회사에 대한 항의의 말, 무리하고 어려운 과제를 강요했던 상사에 대한 분노의 말을 보기 드물다. 오히려 기대에 부응하지 못했던 자신을 책망하는 내용이다.

그리고 기업은 이 '사죄' 단어만을 표면적으로 언급하며, 피재자의 자살을 개인 책임의 문제로 돌리고 종종 "회사에 폐를 끼쳤다"면서 유족을 질타한다.

왜 항의하지 않고 사죄하는 것일까?

첫째, 정신의학 견해에서는 우울증에 걸린 사람은 과도한 자책감에 빠지는 것이 특징이라고 한다. 본래 개인의 힘으로는 해결할 수 없는 과제임에도 그 것을 달성할 수 없는 것이 스스로의 책임이라고 생각하는 것이 바로 우울증의 증상이다. 자책하는 마음을 표명하는 유서는 우울증에 걸려 있는 증거라고도 말할 수 있다.

둘째, 과로 자살 사례에 따라서는 자신을 궁지로 몰아붙였던 '적'이 좀처럼 드러나지 않는 상황도 있다. 일반적으로 국내외 과열 경쟁과 회사 조직의 구조적 원인 때문에 과중한 업무에 쫓기는 경우가 많아서 '누구누구가 나쁘다'고 콕 집어 말하기 어려운 측면이 있다.

제1장 제5절처럼 권력형 괴롭힘이 있었던 사건에서는 유서에 폭력을 행사하거나 폭언을 내뱉은 상사의 이름을 언급하는 경우도 있다. 그러나 그들에게 항의를 하기보다는 살아갈 힘을 잃게 만든 원인으로 언급한 경우가 많다. 이 점 역시 우울증의 특징(자책감, 무기력감 등)으로 이해하는 것이 적절할 것이다.

셋째, 중고령 노동자의 경우 이른바 '회사 인간'이라고 불릴 정도로 멸사봉공의 정신으로 오래 살아왔기 때문에, 스스로의 죽음이 사회조직에 폐가 된다는 생각에서, 어떤 의미에서는 자연스럽게 사죄의 말이 나온 것인지도 모른다. 다만 종신 고용이 붕괴되면서 이러한 '회사 인간'형의 노동자는 줄어들고 있다.

넷째, 개별 노동자가 일터에서의 과중 노동과 권력형 괴롭힘을 없애기 위해 경영자, 상사의 불합리함에 맞서 싸워 해결하기란 현실적으로 어렵다. 노동조합이 없는 일터가 많고, 있다 해도 회사에 순종적인 '어용 조합'이라 미덥지 않게 생각한다. 이 때문에 집단적 노사 관계의 문제로서 이를 해결할 전망도 낮고, 이러한 상황에서는 노동자에게 개선 의욕이 생겨나기 어렵다. 그러다 보니 무력감이 점점 확대되는 한 가지 원인이 되고 있는 듯하다.

5. 과로 자살의 사회적 배경

1) 뒤르켐의 자살론

프랑스 태생의 사회학자 에밀 뒤르켐(Emile Durkheim)이 1897년에 출판한 『자살론』은 자살이라는 인간 행위와 사회구조, 도덕 구조와의 관계를 탐색하면서, 현대사회에서 개인의 존립 위기를 발빠르게 지적한 사회학의 고전이다. 1세기도 더 된 저작이며 현대 정신의학적 견지에서 보자면 정신 질환과 자살의 관계에 관한 고찰이 취약하다는 단점도 있다. 하지만 사회구조와의 관계를 통해 자살을 분석하는 이 책의 관점은 현대 일본의 과로 자살을 생각하는 데 많은 시사점을 준다(『과로 자살』 초판 제2장 제7절 참조).

뒤르켐은 '집단 본위적 자살'이라는 자살 유형이 있다고 했다. 그 배경으로 "사회가 개인을 지나치게 종속시킨다"는 점을 지적했는데, 이는 일본의 기업과 노동자의 관계에도 들어맞는다.

버블경제 붕괴 후 고용 상황의 어려움은 노동자의 회사에 대한 종속성을 강화시키고, 회사 지배에 대한 노동자의 저항력을 약화시켰다. 이것은 자살 증가로 연결된다.

또한 "경제적 파탄이 일어나면 한 개인이 그때까지의 지위에서 그 아래로 갑자기 추락하는 것과 같은, 일종의 몰락 현상이 나타난다"고 지적하기도 했다. 이러한 뒤르켐의 지적은 21세기 초반 일본에서 리먼 쇼크(서브프라임 모기지 사태) 후 '파견 노동자 해고'라는 상징적 형태로 현실화되었다. 이러한 아노미(불규칙성)적 사회 분위기가 노동자의 불안감을 조성하고 매일의 노동은 과로, 스트레스의 토양이 되고 있다.

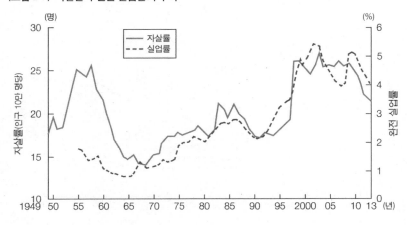

〈그림 2-7〉 자살률과 완전 실업률의 추이

자료: 후생노동성, 「인구 이동(동태) 통계」(1947년~1977년); 경찰청, 「자살의 개요」와 내각부 「자살 상황」(1978년 이후); 총무성 통계국 「노동력 조사」.

2) 실업률과 자살률의 연동

〈그림 2-7〉은 제2차 세계대전 후 일본 실업률과 자살률 추이를 그린 것이다. 실업률과 자살률의 변화 경향이 거의 일치하고 있음을 알 수 있다(여기에서 자살률은 1947년~1977년까지는 구 후생성 통계를, 1978년 이후에는 경찰청 통계를 사용했다).

나는 『과로 자살』 초판(1998)에서 "앞으로도 고용 상황의 어려움이 예상되는 만큼, 일본인의 자살은 한층 늘어날 가능성이 있다"는 우려를 기술한 바 있다. 역시 이 걱정은 현실이 되었다.

일본에서 실업률 상승에 따라 자살률이 높아지는 것은 실업에 의한 경제적 곤란으로 자살한 사람이 늘어나기 때문만은 아닐 것이다. 실업으로 정신적 밸런스가 붕괴되는 것뿐 아니라 실업할지도 모른다는 불안감이 사람들 사이

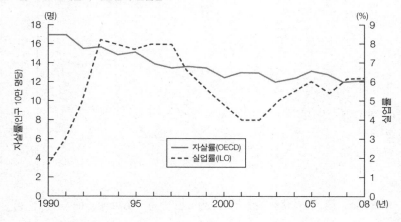

〈그림 2-8〉 스웨덴의 자살률과 실업률

자료: OECD와 ILO 홈페이지에 근거하여 저자 작성.

에 확산되는 것과 관계있다고 생각한다. 또한 경제 불황 중에 높은 실업률이 지속되면, 일자리를 잃고 싶지 않다, 구조 조정 대상이 되고 싶지 않다는 자기 방어 심리로부터 노동자의 기업 종속성이 강해진다. 그리고 업무에 의한 심신의 피로도가 높아진다. 이러한 의미에서, 과로 자살 또한 실업률의 영향을 받는다는 점에는 의문의 여지가 없다.

　국제적으로 보자면 어느 나라에서나 실업률과 자살률이 연동하는 것은 아니다. 〈그림 2-8〉처럼 스웨덴에서는 1990년대 이후 실업률이 높아졌지만 자살률은 지속적으로 감소했다. 이렇게 일본과 스웨덴 사이에 차이가 생겨난 것은 스웨덴에서는 실업자에 대한 안전망이 충분한 데 비해 일본에서는 실업자에 대한 사회적 평가가 냉랭하고 가혹하다는 점이 배경이 된다고 생각한다.

6. 인권사·노동사에서 본 과로 자살

일터에서의 과로 자살은 1990년대 이후 생겨난 새로운 현상으로 받아들여지는 경향이 있다. 그러나 이미 20세기 초(메이지, 다이쇼, 쇼와 초기)에도 나가노(長野)현에서 과로 자살이 다수 발생했다.

1) 스와(諏訪) 호숫가의 무연고 묘지에 묻힌 사람들

1969년 NHK가 제작한 특집 다큐멘터리 〈어느 호수 이야기〉는 과거 스와호 주변의 제사(製絲)공장에서 일하던 여성 노동자의 실태를 당사자의 증언과 자료를 바탕으로 한 것이다. 이 프로그램에서 다룬 여공의 비극은 현대의 과로 자살과 공통점이 많다(이는 2001년 4월 16일 'NHK 〈아카이브〉란 프로그램 중 한 편으로 재방송되었다. 원하는 사람은 사이타마(埼玉)현 가와구치(川口)시에 있는 '방송 프로그램 공개 라이브러리 시설'에서 시청할 수 있다).

줄거리는 다음과 같다.

스와호 남쪽, 삼나무 세 그루 밑에 자살자들이 묻힌 무연고 묘지가 있다. 그 지역 사람들 말에 따르면 거기에 30여 명의 사망자들이 잠들어 있다고 한다. 그녀들은 제사 공장에서 일하던 젊은 여성들이었다. 당시 신문들은 '엄청난 자살자' 등의 제목으로 여공들의 죽음을 보도했다. 당시 거기에 잠든 여공들의 유족은 무연고 묘지에 와서도 매장 요금 걱정 때문인지 자기 딸이라고 밝히는 사람이 적었다고 한다. 그리고 마을 사람들이 돌아간 뒤 사람들의 눈을 피해 몰래 머리카락을 들고 갔다.

또 스와호 북쪽에 위치한 중앙선의 요코가와(橫川) 철교에서는 열차 사고 사망자가 속출했다. 신문에서는 '또 중앙선 열차 투신자살' 같은 표제의 기사를 실었다. 그 옆에는 그녀들을 추모하기 위해 비석이 세워져 있다.

1927년 신문 기사에 따르면 당시 반년 동안 호수 주변에서 자살한 여공은 47명에 이른다.

1910년대와 1920년대 초반 스와호 주변에는 제사 공장이 270여 곳이나 밀집해 있었다. 일본은 1868년 메이지유신 이후 생사(生絲) 수출로 외화를 벌어들이고 자본을 축적했다. 생사 수출은 일본 외화 수입의 40~50%를 차지했는데, 그중 30%가 스와에서 생산되었다. 생사 산업은 일본의 부국강병을 지탱하는 중요한 재원이었고 그것을 스와호의 물과 함께 산촌 지역의 젊은 여성들이 받쳐주었다.

당시 스와호 주변 공장에는 4만 명이나 되는 여공들이 일했다. 호수 주변의 인구가 채 5000명도 안 되는 시절이었다. 그 지역 출신 여공은 10%도 안 되었다. 스와 지역 이외의 나가노에서 온 여성이 50%였고, 나머지는 야마나시(山梨) 니가타(新潟), 기후(岐阜) 히다(飛彈) 지방의 농가 출신 젊은 여성들이었다.

"노무기(野麦峠) 고개는 웬만한 심정으로는 못 넘지. 부모에게 효도하는 마음으로"라는 말대로, 지주의 딸은 적은 논밭을 늘리기 위해, 소작농의 딸은 무거운 소작료를 내기 위해 스와로 스와로 모여들었다.

2) 1일 14~15시간의 노동과 물속으로 투신자살

스와에 있는 생사 공장의 전 공장장 H씨가 당시 여공의 노동 상황에 대해 이야기를 털어놓았다. 그가 있었던 공장은 스와의 많은 공장들 중에서 노동조건이 가장 좋은 곳이었다. 그럼에도 불구하고 그 공장에서도 여공 세 명이 물속에 뛰어들어 자살했고, 충격을 받은 그는 회사를 그만둔 후 실태를 말하기 시작했다고 한다.

H씨에 의하면 여공들은 대체로 새벽 5시부터 밤 8시까지 하루에 14~15시간을 일했다. 원칙적으로 중간에 휴식 시간은 없었으며 식사 시간 외에는 계속 일했다. 식사 시간에도 후다닥 달려가 서둘러 식사를 하고 즉시 공장으로 돌아와 일해야 했다.

그렇게 장시간 동안 쉬지 않고 일해서 25~26전의 임금을 받았다. 그러나 그 임금조차도 제대로 받지 못했다. 성적 평가가 더해졌기 때문이다. 즉 '나쁜 생사'를 뽑아내면 벌금이 부과되었다. 그리고 그 벌금은 때로 엄청나서 50전이나 70전이 부과되기도 했다. 여공들은 이틀을 일해서 그 벌금을 냈는데, 그러다 보면 결국 월급을 아예 못 받는 경우도 있었다.

그런데 소위 '나쁜 생사'라고 판정한 생사는 팔지 못하는 게 아니라 버젓하게 상품으로 만들어 팔았다. 공장 경영자는 그 실을 팔아 이익을 얻었으면서도 여공들에게 임금을 지불하기는커녕 오히려 벌금을 받았던 것이다.

또한 온통 증기로 가득 찬 공장 안에서 장시간 일하던 여공들은 쇠약해지고 건강에 이상이 왔다. 여공들 사이에 폐결핵이 만연했다. 당시의 감염률 자료는 현재 남아 있지 않지만 몇 장의 비밀문서가 남아 있다. 그 문서를 통해 환자 대부분이 쓰러지면서까지 일하다가 집에 돌아간 후 사망했던 사실이 드러났다.

3) 한 여공의 유서

『아아 노무기 고개: 어느 제사 여공의 애사』(山本茂実, 1968)는 많은 생존자들의 취재와 그 밖의 풍부한 자료를 기초로 쓰인 책이다. 그 책에 16세 어린 여공의 죽음을 기술한 장면이 있다.

스와호 근처 덴류(天竜) 강가에 위치한 공장에는 쇠로 만든 물레방아가 있었다. 물속으로 투신한 여공들이 자주 이 물레방아에 걸려 발견되었다고 한다.

기후 출신 스즈(スズ) 씨도 그중 한 명이었다. 그녀는 중병을 무릅쓰고 일했는데, 사망 며칠 전 공장 관리자에게 두들겨 맞았다. 그녀의 짐 상자 속에서 부모 앞으로 쓴 유서가 발견되었다(원문 그대로임).

빚을 다 못 갚아서 죄송해요. 저의 불효를 용서해주세요. 제 건강이 더 버틸 수 없습니다. 안녕히 계세요. 스즈 올림.

스즈 씨를 고용한 M사의 '여공 임금 대장'에는 "선불 200엔, 5년 계약"이라고 적혀 있었다. 그녀가 사망한 해는 입사 4년째에 접어드는 해였다. 회사가 부모에게 지급한 선불금을 갚기 위해 한계에 이르도록 최선을 다해 일하다가 맞이한 결과였을 것이다.

1906년 늦가을 한 황족이 잠사 업계를 순시하려고 특별열차를 타고 스와호에 왔던 적이 있다. 그런데 그 시찰 코스 인근에서 어부의 그물에 사체가 걸려든 사건도 있었다.

호수에서 발견되는 사체 수는 해마다 늘어났다. 1910년에는 후쿠다 도쿠조(福田徳三) 박사가 "호수에 뛰어든 여공들의 사체로 스와호가 얕아졌다"고 연설하여 센세이션을 불러일으킬 만큼 사태는 매우 심각했다.

1925년 무렵 이치카와 후사에(市川房枝) 씨 등이 자선단체 '어머니의 집'을 만들었다. 회원들은 '잠깐! 고민이 있으면 어머니의 집으로'라는 팻말을 호숫

뜨거운 연기로 자욱한 생사 공장(다이쇼 시기)
자료: 山本茂実, 1972.

가에 꽂으며 여공들을 구제하기 시작했다. 오늘날에도 야마나시(山梨)현의 숲속처럼 자살이 빈번하게 일어나는 지역에서는 자살 예방 팻말을 세우고 자원봉사자들이 나서서 설득과 상담 활동을 벌인다. 거의 100년 전에 스와호에서 이미 비슷한 활동이 있었던 것이다.

저자인 야마모토 시게미는 여공을 특징별로 분류하고 자살 유형을 '병약형 탈락자'와 '기업 전쟁 희생자'로 나누었다. 전자는 몸이 약한데도 무리하게 일을 하다 병에 걸리고 그 병이 악화되어 결국 자살한다. 후자는 실을 뽑는 기능이 탁월해 우등 여공, 모범 여공으로 추켜세워지고, 그것이 더 열심히 일하라는 무언의 압력이 되어 죽음에 이르게 했을 것이라고 추정했다. 현대의 일터에서도 역시 기술이나 영업 능력이 우수한 사람이 과로 때문에 자살에 이르는 경우가 빈번하다.

열쇠가 잠긴 여공의 방
자료: 山本茂実, 1972.

노무기 고개 정상의 공양탑(北原 和孝 촬영)
자료: 山本茂実, 1972.

4) 폐결핵, 소화기 질환, 정신 질환

『여공애사』(細井和喜蔵, 1954)는 일반 사회보다 제사 공장에서 정신 질환자 비율이 매우 높다고 이야기한다.

사례로 든 남자 직공은 근무 중 졸도해서 이틀이 지나도록 의식이 없었다. 겨우 의식을 회복한 후에는 똑바로 누운 상태에서 "도란, 도란"이라고 계속 중얼거리며 끊임없이 두 손을 움직였다. 나중에서야 그 말과 동작의 의미를 알 수 있었다. 그가 담당한 기계의 건조기에는 구리로 만든 롤러가 있었는데 그 표면이 올록볼록 훼손되어 경사에 풀 얼룩이 생겨 제직이 불가능했던 적이 있었다. 공무계에게 극심한 질책을 받고 롤러를 교체해달라고 요구했지만 고가인 탓에 좀처럼 교체해주지 않았다. 그래서 그는 고심 끝에 그 롤러 윗부분에 나사(羅紗) 천을 둘러서 움직였다. '도란'이란 그 롤러의 속어였고, 그의 이상한 손짓은 롤러에 천을 두르는 흉내였다. 그는 그 다음 해 가족을 남기고 사망했다.

이러한 정신 질환 환자들을 많이 만난 호소이 씨는 "방직공장처럼 험한 곳에서 나빠진 건강을 참고 견디면서 장시간 일해야 하는 상황은 정신 질환과 큰 관련이 있을 것 같다"고 지적했다.

이 책에서는 업무나 노동환경에 의해 영향을 받은 것으로 보이는 폐결핵, 소화기병, 감기, 안질, 부인병, 비정상 출산(높은 유아 사망률) 등 여러 건강 문제를 자세히 논하고 있다.

2014년 6월 군마(群馬)현의 도미오카(富岡) 제사 공장이 '세계유산'에 등록되었다. 1868년 메이지유신 이후의 제사업을 산업 발전 관점에서만 보아서는 역사의 교훈을 얻을 수 없다. 『여공애사』의 교훈 역시 세계에 전하는 것이 중요하다.

5) 제2차 세계대전 이전의 노골적이고 광포한 자본주의로 후퇴

1868년 이후 1930년 이전까지 많은 여성 노동자들이 과중한 노동에서 벗어나기 위해 스와호에 투신자살했다. 1990년에 들어서고 나서도 제1장에서 서술한 대로 그때처럼 과중한 노동이 원인이 되어 자살자가 잇따르고 있다.

1945년 제2차 세계대전 이전과 현대 일터의 현실을 비교해보면, 상식을 초월한 장시간 노동, 실수가 허용되지 않는 노무관리, 다양한 질병 발생, 자살 유족이 사회의 눈을 두려워하는 것 등 너무나 많은 공통점에 아연실색하지 않을 수 없다.

메이지유신 이후 부국강병과 식산흥업 정책에 따른 급격한 산업혁명 과정에서 장시간 노동이나 가혹한 노동환경은 수많은 노동자의 생명과 건강을 빼앗았다. 1912~1926년에 후쿠하라 요시에(福原義柄) 교수(당시 오사카 의학 전문학교)는 『사회위생학』개정판 제2판(南江堂書店, 1919)에서 "헌정 옹호라는 말이 유행하고 있지만, 나는 사회위생을 옹호할 것을 외치고 싶다"고 기술했다. 또한 사회위생 정책의 중요성과 긴급성을 강조하며, 그 중에서 "작업 시간이 너무나 길고 휴식이 부족한 것"의 해로움에 대해서도 지적했다.

제2차 세계대전 종결 이후 새로운 헌법과 노동법이 제정되어 노동자의 생명과 건강이 존중되는 시대가 되었을 것이라고 생각했다.

그러나 작가 이데 마고로쿠(井出孫六) 씨가 제2차 세계대전 후 일본 제사업계를 뒤흔든 「오미 견사(近江絹系) 인권쟁의」에 관한 논고에서 지적했듯, 역사는 1945년 8월을 경계로 끊긴 것이 아니다(≪世界≫ 1989년 11월호).

전쟁 이전에 만들어져서 전쟁 이후에도 계속 불려진 동요 중에 「숲의 물레방아」라는 곡이 있다. 2절과 3절의 가사는 다음과 같다.

(2) 비 오거나 바람 불어도 / 숲의 물레방아는 쉬지도 않고 / 맷돌 박자에 맞춰 / 유쾌하게 노래를 불러요 / 사각사각 삭…… / 열심히 일합시다……

(3) 만약 네가 게으름 피우거나 / 놀고 싶을 때 / 숲의 물레방아 노래 소리를 / 혼자 조용히 들으세요 / (이하 반복)

오늘날까지도 전쟁 이전의 사상이 계속 이어지고 있다.

1945년 이후 고도 경제성장 과정에서 진폐증, 탄광 폭발 등 다양한 노재와 직업병이 다수 발생했고 많은 노동자들이 목숨과 건강을 빼앗겼다. 두 번의 오일 쇼크를 극복하고 1980년대 '경제 대국 일본'을 실현하는 과정에서 장시간 과중 노동이 확산되면서 과로사가 속출했다.

버블경제가 붕괴된 1990년대 후반 이후, 일본의 노사 관계, 노동자와 자본가 관계는 제2차 세계대전 전의 소위 노골적이고 광포한 자본주의로 후퇴하는 중이다. 과로 자살은 상징적인 희생처럼 보인다.

과로 자살을 자본주의 발달사, 노동사, 인권사, 공중위생사와 관련해 파악하고 분석하는 것이 필요하다. 그리고 그 역사적 교훈을 바탕으로 노동자의 생명과 건강을 지키는 일터를 만들어가야 한다.

제3장

노재 보상을 둘러싸고

1. 노재 보상이란

　재직 중인 노동자가 자살에 이르렀다면, 업무에 무리가 없었는지, 노무관리에 문제는 없었는지 등을 조사하고 구명하는 것이 중요하다. 그리고 조사결과 사망과 업무의 관련성이 분명하다면, 그 사망을 노동재해(노재 = 업무상의 사망)로 인정하고 유족에게 노재 보상을 실시하며, 한편 일터 개선의 교훈으로 삼아야 한다.

　과로 자살의 노재 보상 문제는 유족의 생활 구제를 위해서도 자살 예방을 위해서도 매우 중요한 위치를 차지하고 있다. 이 장에서는 과로 자살에 관한 노재 보상의 현재 상황과 문제점을 밝히고 싶다.

　노재 보상에는 크게 두 종류가 있다(〈그림 3-1〉 참조).

　첫 번째는 노재 보험 제도에 의한 노재 보험금 지급(이것을 법정 보상이라고도 부른다)이며, 또 하나는 기업(사용자)에 의한 보상이다.

　노재 보험금은 개별 기업이 지급하는 것이 아니라 노재 보험의 재원으로부터 지급된다. 노재 보험 수입원의 거의 대부분은 각 기업이 갹출하는 보험료이다.

〈그림 3-1〉 노재 보상의 종류

보험금 지급 여부는 각 사업소를 관할하는 노동기준감독서(노기서)가 결정한다. 부지급 결정에 대해서 피재자, 유족은 불복 신청(심사청구, 재심사청구)을 할 수 있으며, 국가를 피고로 하는 행정소송을 제기하여 법원의 판결을 받는 것도 가능하다. 노재라고 인정되면 기업 측의 과실 여부에 관계없이 노재 보험금이 지급된다. 지급액은 노재에 의해서 입은 손해 총액이 아니라 노동자 재해보상 보험법(노재보험법)에 정해진 금액이 일시금이나 연금 형태로 지급된다.

기업에 의한 보상은 다시 두 가지로 구분된다. 하나는 취업규칙과 노사 협정에 의해서 지급되는 것이고, 통상 노재 보험금에 추가되며 웃돈 보상이라고 부른다. 또 하나는 노재 발생에 기업 측의 과실이 있는 경우, 피재자나 유족에게 지급되는 손해배상금이 있는데, 위자료를 포함하여 손해 전체가 보상의 대상이 된다. 이때 과실 여부는 기업이 직원의 안전을 배려해야 하는 의무(안전 배려 의무)를 다했는가 아닌가에 따라서 판단하며, 노기서가 아닌 법원이 이를 결정한다. 이 경우 소송은 피고를 기업(사용자)으로 하는 손해배상 청구 소송이 된다.

즉, 일본의 법률제도에서 피재자와 유족은 노기서에 노재 보험금 지급을 청구하는 것과 기업에 보상 청구를 하는 두 가지 모두를 채택할 수 있다.

이 장에서는 노재 보험 급부(노재 인정)를 중심으로 설명하고자 한다.

2. 노재 보상에 관한 Q & A

1) 노재 신청 절차

> **Q.** 남편이 과로로 사망했는데 어린 자녀가 있어서 장래가 불안합니다. 노재 보험 적용을 받고 싶은데, 절차는 어디에서 어떻게 해야 좋을까요?
>
> **A.** 민간 기업에서 일한 경우에는 사업장에서 가까운 노동기준감독서(노기서)에서 청구 절차(노재 신청)를 진행하십시오.

(1) 제도의 구조

업무상 과로, 스트레스로 인해 사망한 경우, 뇌·심장 질환이든 자살이든 유족은 노재 보험 제도에 따라 노재 보상을 받을 수 있습니다. 노기서에 노재 신청을 해서 노재로 인정되면 노재 보험에서 유족 보상 연금 등이 지급됩니다.

노재 보험의 보험료는 회사가 전액 부담하며, 노재가 발생한 경우에 유족이 노기서에 청구를 하면 보상금 지급이 가능한 구조로 되어 있습니다. 회사가 노재 보험료를 납부하는 것은 법률상의 의무입니다. 만약 회사가 노재 보험료를 납부하지 않는 경우에도, 유족은 노재 신청을 하고 보험료를 수령하는 것이 가능합니다(〈표 3-1〉).

노재 신청은 피재자(산업재해로 사망한 노동자, 또는 병에 걸리거나 부상을 당한 노동자)가 근무하고 있던 사업장을 관할하고 있는 노기서에 하게 됩니다.

노재 신청에 필요한 청구서는 노기서에 비치되어 있습니다. 청구서에는 호적등본과 사망진단서 등의 서류를 첨부해야 합니다. 신청 서류를 작성하는 방법과 필요한 첨부 서류에 대해서는 노기서 창구와 변호사 등 전문가에게

〈표 3-1〉 유족 보상의 계산 일례

연간 급여액이 약 500만 엔(급부 기초일액 1만 4000엔으로 가정), 연간 보너스가 약 73만 엔, 유족은 처와 자녀 두 명(11세, 16세)인 경우

(1) 유족 특별 지급금: 300만 엔(정액)

(2) 유족 보상 연금: 1만 4000엔(급부 기초일액) × 223일 분(유족 3인) = 312만 2000엔(연액)

　* 다만, 후생연금을 수급하고 있는 경우에는 감액

(3) 유족 특별 연금: 2000엔(연간 보너스액 ÷ 365일) × 223일 분(유족 3인) = 44만 6000엔(연액)

(4) 장제료: 1만 4000엔(급부 기초일액) × 60일 분 = 84만 엔

(5) 노재 취학 원호비: 1만 2000엔(초등학생) + 1만 8000엔(고등학생) = 3만 엔(월액)

주: 1) 급부 기초일액이란 원칙적으로 사망 전 3개월간의 평균 임금일액.
　　2) 유족 특별 연금의 계산 방식은 연간 보너스 금액에 의해서 약간 달라진다.
　　3) 장제료의 계산 방식은 급부 기초일액에 의해서 약간 달라진다.
자료: 川人博·平本紋子, 2012.

확인해 주십시오.

(2) 회사의 협조 의무와 신청 행위

노재 신청을 할 권리는 유족의 고유한 권리이며 회사의 허가를 받을 필요는 없습니다. 회사가 과로사라고 인정하지 않아도 노재 신청이 가능합니다.

사업주는 유족의 노재 신청 수속이 가능하도록 협조할 의무가 있으며, 유족이 노재 신청 서류에 필요한 증명을 요구하는 경우 신속하게 증명을 해야 합니다(노재보험법 시행규칙 제23조).

그러나 현실에서는 이러한 협력 의무에 따르지 않고 증명을 거부하는 사업주가 존재합니다. 사업주가 협력 의무를 위반하는 경우에도 유족이 불이익을 받을 이유가 없고, 유족은 사업주의 증명 도장 없이도 노재 신청을 할 수 있습니다. 실제로 신청할 때는 사업주에게 증명을 거부당했음을 보고하는 설명 문서를 첨부해 신청합니다.

〈신청 서류 쓰는 법 참고 예〉

자료: 川人博·平本紋子, 2012.

제3장 노재 보상을 둘러싸고 143

노재 신청을 하고 결론이 나오기까지의 기간을 후생노동성은 6개월 이내로 정하고 있지만, 대개 6개월부터 1년 정도 걸리는 것이 현실입니다. 조사는 노기서가 하는데, 신청자 측이 제출한 서류와 자료 외에 의료 기관과 회사로부터도 자료를 수집합니다.

신청할 때는 정해진 신청 서류(최소 필요한 것)는 물론 과중한 노동 실태에 대해서 별도로 상세한 설명 문서와 노동시간 집계표를 노기서에 제출하는 것이 중요합니다. 회사가 중요한 자료를 노기서에 제출하지 않는 경우도 있기 때문에 노기서에 모두 맡겨 버리는 것은 피해야 합니다. 유족도 가능하면 독자적으로 증거를 수집하고 제출하는 것이 중요합니다.

신청이 끝나면 정기적으로 담당관과 연락하여, 언제쯤 신청자와 일터 사람들로부터 청취를 할 예정인지, 의료 정보 수집은 끝났는지, 결론은 언제쯤 나올 예정인지 등 구체적으로 조사의 진척 상황을 확인해주십시오. 현재 일본에는 노기서에도 인력이 부족하고, 특히 과로성 노재 사안 담당관은 매우 바쁘기 때문에 조사가 불충분하기 쉽습니다. 또한 젊은 담당관들은 경험 부족으로 중요한 항목의 조사를 누락하는 경우도 있으므로 주의해주십시오.

(3) 포기하지 말고 신청을

유족 가운데에는 '노재 신청을 하면 회사에 폐를 끼친다'고 생각하는 분도 있는데, 그런 걱정을 할 필요는 없습니다. 회사는 노재 보험 적용을 받기 위해서 매월 노재 보험료를 납부하고 있습니다. 만일 노재 신청을 하지 않는다면 노재 보험료를 납부하는 의미가 없습니다.

노재라고 인정되면 그저 금전적 보상만 이루어지는 것이 아닙니다. 개인적 사정 때문에 사망한 것이 아니라 과중한 노동 등 업무상 문제가 원인임을 국가가 분명하게 인정하는 것이 됩니다. 이것은 사망한 본인의 명예를 위해서도, 그리고 일터에서 비슷한 노재가 반복되지 않기 위해서도 중요한 의미가 있습니다.

2) 인정 건수와 인정 기준

> **Q.** 노재를 신청해도 인정을 못 받는 경우가 많다고 들었는데 현실은 어떻습니까? 또 인정 판단 여부에 구체적인 기준이 있는지요?
>
> **A.** 뇌·심장 질환, 정신장애·자살의 경우, 신청한 건수 중 약 30~40%가 노재로 인정받고 있습니다. 후생노동성이 인정 여부의 판단 기준을 만들고 있습니다.

(1) 노재 인정 건수

〈표 3-2〉는 과로성 뇌·심장 질환, 그리고 정신 질환·자살로 인한 노재 신청과 노재 인정 건수의 추이를 나타내고 있습니다(뇌·심장 질환의 경우에는 사망 외에 중증 장애가 포함되었으며, 자살의 경우는 자살 미수를 포함한 숫자).

이처럼 노재 인정을 받을 확률은 뇌·심장 질환과 정신 질환·자살 모두 50% 미만입니다. 현재 상황에서는 생명보험처럼 원칙적으로 보험금이 지급되지는 않습니다. 인정 확률이 반 이하라는 것은 신청자에게는 비정한 숫자입니다.

그렇지만 노재를 인정받을 확률이 불과 몇 %밖에 안 되던 과거에 비하면 상당히 개선되었다고 할 수 있습니다. 유족 분들의 절실한 호소가 여론의 지지를 얻으면서 두터운 행정의 벽을 바꾸었습니다(본장 제3절 참조).

현재, 마땅히 노재로 인정받아야 할 사안임에도 노재로 인정받지 못하는 경우가 아직도 많기 때문에 앞으로도 노재 행정을 개선해나가는 것이 중요합니다.

〈표 3-2〉 인정 건수 집계표(건)

연도	A 뇌혈관 질환 및 허혈성 심장 질환 등 ('과로사' 등 사안)의 노재 보상 상황						B 정신 질환 등의 노재 보상 상황			
	뇌혈관 질환		허혈성 심장 질환 등		합계		정신 질환		정신 질환 중 자살(미수포함)	
	청구	인정	청구	인정	청구	인정	청구	인정	청구	인정
1988	480	14	196	15	676	29	8	0	4	0
1989	538	19	239	11	777	30	2	1	2	1
1990	436	21	161	12	597	33	3	1	1	1
1991	404	24	151	10	555	34	2	0	0	0
1992	328	11	130	7	458	18	2	2	1	0
1993	277	19	103	12	380	31	7	0	3	0
1994	289	23	116	9	405	32	13	0	5	0
1995	403	43	155	33	558	76	13	1	10	0
1996	415	49	163	29	578	78	18	2	11	1
1997	349	46	190	27	539	73	41	2	30	2
1998	309	47	157	43	466	90	42	4	29	3
1999	316	49	177	32	493	81	155	14	93	11
2000	448	48	169	37	617	85	212	36	100	19
2001	452	96	238	47	690	143	265	70	92	31
2002	541	202	278	115	819	317	341	100	112	43
2003	486	193	256	121	742	314	447	108	122	40
2004	541	174	275	120	816	294	524	130	121	45
2005	608	210	261	120	869	330	656	127	147	42
2006	634	225	304	130	938	355	819	205	176	66
2007	642	263	289	129	931	392	952	268	164	81
2008	585	249	304	128	889	377	927	269	148	66
2009	501	180	266	113	767	293	1136	234	157	63
2010	528	176	274	109	802	285	1181	308	171	65
2011	574	200	324	110	898	310	1272	325	202	66
2012	526	211	316	127	842	338	1257	475	169	93

주: 1) A 표는 노동기준법 시행 규칙 별표 제1의2 제9호의 '명확하게 업무가 원인인 질병'에 관련한 뇌혈관 질환 및 허혈성 심장 질환 등('과로사' 등 사안)에 관해 집계한 것이다.
　　2) A 표의 1988년도~1996년도의 청구건수는 '업무상의 부상이 원인인 질환'도 포함.
　　3) 인정 건수는 해당 년도 청구 건수에 한하지 않는다.
　　4) 2001년 12월에 뇌·심장 질환의 인정 기준이 개정되었다.
　　5) 1999년 9월에 정신 질환 등의 판단 지침이 책정되었다.
자료: 가와히토 법률 사무소 작성.

(2) 노재 인정 기준

후생노동성은 노재 여부를 판정할 기준(노재 인정 기준)을 만들고, 여기에 기초해서 전국 노동기준감독서(노기서)가 개별 사안을 조사하여 결론을 내리고 있습니다.

뇌·심장 질환에 관해서는 2001년 12월 12일에 「뇌혈관 질환 및 허혈성 심장 질환 등의 인정 기준에 대해」[기발(基発) 1063호]가 만들어졌습니다.

이 인정 기준에서는 ① 증상이 나타나기 전 업무의 과중함을 평가하는 기간으로 대체로 6개월 동안, ② 시간 외 노동이 대체로 월 45시간이 넘으면 업무와 증상 발생의 관련성이 높아지고, ③ 시간 외 노동이 대개 평균 월 80시간이 넘는 경우에는 원칙적으로 업무와 증상 발생이 밀접하게 연관이 있다고 평가하고, ④ 이외에도 근무의 불규칙성, 구속 시간의 길이, 출장 빈도, 내용, 교대제 근무나 야간근무, 작업환경(온도, 소음, 시차), 정신적 긴장을 동반한 업무도 고려하고 있습니다.

한편 정신 질환·자살에 관해서는 1999년 9월 14일에 「심리적 부담으로 인한 정신 질환 등에 관련한 업무상 외의 판단 지침에 대해」(기발 544호) 및 「정신 질환으로 인한 자살의 취급에 관해」(기발 545호)가 만들어졌고, 2011년 12월 26일에 개정판인 「심리적 부담으로 인한 정신 질환의 인정 기준에 대해」(기발 1226호 제1호)가 만들어졌습니다.

정신 질환이나 정신 질환으로 인한 자살에 관한 노재 인정 기준은 뇌·심장 질환과 같은 부분도 있지만 다른 부분도 존재합니다.

① 정신 질환 발병 전 대체로 6개월 동안 일어난 일을 평가할 것, ② 시간 외 노동이 길수록 심리적 부담이 큰 것으로 평가할 것, ③ 업무상 스트레스를 고려할 것 등의 점은 같습니다. 그러나 과중하다고 평가하는 시간 외 노동의

숫자가 뇌·심장 질환과 정신 질환·자살 사안에서 차이가 있는 등 다른 점도 다수 있습니다.

뇌·심장 질환의 경우에는 앞에서 기술한 대로 시간 외 노동이 80시간 이상이면 원칙적으로 노재가 인정됩니다. 그러나 정신 질환·자살의 경우에는 사실상 100시간 이상의 시간 외 노동이 있어야 노재로 인정됩니다. 이 점만을 보면 정신 질환·자살에 대한 노재 인정 기준이 높다고 할 수 있습니다. 하지만 다른 한편으로 뇌·심장 질환의 경우 거의 모든 사례에서 시간 외 노동시간 숫자만으로 노재 여부를 판단하고 다른 요소는 그다지 중요시하지 않는 데 비해, 정신 질환·자살의 경우에는 다음에서 언급하는 것 같은 다양한 심리적 부담을 고려하기 때문에 시간 외 노동시간이 적어도 노재로 인정받는 사례가 많은 것이 특징입니다. 특히 심한 횡포(괴롭힘, 집단 따돌림, 폭력)가 있는 경우에는 시간 외 노동이 거의 없어도 노재로 인정하고 있습니다(제1장 제5절의 사례).

3) 장시간 노동의 입증 방법

> Q. 아들이 IT 일터에서 일하다가 업무로 피로가 쌓여 우울증에 걸려 자살했습니다. 아들의 일터에서는 타임카드가 없는데 실제로 노동시간을 증명하려면 어떤 자료를 모아야 좋을까요?
>
> A. 노동 실태에 관한 모든 자료를 모으는 한편, 함께 근무했던 동료에게 근무 상황에 관한 이야기를 들어놓으세요.

(1) 노동시간을 증명할 자료

노동시간을 증명할 자료 중에 회사가 보관하는 경우가 많은 것들에는 타임카드, 출근부, 회사나 사무실 출입 기록, 경비 기록, 최종 퇴출부, 휴일 출근 기록부, 연장 근무 숙박 신청서, 교대표, 일정표, 임금 대장, 급여 명세표, 업무 일보, 출장 보고서, 회의 의사록, 교통비 정산서, 사내에서 업무상 사용하던 컴퓨터 로그온과 로그오프 기록, 서버에 접속한 기록, 문서 갱신 기록, 이메일 송수신 기록 등이 있습니다.

회사가 노기서에 반드시 증거를 제대로 제출한다고는 할 수 없습니다. 그러니 유족이 노재 신청하기 전에 자료를 수집해서 이 증거들을 바탕으로 노동 시간을 계산하고, 그러고 나서 신청 시에 이 증거들을 노동시간 집계표와 함께 제출하는 것이 바람직합니다.

또 노동자 본인이 가지고 있던 컴퓨터 로그온이나 로그오프 기록 등의 여러 데이터, 이메일의 송수신 기록, 휴대전화의 착발신, 문자 송수신 기록, 택시 영수증, 교통기관 이용 이력(각종 교통 카드 등), 수첩, 일기, 노트, 메모장, 메모가 있는 달력 등도 노동시간을 증명하는 데 유용한 자료입니다.

자료만이 아니라 "○○ 씨는 매일 오후 11시 지나서까지 근무했습니다"라는 동료의 증언 등도 노동시간을 증명할 증거가 되므로 전자 기록이 남아 있지 않더라도 포기하지 마십시오. 관계자에게서 들은 이야기는 진술서나 청취 보고서 등의 문서로 정리해서 노기서에 제출하는 것이 좋습니다.

유족이 이야기를 들을 수 없었던 관계자가 있다면 그를 청취 대상자로 해달라고 노기서에 요청하는 것이 좋습니다. 예를 들면 동료 A 씨나 부하 B 씨가 아드님의 노동 실태를 잘 알고 있다는 생각이 들면 노기서 담당관에게 반드시 A 씨나 B 씨에게서 자세하게 사정을 청취할 것을 요청하세요.

〈사진〉 휴대전화의 데이터를 증거화 하는 예

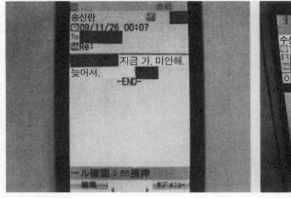

자료: 『과로사·과로 자살 노재 인정 매뉴얼』

(2) 유의할 사항

컴퓨터, 휴대전화, 스마트폰 등 IT 기기의 데이터는 나중의 사용 상태나 시간이 경과에 따라 자동으로 사라지는 경우가 있기 때문에 빨리 데이터를 보존하는 것이 중요합니다. 또 컴퓨터를 잘못 조작하다가 남은 데이터를 삭제할 위험이 있으므로 컴퓨터에 정통하지 않은 사람은 전문가 의뢰도 검토해주시기 바랍니다. 컴퓨터에 비밀번호가 걸려 있어 열 수 없는 경우에는 무리하게 비밀번호를 해제하려고 하지 말고 전문가와 상담하십시오.

휴대전화 회사에 연락해서 데이터를 보존하여 받든가, 초기 단계에서 데이터를 옮겨 백업하는 방법도 있습니다. 문자 송수신 화면을 카메라로 촬영한 사진 등도 증거가 됩니다.

악질 회사의 경우에는 노동시간에 관한 증거를 감추거나 폐기, 수정할 우려도 있기 때문에 증거는 가능한 빨리 확보할 필요가 있습니다.

만약 회사가 자료를 임의로 제출하지 않을 경우에는 법원을 통해 자료를 제출하도록 하는 방법(증거보전 수속)도 있으니 이런 문제를 잘 아는 변호사와 상담하십시오. 증거보전 기일에는 변호사만이 아니라 컴퓨터 전문가 등과도 함께 출석해서 현장에서 전문적 조언을 받아 더욱 확실하게 증거를 보전할 수 있는 방법이 있습니다.

4) 노동시간 이외의 요소에 대해서

> **Q.** 정신 질환이나 자살이 노재인가 아닌가 판단은 노동시간 숫자만으로 결정되는 것입니까?
>
> **A.** 노동시간 이외에도 다양한 스트레스를 고려해 판단하고 있습니다.

(1) 심리적 부담 평가표

정신 질환·자살의 인정 기준은 업무에 의한 심리적 부담의 강도를 판단하는 참고 자료로 「업무에 의한 심리적 부담 평가표」(236쪽 권말 자료 참조)에 기초하고 있습니다. 이 표에는 "전근을 했다" "책임량을 달성할 수 없었다" "업무 내용·업무량의 변화를 가져온 일이 있었다" "고객과 거래처로부터 클레임을 받았다" 등 업무 중 일어난 일이 나열되어 있습니다.

일반적으로 노동시간과 함께 이러한 일들로 생긴 부담을 포함하여 종합적으로 판단하고, 심리적 부담의 강도를 평가해 업무상의 질병, 사망인가 아닌가를 결정하게 됩니다.

예컨대 전근 전후에 항시 장시간 노동(월 100시간 정도의 시간 외 노동)이 있는 경우에는 노재로 인정한다는 틀이 마련되어 있습니다. 고객과 거래처로부터 클레임을 받은 전후에 항시 장시간 노동이 있었던 경우에도 노재로 인정됩니다.

따라서 업무 중에 심리적 부담을 주었던 일들을 제시하면서 아울러 월 100시간 이상의 시간 외 노동시간을 증명할 수 있다면 많은 경우에 노재로 인정됩니다.

'전근' 외에 예컨대 "할당량을 달성할 수 없었다" "고객과 거래처로부터 클레임을 받았다" 등 복수로 일이 생기면 이들에 의한 심리적 부담을 종합적으로 평가합니다.

그런데 인정 기준인 '업무에 의한 심리적 부담 평가표'는 심리적 부담의 정도를 고려하는 참고 자료에 지나지 않습니다. 이 평가표가 업무상 발생한 일의 심리적 부담 정도를 과소평가한다는 비판도 상당히 있습니다. 형식적 적용으로 끝내지 말고, 피재자의 과로·스트레스 실정을 종합적으로 고려해 노기서에 주장하는 것이 중요합니다.

(2) 괴롭힘

또한 일터에서의 권력형 괴롭힘, 성적 괴롭힘으로 인해 마음의 병이 생기고 사망에까지 이르는 고통스러운 사례도 적지 않습니다.

인정 기준에 의하면, 심한 괴롭힘과 따돌림 또는 폭행에 의해 정신 질환이 발병해 자살에 이른 경우에는 노재가 됩니다. 심한 괴롭힘과 따돌림에는 부하를 대하는 상사의 말과 행동이 업무 지도의 범위를 벗어나고 인격과 인간성을 부정하는 등의 말과 행동이 포함된 경우, 괴롭힘이 집요하게 반복되는 경우, 동료 등 다수가 결탁하여 인격과 인간성을 부정하는 것 같은 말과 행동이 반복된 경우 등이 포함됩니다. 괴롭힘과 따돌림에는 상사의 부하에 대한 말과 행동만이 아니라 부하가 상사에게 하는 언동도 포함됩니다.

괴롭힘과 따돌림이 반복되는 경우에는 그 반복되는 행위들을 하나의 것으로 평가하며, 계속되는 경우에는 심리적 부담이 보다 강하다고 판단합니다. 또한 괴롭힘과 따돌림이 시작된 시점부터의 모든 행위가 평가 대상이 됩니다.

또한 괴롭힘과 따돌림이라고는 할 수 없다 하더라도 업무 지도와 업무상 방침을 둘러싸고 상사와 동료, 부하와 트러블이 생긴 경우에는 업무에 의한 심리적 부담이 있었다고 평가합니다. 트러블의 내용, 정도, 그 후 업무 지장 등을 고려할 때, 심각한 대립이 생겨 그 후 업무에 커다란 장애를 초래했다면 강한 심리적 부담을 받은 것으로 노재가 인정됩니다.

괴롭힘과 따돌림 사실은 나중에 증명하는 것이 어렵기 때문에, 사정을 잘 알고 있는 관계자의 증언이 중요합니다. 또한 피재자 본인이 개인 컴퓨터와 노트, 수첩 등에 괴롭힘의 내용을 적어 남기는 경우도 있습니다.

성적 괴롭힘에 의한 심리적 부담의 정도는 행위 양상과 지속 상황, 회사의 대응 등을 고려해 판단합니다. 본인의 의사에 반해 외설 행위가 이루어진 경우, 가슴과 허리 등의 신체적 접촉을 포함하는 성적 괴롭힘이 지속된 경우에는 강한 부담을 받았던 것으로, 당연히 노재의 대상이 됩니다. 신체 접촉 없이 성적 발언에 그친 성적 괴롭힘이라 해도 그 발언이 인격을 부정하고 지속된 경우, 회사가 계속해서 성적 괴롭힘이 있었다는 사실을 파악하고 있으면서도 적절하게 대응하지 않고 개선하지 않은 경우 등은 심하게 심리적 부담을 받았다고 평가해 노재라고 인정합니다.

5) 정신 질환 발병의 증명

Q. 자살 전에 정신과 진료를 받았어야 노재 인정 대상이 되나요?

A. 사망 후 조사 분석에 의해 정신 질환에 이환되었음을 증명할 수 있다면 노재 인정의 가능성이
    있습니다.

현행 법령에서 자살로 노기서에서 노재 인정을 받으려면 과중한 업무와 괴롭힘이 정신 질환 발병의 원인이 됐다는 것을 증명해야 합니다.

대상이 되는 정신 질환에는 ICD-10(WHO가 정한 진단 가이드라인)의 F0부터 F9로 분류되는, 우울증 등의 정신 질환이 포함됩니다. 과로 자살한 경우, 사망 당시 어떤 정신 질환이든 발병한 경우가 대부분이지만 정신과 진료를 받지 않은 사람이 많은 것이 현실입니다.

그러나 생전에 정신과 진료를 받지 않았어도 정신 질환에 의한 자살이라는 것을 증명할 수 있습니다. 노기서의 의뢰를 받은 정신과 전문의 부회 [각 도 (都)·도(道)·부(府)·현(県)마다 각 3명으로 구성]는 노기서가 수집한 증거에 기초해서 '만일 사망 당시 해당 노동자가 정신과 진료를 받았다면 어떤 진단이 나왔을까'라는 관점으로 판단합니다.

정신 질환의 대표 사례인 우울증은 억눌린 기분, 흥미와 즐거움의 상실, 쉽게 피로함, 활동성의 저하, 집중력과 주의력 감퇴, 자기평가와 자신감 저하, 죄책감과 무가치함, 장래에 대한 비관적 관점, 자해 행위와 자살 생각, 수면 장애, 식욕 저하 등의 증상을 수반합니다. 가족과 동료가 볼 때 원기가 없고 어두운 표정이었다, 습관이었던 신문을 읽지 않게 되었다, 좋아하던 텔레비전 프로에 흥미를 보이지 않게 되었다, 귀가 후 피곤한 모습이었다, 잃어버리

는 물건이 많아졌다, 나약한 목소리를 내뱉고 눈물을 흘렸다, 죽고 싶다고 말했다, 수면 유도제를 복용했다, 식욕이 감퇴하고 살이 빠졌다 등의 사실 증언이 있다면, 우울증 증상을 보여주는 증거가 됩니다.

또한 본인의 메모와 일기, 유서에 이를 써서 남겨놓은 경우에도 증거가 됩니다. 최근에는 메모와 일기만이 아니라 트위터와 블로그 등을 통해서 본인이 인터넷 상에 심신의 변화를 써놓은 사례도 많이 보입니다. 제1장 제1절에 소개한 공사 감독자의 경우가 그 전형적 사례입니다.

또한 불면과 두통 등을 호소하고 정신과가 아니라 일반 내과 등에서 진료를 받는 경우가 있습니다. 이런 경우에 주치의가 정신 질환이라고 진단하지 않아도 진료 기록에 심신의 문제에 대해서 기록해두었다면 중요한 증거가 됩니다. 또한 가족에게 비밀로 정신과를 다니는 경우도 있습니다. 따라서 진료를 받은 이력이 없다고 생각되는 경우에도, 유품 가운데 의료 기관 카드와 영수증이 없는지 여부를 조사해 주십시오. 건강보험조합에 연락해서 과거 수년 치 피재자의 수진 이력을 받아 보는 방법도 있습니다.

6) 불복 신청과 행정소송

> **Q.** 노동기준감독서가 노재로 인정하지 않을 경우, 불복 신청을 할 수 있나요?
>
> **A.** 노동자재해 보상보험 심사관에게 심사청구를 할 수 있는데, 그래도 이의가 있다면 노재 보험 심사회에 재심사청구를 할 수 있습니다.

(1) 심사청구, 재심사청구

노재로 인정받지 못한 경우에는 노동자재해 보상보험 심사관(노기서의 상급 기관인 노동국에 소속됨)에게 심사청구를 할 수 있습니다. 심사청구는 원칙적으로 '업무 외' 결정을 알게 된 날의 다음 날로부터 60일 이내에 해야 합니다.

'업무 외'라고 결정된 경우에는 조사를 맡았던 담당관을 만나 그렇게 판단한 이유에 대해 설명을 들어야 합니다. 또 개인정보 공개 청구 절차를 밟아 노기서가 조사한 자료를 인도하도록 노동국에 요청하는 것이 중요합니다. 앞으로 어떤 점들을 입증해나갈지에 좋은 단서가 됩니다. 개인정보 공개 청구서의 서식이나 청구 방법은 후생노동성 홈페이지에서 볼 수 있습니다. 공개된 자료 중 일부는 사생활 보호 등의 이유로 볼 수 없도록 검게 처리한 것이 있습니다.

심사청구도 기각되면 노재 보험 심사회에 재심사청구를 할 수 있습니다. 재심사청구는 원칙적으로 심사청구를 기각한다는 결정서의 등본을 받은 날의 다음 날로부터 60일 이내에 해야 합니다.

재심사청구를 하면 나중에 노기서가 수집한 자료를 백서로 편집해서 보내줍니다. 이 책자는 원칙적으로 검게 칠한 부분 없이 거의 모든 것을 볼 수 있습니다. 재심사청구 수속은 심사원 세 명이 합의해서 판단하는데, 그 세 명 앞에서 구두로 의견을 말할 수 있습니다.

심사청구 또는 재심사청구 절차는 청구에서 결론까지 각각 반년부터 1년 정도 걸리는 게 보통입니다. 심사청구나 재심사청구로 결론이 뒤집힐 가능성은 현실적으로 극히 희박합니다. 따라서 가장 첫 단계인 노기서 단계에서 노재로 인정을 받는 것이 중요하다고 할 수 있습니다. 그러나 새로운 증거가 나온 경우나 지침이 크게 개정된 경우는 원래 처분을 재검토할 가능성도 높기 때문에 포기할 필요는 없습니다.

또한 심사청구를 한 날로부터 3개월이 경과했는데도 결정이 내려지지 않

〈그림 3-2〉 피재자가 민간 노동자일 경우의 수속 절차

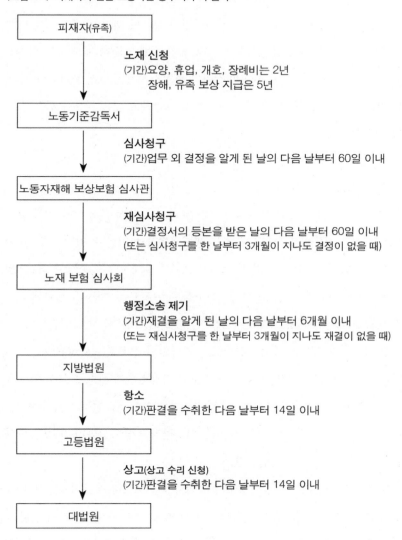

피재자(유족)

노재 신청
(기간)요양, 휴업, 개호, 장례비는 2년
   장해, 유족 보상 지급은 5년

노동기준감독서

심사청구
(기간)업무 외 결정을 알게 된 날의 다음 날부터 60일 이내

노동자재해 보상보험 심사관

재심사청구
(기간)결정서의 등본을 받은 날의 다음 날부터 60일 이내
(또는 심사청구를 한 날부터 3개월이 지나도 결정이 없을 때)

노재 보험 심사회

행정소송 제기
(기간)재결을 알게 된 날의 다음 날부터 6개월 이내
(또는 재심사청구를 한 날부터 3개월이 지나도 재결이 없을 때)

지방법원

항소
(기간)판결을 수취한 다음 날부터 14일 이내

고등법원

상고(상고 수리 신청)
(기간)판결을 수취한 다음 날부터 14일 이내

대법원

을 때는 결정을 기다리지 않고 재심사청구를 할 수 있습니다(노재보험법 제38조 2항). 또 재심사청구를 한 날부터 3개월이 지나도 재결이 나지 않을 때는 재결을 기다리지 않고 행정소송(후술)을 제기할 수 있습니다(노재보험법 제40조). 이와 같은 경우에는 심사회의 절차와 행정소송이 동시에 진행됩니다. 이런 방법은 재심사청구나 행정소송을 빨리 진행하고 싶은 경우에 활용할 수 있습니다(〈그림 3-2〉).

(2) 행정소송

재심사청구가 기각된 경우에는 국가를 피고로 하여 유족 보상 지급 등의 부지급 결정 처분의 취소를 요구하는 행정소송을 제기할 수 있습니다. 이 행정소송은 원칙적으로 재결의 청구 기각 사실을 알게 된 다음 날로부터 6개월 이내에 제기해야 합니다. 또 재심사청구를 한 날로부터 3개월을 경과해도 재결이 없을 때는 재결을 기다리지 않고 행정소송을 제기할 수도 있습니다. 제소할 법원은 노기서 소재지를 관할하는 지방법원이나 또는 도쿄 지방법원입니다. 전국 어디서 발생한 사건이라도 도쿄 지방법원에 제소할 수 있습니다.

행정소송을 제기하고 나서 제1심 판결까지 약 2년 정도 걸리는 것이 현실입니다. 항소심까지 갈 경우에는 약 1년이 더 걸리고 상고심까지 갈 경우는 약 반년에서 2년 정도 더 걸립니다.

행정소송 판결에서는 심사청구나 재심사청구 때보다 결론이 뒤집힐 가능성이 높습니다. 행정소송이 시작되면 우선 피고(국가)에 노기서가 수집한 자료 전체를 증거로 제출하도록 요청하십시오. 노기서가 수집한 자료나 청취한 관계자의 증언 중에는 업무의 과중함을 나타내주는 많은 사실들이 숨어 있는 경우가 있습니다. 이러한 사실을 노기서가 정당하게 평가하지 않았음을 비판하고, 판사가 업무의 과중함을 인정하도록 강하게 주장해야 합니다.

또 법원은 후생노동성이 만든 노재 인정 기준을 반드시 따르지 않아도 됩니다. 행정소송에서는 노재 인정 기준에만 얽매이지 않고 노동자가 처한 개별적, 구체적 상황을 하나하나 열거하면서 종합적으로 입증하는 작업이 중요합니다.

업무의 과중함을 입증할 증거가 불충분하면 새로 수집해야 합니다. 증거의 대부분을 회사가 보관하고 있는데 회사가 그 증거를 제출할 것 같지 않으면 재판에서 문서 송부 촉탁(법원이 회사나 관계 조직 등에게 문서 복사본을 제출하도록 하는 요청)을 신청하는 것도 검토하십시오. 시간이 경과하면서 상황이 바뀌기 때문에 퇴직한 동료 등이 증언해주는 경우도 있습니다. 포기하지 말고 새로운 증거를 수집하고 이미 수집한 증거를 다시 분석하는 것이 중요합니다.

재판에서는 업무와 사망과의 인과관계를 증명하기 위해 의학적 견해가 필요합니다. 주치의나 전문의에게 상담해서 필요에 따라 의견서 작성이나 재판에서의 증언을 요청하는 것도 검토하시기 바랍니다.

7) 공무 재해 신청

Q. 공무원의 경우에는 어떻게 절차를 밟아야 할까?

A. 지방공무원이면 각 도·도·부·현에 있는 지방공무원 재해보상 기금 지부장에게 공무 재해 인정 청구서를 제출함으로써 신청이 이루어집니다. 국가공무원이면 각 부·성의 보상 실시 기관에 공무상 인정을 요구합니다.

(1) 절차의 개요

지방공무원의 경우에는 각 도·도·부·현에 있는 지방공무원 재해보상 기금(지공재) 지부장에게 공무 재해 인정 청구서를 제출해 신청합니다. '공무 외'라는 인정에 불만이 있는 경우에는 해당 결정을 알게 된 날의 다음 날부터 60일 이내에 각 도·도·부·현에 있는 지공재 지부 심사회에 심사청구를 할 수 있습니다(행정불복심사법 제14조). 여기에서도 공무 외로 인정된 경우에는 지부 심사회의 재결서를 받은 날의 다음 날부터 30일 이내에 도쿄에 있는 지공재 심사회에 재심사를 청구할 수 있습니다(동법 제53조). 민간의 노재와 달리 재심사 청구 기간이 30일로 짧으니 주의해주십시오. 재심사청구가 기각된 경우 6개월 이내에 행정소송을 제기할 수 있는 것 등은 노재와 동일합니다.

국가공무원의 경우에는 각 부·성의 보상 실시 기관(각 부성 및 외국)에 업무 관련성 인정을 요구합니다. 공무 외라는 인정에 불복하는 경우에는 인사원에 심사를 요청할 수 있습니다. 국가공무원의 경우, 실시 기관이 보상을 받아야 하는 자에게 보상을 요구할 권리가 있다는 내용을 통지하는 시점부터 시효가 발휘되며, 이 통지를 받지 않았다면 언제든지 청구할 수 있습니다(국가공무원 재해보상법 제28조). 또한 국가공무원은 처음부터 법원에 공무상 재해 인정을 요구하는 소송을 제기할 수 있습니다.

실제로는, 특히 지방공무원의 경우, 신청에서 최초 결론이 나오기까지 2년 이상이나 걸리는 경우가 많아서 문제가 되고 있습니다.

또한 뇌·심장 질환, 정신 질환, 자살에 관한 지방공무원, 국가공무원의 공무 상 재해 인정 건수(〈표 3-3〉)는 민간 노동자의 노재 인정 건수에 비해 적다고 할 수 있습니다. 지방공무원 재해보상 기금(지공재)과 인사원의 발표에 의하면, 공무상 재해 인정 건수는 매년 수십 건 정도의 추이를 보이고 있습

〈표 3-3〉 뇌 질환, 심장 질환, 정신 질환의 공무상 재해 인정 건수

연도	A 지방공무원			B 국가공무원		
	뇌 질환	심장 질환	정신 질환	뇌 질환	심장 질환	정신 질환
1988	20(9)	12(10)	0(0)	7(3)	5(4)	
1989	15(7)	17(16)	1(1)	6(4)	6(6)	
1990	21(8)	11(11)	0(0)	2(1)	2(2)	
1991	15(10)	11(8)	2(2)	11(3)	4(3)	
1992	15(8)	14(13)	1(0)	6(2)	6(6)	
1993	12(3)	10(8)	0(0)	10(6)	7(7)	
1994	17(10)	13(11)	1(1)	6(1)	6(5)	
1995	25(12)	14(11)	2(1)	12(7)	5(5)	
1996	17(3)	21(19)	2(1)	8(2)	1(1)	0
1997	15(5)	16(13)	3(3)	6(1)	4(4)	3(2)
1998	14(7)	12(12)	1(1)	8(6)	3(2)	3(3)
1999	6(2)	9(9)	8(4)	1(1)	3(3)	5(5)
2000	9(4)	11(8)	6(4)	4(3)	4(3)	7(7)
2001	4(0)	6(4)	2(2)	2(1)	2(2)	5(4)
2002	12(4)	5(5)	3(1)	3(1)	3(3)	11(7)
2003	8(2)	6(6)	5(4)	5(2)	4(4)	9(6)
2004	11(7)	8(8)	6(2)	5(1)	3(2)	10(4)
2005	7(3)	6(6)	14(6)	8(2)	5(4)	9(3)
2006	12(4)	8(8)	12(6)	4(3)	0	9(6)
2007	6(1)	9(6)	14(11)	10(6)	5(3)	17(3)
2008	7(2)	3(2)	12(4)	3(1)	3(3)	3(1)
2009	2(1)	3(3)	8(2)	4(1)	0	5(2)
2010	8(1)	3(3)	11(4)	0	2(2)	5(3)
2011	16(6)	4(3)	12(4)	3	0	11(4)
2012	14(3)	7(3)	22(4)	4(1)	3(2)	6

주: 1) 괄호 안 숫자는 사망 사안에 관련된 건수이다.
    2) A 표는 상근 지방공무원 재해보상 통계에 의한 것임.
    3) B 표는 국가공무원 재해보상 통계에 의한 것임.

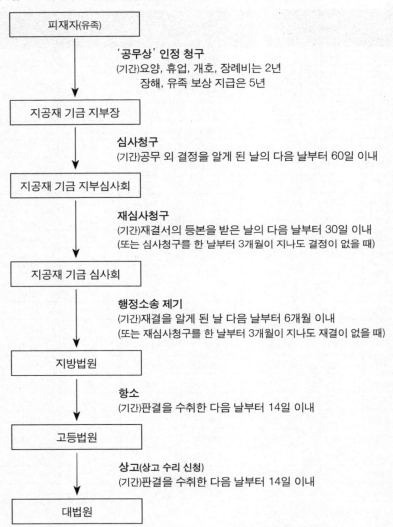

〈그림 3-3〉 피재자가 지방공무원인 경우의 수속 절차

피재자(유족)

'공무상' 인정 청구
(기간)요양, 휴업, 개호, 장례비는 2년
　　　장해, 유족 보상 지급은 5년

지공재 기금 지부장

심사청구
(기간)공무 외 결정을 알게 된 날의 다음 날부터 60일 이내

지공재 기금 지부심사회

재심사청구
(기간)재결서의 등본을 받은 날의 다음 날부터 30일 이내
(또는 심사청구를 한 날부터 3개월이 지나도 결정이 없을 때)

지공재 기금 심사회

행정소송 제기
(기간)재결을 알게 된 날 다음 날부터 6개월 이내
(또는 재심사청구를 한 날부터 3개월이 지나도 재결이 없을 때)

지방법원

항소
(기간)판결을 수취한 다음 날부터 14일 이내

고등법원

상고(상고 수리 신청)
(기간)판결을 수취한 다음 날부터 14일 이내

대법원

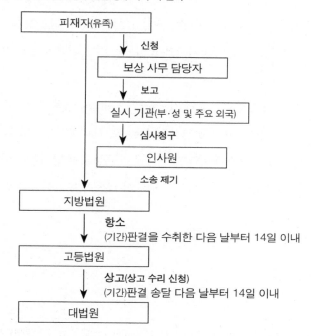

〈그림 3-4〉 피재자가 국가공무원인 경우의 수속 절차

피재자(유족)

신청

보상 사무 담당자

보고

실시 기관(부·성 및 주요 외국)

심사청구

인사원

소송 제기

지방법원

항소
(기간)판결을 수취한 다음 날부터 14일 이내

고등법원

상고(상고 수리 신청)
(기간)판결 송달 다음 날부터 14일 이내

대법원

니다.

　공무 재해 신청 절차는 민간 노동자의 노재 신청 절차에 비해 복잡합니다 (〈그림 3-3, 3-4〉). 그 때문에 공무 재해 신청을 단념해버리는 사람이 많은 것이 현실이지만, 전문가에게 상담하는 등 방법을 써서 보상의 권리를 행사하는 것이 중요합니다.

(2) 공무 재해의 인정 기준

　공무원에 대해서도 민간 노동자와 마찬가지로 공무 재해 인정 기준이 만들어져 있습니다. 업무의 과중성을 고려하는 방식은 대체로 공통되지만, 일부 다른 점이 있어서 주의가 필요합니다. 예컨대 민간 노동자의 경우, 시간 외 노동시간은 월별 시간 수를 따지지만, 지방공무원의 경우에는 주당 시간 수를 따집니다. 또한 정신 질환이나 자살에서 업무로 인한 심리적 부담 평가 방식 등에서도 다른 부분이 있습니다.

행정소송으로 가면 법원의 판단 기준과 공무 재해의 인정 기준이 달라지며, 법원은 지공재와 인사원의 재해 인정 기준을 반드시 따르지는 않습니다. 법원은 민간 노재와 공무 재해에서 업무(공무)의 과중성 고려 방식을 구별하지 않습니다. 공무 외로 판단된 경우에도 법원에서 결론이 뒤집히는 경우가 꽤 있습니다.

8) 기업에 의한 보상

> **Q.** 남편이 과로로 사망한 경우, 기업으로부터 어떠한 보상을 받을 수 있을까요?
>
> **A.** 기업에 의한 보상에는 업무상의 사망(노재) 여부를 불문하고 지급하는 금전 외에 ① 업무상 사망의 경우에 지급되는 회사 규정의 보상금, ② 기업에 손해배상책임이 있는 경우에 지급되는 배상금의 두 종류가 있습니다.

(1) 두 종류의 기업 보상

직원이 사망한 경우, 기업은 업무상 사망 여부를 따지지 않고 조의금, 위로금 등을 지급합니다.

그리고 업무상 사망의 경우에는 다음과 같은 두 종류의 보상이 있습니다.

첫째, 노재에 의해서 직원이 사망 또는 부상당했을 경우, 퇴직금을 증액하거나 기업이 이른바 '웃돈 보상'으로 일정한 보상금 지급을 정해두는 경우가 있습니다.

이 규정이 있는 경우, 노기서가 노재 인정을 하면 보통은 규정에 기초해 회사가 보상금을 지급합니다. 민간 통계에 의하면, 최근의 '웃돈 보상' 규정에는 사망한 직원에게 부양자가 있는 경우 약 3000만 엔의 유족 보상금이 지급되는 것이 통례입니다. 기업이 이러한 상황을 대비하여 민간 노재 종합 보험에 가입하는 경우도 있습니다. 기업이 '웃돈 보상' 규정의 존재를 감추는 경우도 있으므로, 노재 보상에 관한 규정을 반드시 모두 살펴주시길 부탁드립니다.

둘째, 직원의 사망 또는 부상에 대해서 민법상 사용자 책임이 인정되는 경우에는 기업으로부터 손해배상을 받는 것이 가능합니다. 다만 노기서가 노재 인정을 했다고 해서 기업의 손해배상책임이 당연히 인정되는 것은 아닙니다. 노재가 인정된 사안에도 법원에서 기업의 손해배상책임이 부정되는 사례가 있습니다.

기업이 노동자에 대해서 지는 안전 배려 의무(주의 의무)를 위반한 것이 기업의 손해배상책임 요건이 됩니다.

기업에게 손해배상을 요구할 때에는 우선 재판 외에 기업과 임의 교섭을 하는 것이 보통입니다. 기업이 임의 교섭에 응하지 않는 경우나 임의 교섭에 응하지 않을 것이 미리 예상되는 경우, 기업과의 임의 교섭이 결렬된 경우에는 기업에 대해서 법원에 손해배상청구 소송을 제기합니다.

통상적인 소송 이외에 민사조정 절차(간이법원에서 재판관, 조정위원의 지휘에 따라 진행되는 교섭)와 노동심판절차(노동 사안에 관한 법원의 특별 단기 집중형 심판)을 이용하는 것도 생각해볼 수 있습니다. 그러나 어느 쪽이든 강한 강제력은 없기 때문에 일반적으로 과로사에 관해서는 손해배상청구 소송이 이루어지고 있습니다.

(2) 안전 배려 의무 위반

사용자는 업무 수행에 수반되는 피로와 심리적 부담 등이 과도하게 축적되어 노동자 심신의 건강을 해치지 않도록 주의해야 할 의무가 있습니다(덴쓰 사원 자살 사건, 대법 2000년 3월 24일 판결). 또한 노동계약법 제5조는 "사용자는 노동계약에 수반해 노동자가 생명, 신체 등의 안전을 확보하면서 일할 수 있도록 필요한 배려를 해야 한다"고 규정하고 있습니다.

그래서 사용자가 노동자에 대해서 갖는 이러한 안전 배려 의무(주의 의무)를 위반한다면 기업의 손해배상책임이 발생합니다.

예컨대 업무량 조정을 태만히 해서 장시간 노동을 시킨 경우, 건강진단을 실시하지 않아 건강관리를 태만하게 한 경우, 상사에 의한 괴롭힘을 방치하는 경우 등에는 기업의 안전 배려 의무 위반(주의 의무 위반)이 인정됩니다.

사용자는 노동자의 노동시간을 타임카드 등에 의해서 객관적으로 관리할 의무가 있습니다. 또한 사용자가 노동자의 과중한 노동 실태를 알았을 경우에는, 노동자의 업무 경감 조치를 취하는 등 노동자의 피로가 축적되지 않도록 배려해야만 합니다. 후생노동성은 과중한 노동이 건강에 지장을 주지 않도록 사업자가 강구할 조치 등이라는 지침을 냈습니다. 1개월 당 45시간을 넘는 시간 외 노동은 노동자의 피로를 축적시켜 건강에 해롭다고 하는 견해를 제시하고, 노동자의 시간 외 노동을 1개월 당 45시간 이하로 하도록 지시하고 있습니다.

또한 사용자는 노동자에게 건강진단을 받게 하고, 이상 소견이 있는 사람에 대해서는 의사의 의견을 청취해야 하며, 취업 장소를 변경하거나 노동시간을 단축시키는 등의 조치를 취할 의무가 있습니다.

그 외에도 직종에 따른 규제도 있어서, 예컨대 의사에 대해서는 당직 횟수를 제한하는 지침, 트럭 운전기사에 대해서는 구속 시간'을 제한하는 기준 등이 있습니다.

따라서 기업이 이들의 책임을 다 하지 않는다면 안전 배려 의무(주의 의무) 위반이 되는 것입니다.

상사가 부하를 괴롭힌 결과 부하가 아프거나 사망에 이른 경우에는 사용자인 기업이 원칙적으로 사망에 대해서 손해배상책임을 집니다.

또한 공무원의 경우에도 지방공공단체와 국가는 안전 배려 의무(주의 의무)가 있습니다. 지방공공단체와 국가가 이 의무를 위반하는 경우에는 공무 재해에 의한 보상과는 별도로 손해배상을 청구할 수 있습니다.

(3) 손해의 내용

과로사와 과로 자살에 의한 손해의 구체적 내용에는 일실(逸失)이익, 위자료, 장제료 등이 있습니다. 과로에 의해서 사망한 측의 손해를 금전으로 환산하는 것은 본래 아주 어려운 일입니다. 일반적으로 노재의 경우에도 교통사고와 거의 비슷하게 계산해서 손해액을 산출하고 있습니다.

일실이익이란 과로사와 과로 자살이 없었다면 얻게 되었을 장래 수입의 이익을 가리킵니다. 원칙적으로 노동능력 상실 기간(일하는 것이 불가능했던 기간)의 기초 수입에서 중간 이자와 생활비를 공제하여 산출합니다. 기초 수

---

* 옮긴이 주: 실제 작업 여부를 떠나 노동자가 고용주의 지휘, 감독 하에 있는 시간을 말한다. 만일 휴게 시간이라도 노동자가 자유롭게 시간을 활용할 수 없거나, 임박한 업무를 위해 대기 중인 상태라면 현재 작업을 하지 않더라도 '구속 시간'에 해당한다. 2012년에 개정된 국내 근로기준법(제50조)에서는 '작업을 위하여 근로자가 사용자의 지휘ㆍ감독 아래에 있는 대기시간 등'은 근로시간으로 본다고 규정하고 있다.

〈표 3-4〉 손해배상액의 구체적 예
사망 당시 40세, 연 수입 600만 엔, 동거인은 처와 자녀 1명인 사례

[일실 이익]

　생활비 공제율은 30%로 상정한다.

　67세까지 근무 가능하다고 가정한다면, 27년간의 신호프만 계수는
16.8045이며, 라이프니츠 계수는 14.6430이다.

　계산식은, 신호프만 방식의 경우에는

　　600만 엔 × (1-0.3) × 16.8045 = 7057만 8900엔이 된다.

　라이프니츠 방식의 경우에는

　　600만 엔 × (1-0.3) × 14.6430 = 6150만 300엔이 된다.

[위자료]

　위자료는 사망에 대한 노동자 자신의 정신적 손해와 유족 고유의 정신적
손해를 청구하는 것이 가능하다. 사망한 노동자가 가계 수입의 중심이었던
경우에는 노동자 및 유족의 위자료 합계는 일반적으로 2800만 엔 정도가
된다(아들이나 딸이 사망한 경우에는 일반적으로 2000만~2200만 엔 정도가
된다).

[그 외의 손해]

　장제료, 사망까지의 치료비, 입주 간호비 등.

[변호사 비용]

　교섭과 소송 등으로 변호사에게 의뢰했던 경우에는 기업에 변호사 비용의
일부를 부담시키는 것이 가능하다. 일반적으로 판결에는 기업에 부담시킨
변호사 비용으로는 손해의 5~10% 정도가 인정되고 있다.

[연체 손해금]

　통상적으로 사망일로부터 연 5%의 연체 손해금(연체 이율)이 발생한다.

입은 원칙적으로 현실 수입액이 기준이 되지만, 30세 미만 청년에 대해서는
현실 수입액보다 임금센서스(국가가 매년 발표하는 임금 통계)의 평균 산출액이
높은 경우 후자로 계산하는 것이 보통입니다.

중간 이자 공제란 장래 수입이 되었을 일실 이익을 현시점에서 한꺼번에 수령할 때, 금액의 운용 이익을 고려해 손해 금액을 조정하는 것입니다. 계산방법에는 신호프만 방식(단리 계산)과 라이프니츠 방식(복리계산)의 두 가지가 있지만, 일반적으로 법원에서는 후자를 채택하고 있습니다(〈표 3-4〉). 생활비 공제란 살아 있다면 사용하게 될 생활비를 추정해 이를 공제하는 것입니다.

(4) 이미 받은 금액 중 노재 보험금의 일부 공제

현재 법원의 방식에 의하면, 유족이 노재 보험금(연금 등)을 이미 받은 경우에는 기업의 손해배상 금액을 결정할 때 노재 보험금 일부를 공제합니다. 이 외에도 노재 보험금과 기업의 손해배상과의 조정에 관한 사항을 노동자 재해 보상 보험법(노재보험법)에서 정하고 있습니다. 다만 위자료는 노재 보험금과 조정하지 않습니다.

자세한 것은 전문가에게 상담해주십시오.

9) 회사에 대한 일터 개선 요구

> **Q.** 아들의 사망이 노재로 인정받았지만 회사에서는 여전히 장시간 노동이 근절되지 않고 있습니다. 아들과 같은 희생자가 나오지 않도록 회사에 일터 개선을 요구하고 싶은데 어떻게 하면 좋을까요?
>
> **A.** 노재로 인정한 노기서에 회사 지도를 요청하는 것이 중요합니다. 또 회사와 교섭해 유족으로서 일터 개선을 요구하는 것도 중요합니다.

(1) 노기서에 신고·고발

노기서에는 노재 보험을 담당하는 노재과 외에 감독과가 있습니다. 이 감독과는 담당 지역의 사업소에서 노동기준법이나 노동안전위생법을 위반하는 경우 이를 시정하도록 지도합니다.

노재로 인정받은 사례를 보면 거의 모든 경우, 그 일터는 법률 위반 사실이 있습니다. 특히 노기법의 36협정(제1장 제1조 참조)에 위반되는 장시간 노동, 무보수 연장근로 등 임금이 지급되지 않는 노동 등이 다수 존재합니다.

원래는 과로사가 발생한 경우 기업이 스스로 즉각 일터 개선에 착수해야 하지만 그런 일은 좀처럼 일어나지 않습니다. 따라서 노기서가 기업을 지도하고 감독할 권한을 행사하도록 강력하게 요청하는 것이 중요합니다. 사정이 있는 경우에는 익명으로 신고할 수도 있습니다.

기업이 너무나 악질이라면 노기서에 형사 고발(노기법 위반 등)하고 처벌을 요구할 수도 있습니다. 그런 경우에는 노기서 담당관이 경찰관 역할을 하고, 최종적으로는 검찰관이 형사처분을 결정합니다.

(2) 회사와의 교섭

또한 최근에는 과로사 유족이 회사와 직접 교섭해 일터의 개선을 요구하는 경우가 늘어나고 있습니다. 장시간 노동 등 과중한 노동이 사망 원인일 경우에는 유족으로서 취업규칙이나 36협정 재검토를 요청하고 휴게실이나 수면실 등 노동환경의 개선, 우울증과 자살 등에 관한 사내 연수 실시 등을 요구합니다. 상사의 괴롭힘이 원인인 경우에는 지위를 이용한 괴롭힘 등에 대해 철저한 사내 교육, 적절한 인사이동 등 노무관리를 실시하도록 요구하고 있습니다.

유족은 노재로 죽은 사람이 말할 수 없었던 내용을 대변해서 회사에 의견을 진술할 자격이 있습니다. 기업 중에는 취업규칙이나 36협정 등은 사내에서 결정하는 것이니 유족은 이러쿵저러쿵 참견할 이유가 없다며 통제하는 곳도 있습니다. 그러나 이러한 기업의 대응 방법은 부적절합니다. 가슴 아픈 직원의 사망을 교훈 삼아 경영자나 인사 담당자가 앞서서 사내 개혁에 힘을 쏟는 것이 중요하고 기업은 유족의 호소를 겸허하게 귀 기울여 받아들여야 합니다.

3. 노재 행정을 바꾼 유족의 활동

1) 〈버마의 하프〉

거장 이치카와 곤(市川崑) 감독의 대표작으로 〈버마의 하프〉[다케야마 미치오(竹山道雄) 원작, 미쿠니 렌타로(三国連太郎) 주연, 1956년]가 있다. 2007년 가을, 나는 우연히 위성방송에서 이 작품을 수십 년 만에 보았다. 보고 나서도 주인공 미즈시마(水島) 상병의 모습과 말이 머리에서 떠나지 않았다.

1945년 전쟁이 끝나고 버마에서 겨우 살아남은 일본 병사들이 일본에 돌아가려고 할 때, 미즈시마는 산과 강에 버려진 수많은 일본 병사들의 시체를 그대로 두고 귀국할 수 없다고 생각한다. 그리고 스님이 되어 이국땅에 홀로 남아 죽은 병사들을 한 명 한 명 정성들여 묻어주기로 결심한다.

이 미즈시마 상병의 심정은 과로사 재판에 임하는 유족이나 변호단의 심정과 상통하는 부분이 있다.

1988년 6월 과로사 110번의 전국 상담 활동을 시작한 지 사반세기가 흘렀다. 이 26년은 과로사를 부정하는 기업이나 정부에게 태도 변화를 촉구하는

26년이었다. 일터에서 샐러리맨, 노동자가 과로로 쓰러져 사망해도 일본 기업 대부분은 그 사망을 노재로 인정하지 않고 사망 원인을 개인 사정으로 취급하려 했다. 노기서도 노재 인정에 소극적이었다. 전국의 유족들은 재판을 통해 고인(피재자)의 노동 실태와 사망 원인을 밝히고 싶다는 생각으로 수없이 소송을 제기했다.

과로사 재판은 어떤 의미에서는 고인을 사회적으로 매장하는 과정이라 할 수 있다. 회사의 업무명령을 따르려고 과중한 업무를 수행한 결과 목숨을 잃었는데, 사망 원인을 개인의 책임으로 전가하는 것은 고인의 명예에 상처를 입히는 것이다. 천수를 다하지 못하고 사망한 고인에 대해서, 생물학적 매장이나 종교적 매장과는 달리, 남은 자가 책임지고 그 사망 원인을 정확하게 조사하고 정당하게 평가하는 사회적 행위가 필요하다. 과로사 소송을 벌이는 원고(유족) 중에는 "지금, 남편의 장례식을 치르고 있습니다"라고 분명히 말씀하는 분도 있다. 그리고 이러한 소위 '사회적 매장'은 더 나은 일터로 거듭난다는 의미에서도 반드시 필요하다. 최근 일터의 실태를 살펴볼 때, 진정으로 정신 건강 향상을 실현하려면 현재 발생하는 자살의 원인을 확실하게 분석할 필요가 있다.

〈버마의 하프〉의 시대와는 다르게, 오늘날 일본 사회에서 생물학적 매장과 종교적 매장은 거의 이루어지지만 사회적 매장은 과로사 문제만이 아니라 여러 사례에서도 불충분하다고 말하지 않을 수 없다.

과로사를 둘러싼 소송은 이제 일반 변호사의 실무 지침서에 소송 기재 범례가 있을 만큼 '일반 소송'이 되었다. 그만큼 과로사 재판의 의의를 앞으로도 계속 탐구해야 한다고 생각한다.

2) 노재 신청 후 10년이 지나서야 마침내 노재 인정

20세기 말까지 구 노동성은 과로 자살을 노재로 인정하지 않으려는 태도를 굳건히 유지했다. 이러한 행정의 태도를 바꾼 가장 큰 힘은 오랜 세월 동안 싸워온 유족의 힘이었다.

나가노(長野)현 이다(飯田)시에 사는 이지마 지에코(飯島千恵子) 씨의 남편 이지마 시게루(飯島盛) 씨는 나가노현에 있는 정밀 프레스 부품 제조 회사의 숙련공으로 일했다. 장시간 과중 노동이 계속되면서 1985년 1월 스스로 목숨을 끊었다. 당시 막 30세가 되었고 3살과 1살짜리 자녀를 남기고 떠났다.

지에코 씨는 남편의 죽음이 업무에 의한 과로, 스트레스 때문이라고 생각해 1989년 11월에 오마치(大町) 노기서에 노재를 신청했다. 하지만 오마치 노기서는 무려 5년 이상이나 결론을 내지 않다가 1995년 1월에 '업무 외' 결정을 내렸다. 1997년 1월 지에코 씨는 나가노 지방법원에 노기서의 처분 취소를 요구하는 소송을 제기했다. 그 진술서에는 다음과 같은 호소가 담겨 있었다.

그동안 수많은 일들이 있었습니다. 현 남쪽 이다에서 오마치(大町)까지 편도 2시간 반이 걸리는 길을 50회 이상, 앞이 안 보일 정도로 눈보라가 심한 겨울에도 한여름 땡볕에도 (노기서가) 조금이나마 좋은 판정을 내려주기만을 바라는 마음으로 7년을 다녔습니다. 노동성에도 청원하러 갔습니다. 14번, 노동성 앞에서도 전단지를 나눠줬습니다. 그것은 참으로 제게는 격렬한 전투나 다름없었습니다. 정신을 차려보니 체중이 15kg이나 줄어 있었습니다.

남편은 오로지 회사를 위해 성실하게 다른 사람보다 배나 일을 했고, 일만 하다가 끝내는 사망했습니다. 그런 남편에 대한 판단은 이미 결론이 내려졌지만, 그것은 너무나 기대에 어긋나 도저히 받아들일 수가 없습니다.

하물며 그 결정 통지는 엽서 한 장인데다 이유를 듣고 싶으면 노기서로 오라고 쓰여 있었습니다. 시키는 대로 가보니 이번에는 고자세로 이유를 쓴 문서는 내줄 수 없다, 복사도 안 된다, 읽어주는 것을 듣고 받아쓰라고 하니, 억울하지만 따를 수밖에 없었습니다. 행정의 중립, 공평이라는 것이 이런 것인가 뼈에 사무칠 정도였습니다. 마치 남편이 쓰다버려진 걸레 조각 같아 애처롭기 그지없었습니다.

두 번에 걸쳐 행정절차를 밟았는데도 청원이 받아들여지지 않았습니다. 우리 세 모자는 냉랭한 세상 밑바닥으로 팽개쳐져 구원의 손길이 절박한데, 재판을 해도 희망이 없을 것 같은 시기가 오래 지속됐습니다. 그러나 남편의 죽음이 업무 때문이라고 인정받는 것이 남편을 회사에서 우리 가족의 품으로 돌아오게 하는 것이며, 그것이 바로 제게 남겨진 사명이라고 생각합니다. 지금 이대로라면 아직도 남편이 회사에 잡혀 있는 것입니다. 하루라도 빨리 남편을 가족 곁으로 되돌려주십시오. 그리고 아버지가 연장 근무를 안 하고 빨리 집에 돌아오기만을 바라던 지난날의 우리 집 같은 가정이 더 이상 생기지 않도록, 부디 인간미 넘치는, 사회 통념에 어긋나지 않는 따뜻한 판단이 내려지기를 진심으로 기원합니다.

지에코 씨의 하소연이 판사를 움직여 1999년 3월 나가노 지방법원은 이지마 시게루 씨의 사망을 노재로 인정하는 판결을 내렸다. 그리고 국가는 항소하지 않고 확정지었다.

4. 노재 행정의 금후 과제

1) 2011년 인정 기준

2011년 12월, 후생노동성은 정신 질환·자살에 관한 새로운 노재 인정 기준(이하, 2011년 인정 기준이라고 한다)을 만들어 이 기준에 따라 판단하도록 전국 노기서에 지시했다.

2011년 인정 기준은, 1999년의 '심리적 부담에 의한 정신 질환 등에 관련한 업무상 외의 판단 지침에 관해'(이하, 판단 지침이라 한다)에서 언급한 적극적인 3개 항을 그대로 답습했다. 즉 ① ICD-10(WHO의 질병 분류)에 의한 정신 질환을 노재 보상의 대상으로 할 것 . ② '업무상'의 정신 질환에 걸린 피재자가 자살한 경우에는 원칙적으로 정신 질환으로 인해 "정상적인 인식과 행위 선택 능력이 현저히 저해되고, 또는 자살행위를 단념하게 하는 정신 억제 능력이 아주 낮은 상태에서 자살했다"고 추정하여 업무상 재해로 인정할 것 . ③ 유서의 표현, 내용, 작성 등을 업무 기인성의 적극적인 자료로 평가할 것 .

그리고 2011년 인정 기준은 '업무에 의한 심리적 부담 평가표'를 구체적으로 다시 작성했다(236쪽 권말 자료 참조).

2011년 인정 기준에는 다음과 같은 논란이 있으며, 앞으로 개선이 필요하다.

2) 뇌·심장 질환과의 차이

첫째, 시간 외 노동이 초래하는 부담 기준을 뇌·심장 질환의 인정 기준보다 높게 설정해, 이른바 이중 기준이 되었다. 2011년 인정 기준은 업무상 인정 요건으로 월 160시간의 시간 외 노동이나 연속해서 일한 월 120시간의 시간 외 노동이라는 엄청난 장시간 노동 기준을 설정하고 있다. 그리고 월 80시간 이상의 시간 외 노동을 '중' 정도의 부담으로 평가하며, 강한 심리적 부담은 아니라고 간주했다. 이에 따라, 노동자가 월 80시간 동안 시간 외 노동을 한 결과 심장 질환 증상을 보이면 노재로 인정되지만, 같은 시간 동안 일해서 우울증을 보인다고 해도 노재로 인정되지 않는다.

그런데 노기서 차원의 실제 운용 상황을 보면, 시간 외 노동이 120~160시간이 안 된다 해도, 예컨대 업무량이 현저하게 늘어나서 시간 외 노동을 배 이상, 즉 1개월에 대개 100시간 이상을 한 경우에는 심리적 부담 평가표의 "업무 내용·업무량에 (커다란) 변화를 가져온 일이 있었다"에서 '강'에 해당하는 것으로 보고, 업무상 결정(노재 인정)을 내리는 일이 많다. 종합적으로 볼 때 정신 질환·자살 사안에서는 시간 외 노동이 대체로 100시간 정도였음을 입증할 수 있으면 다른 요소를 합쳐서 노재로 판단하는 사례가 많은 것으로 보인다.

그러나 뇌·심장 질환과 정신 질환에서, 과중함의 판단 기준이 다른 것은 정말로 이해하기 어렵고 합리적 근거도 불충분하다. 따라서 신속하게 통일된 기준으로 개정해야 하며, 당장은 뇌·심장 질환의 기준에 맞추는 것이 타당하다.

3) 괴롭힘

둘째, 2011년 인정 기준은 성희롱과 관련한 사안을 적극적으로 노재로 인정하려는 움직임이 뚜렷하다. 또 이른바 지위를 이용한 일터 내 괴롭힘(권력형 괴롭힘)에 관해서도 성적 괴롭힘만큼은 아니지만, 폭행까지 가지 않더라도 상사 등으로부터 심하게 괴롭힘을 당하고 집단 따돌림을 받은 경우에는 그 심리적 부담을 중시하겠다는 방향을 명확하게 했다.

그러나 성적 괴롭힘에 비해 권력형 괴롭힘으로 정신 질환이 발병한 경우에는 노재 인정 비율이 낮다. 그 이유로는 밀실에서 이루어진 괴롭힘일 경우, 괴롭힘 사실이나 그 가혹함의 정도를 피재자 측이 입증하기가 어렵다는 점을 들 수 있다. 또 상사가 부하를 지도한다는 명목으로 폭언 등을 허용하는 분위기가 일터에 뿌리 깊게 남아 있어, 인정 기준은 그러한 풍조에 밀려 일터 내 괴롭힘으로 받은 심리적 부담을 과소평가하는 면이 있다.

유럽에서는 성적 괴롭힘만이 아니라 일터 내 괴롭힘을 규제하는 법률도 1990년대 후반 이후 각국에서 제정되었다. 그러나 일본에서는 성적 괴롭힘 규제 법률이 제정되었지만 일터 내 괴롭힘에 관해서는 법률상 별도로 규제하지 않는다. 앞으로 괴롭힘 예방을 위해서 규제와 노재 인정 기준 양면에서 입법과 행정 대책이 필요하다.

4) 복수의 부담이 있는 경우

셋째, 2011년 인정 기준은 업무 중 일어난 일이 복수일 경우, 이들을 전체적으로 평가하고 심리적 부담의 강약 정도를 명확하게 판단할 수 있도록 판단 지침을 개정했다. 그 결과 심리적 부담 평가표에서 '중' 정도의 부담이 복수일 경우, 종합적으로 고려하여 '강' 정도의 부담 가능성이 있는 것으로 명시했다. 극히 상식적인 내용이기는 하나 판단 지침 면에서 보면 중요한 진전이다.

그러나 실제 운용 단계에서는 '중' 정도의 부담 요소가 두 개 이상인데도 종합 평가가 여전히 '중' 정도의 부담으로 판단되는 사례도 많다.

5) 부담 평가의 대상 기간

넷째, 대상 기간은 대개 발병 전 6개월이지만, 실제로는 더 오래 전부터 과로·스트레스가 원인이 되어 발병한 것으로 여겨지는 사례들이 많다. 1999년 판단 지침을 책정할 때 전문 검토 회의 좌장이었던 하라다 겐이치(原田憲一) 씨(당시 도쿄대학 교수)도 "발병 전 어느 시기까지 거슬러 올라가 스트레스를 검토해야 할지에 대해 명확하게 정하지 않지만, 보통 6개월 내지 1년간을 검토하는 것이 일반적이다"라고 했다(原田憲一, 2007, 1). 제1장 제7절의 외과 의사 사례의 경우, 법원은 발병(자살 전 1개월)하기까지 약 2년 반에 걸쳐 과도한 노동이 있었던 것으로 보고 업무상으로 판단했다.

그러나 노기서에 의한 인정 기준 운용에서는 설령 중요한 심리적 부담이 있었다 해도 그것이 발병 6개월 이상 이전에 일어났다는 이유로 발병 원인에서 완전히 배제하는 경우가 적지 않다.

적어도 발병 전 약 1년 동안 업무 중 일어난 일과 심리적 부담에 관해 조사해서 노재인지 아닌지를 판단하는 것이 타당하다. 사안에 따라서는 수년 동안에 일어난 일들에 대해서 검토하는 것도 필요하다.

6) 발병 후 부담에 의한 악화

다섯째, 자살 사안에서는 우울증이 발병한 후에도 과중한 노동이나 괴롭힘이 계속된 결과 우울증이 악화해 자살에 이르는 경우가 적지 않다. 이와 같은 사례에 대해 2011년 인정 기준은 대체로 다음과 같이 정하고 있다.

① 업무 이외의 원인이나 업무로 인한 약한('강'이라고 평가할 수 없는) 심리적

부담에 의해서 정신 질환이 악화한 경우에는, 악화 전에 업무상 강한 심리적 부담이 있었어도 즉각 그 악화를 업무상이라고 인정하지 않는다.

②다만 앞에서 기술한 '업무 중 일어난 특별한 일'(예를 들어 시간 외 노동 160시간 이상)이 있어 그 후 현저히 악화하면 업무상 질병으로 간주한다.

이 내용은 사실상 정신 질환 발병 후 업무상의 부담으로 질병이 악화해도, 극히 소수의 예외를 제외하고는 거의 노재로 인정받을 수 없다는 것과 마찬가지이다. 뇌·심장 질환의 경우에는 기저 질환이 있어도 업무상의 과중한 부담으로 사망하거나 중증 질환에 걸린 경우 노재로 인정된다. 그러나 우울증 환자가 업무상의 과중한 부담으로 사망하거나 중증 질환에 걸려도 노재로 인정받지 못한다는 것은 매우 불합리하다.

또한 이 2011년 인정 기준의 논리는, 정신 질환 발병 전에 인정 기준 상 '중'의 부담이 있고 발병 후에는 인정 기준 상 '중', '강'의 부담이 있어도 발병 전후의 부담을 종합적으로 판단하지 않는다는 것이다. 앞서 기술한 복수 항목의 종합 평가 원칙과도 모순된다.

도쿄 고등법원 판결(2013년 5월 30일)은 뇌·심장 질환 사례와 비교·검토하고 정신 질환 발병 후 악화된 사례의 대응에 관해서 2011년 인정 기준을 개정해야 한다고 지적했다.

자살 염려가 없는 비교적 가벼운 증상의 정신 질환 환자가 업무상의 부담이 강해서 병세가 악화하고 자살에 이르는 경우도 많은 만큼 이 문제는 자살의 노재 인정에 중요한 논점이 되고 있다. 합리적인 내용으로 개정되는 것이 매우 시급하다.

7) 동종 노동자론과 심리적 부담의 정도

2011년 인정 기준에서는 업무 기인성의 요건으로 "강한 심리적 부담이 인정된다"는 것이란 정신 질환에 걸린 노동자가 업무상 변화를 가져온 일을 어떻게 주관적으로 받아들였는지가 아니라 동종의 노동자가 일반적으로 어떻게 받아들이는가라는 관점에서 평가하는 것이며, 동종의 노동자란 "직종, 일터에서 처지나 직책, 연령, 경험 등이 유사한 자"로 정의하고 있다.

그러나 '동종 노동자'를 기준으로 할 경우, "직종, 일터에서 처지나 직책, 연령, 경험 등"을 어디까지 고려할 것인가라는 문제에 직면할 수밖에 없다.

한 남학생이 회사에 입사한 후 업무에 의한 과로와 상사의 괴롭힘으로 인해 정신 질환이 발병한 경우를 가정해보자. 해당 노동자에게는 성별, 학력, 학교에서 지식 기술 취득 정도, 입사 후의 연수 내용, 일터에서의 지위, 업무 내용, 일터 환경, 상사의 특성, 피재자의 장애의 유무 등 그 사람만의 다양한 특성이 있다.

동종 노동자론을 철저하게 파고들면 피재자 본인 한 명만이 '동종' 노동자가 될 수 있다. 따라서 노재인지 아닌지를 판단할 때 피재자 본인에게 해당 업무가 과중한지 아닌지를 판단하는 것으로 충분할 것이다.

2011년 인정 기준의 심리적 부담 평가표는 다양한 노동자 대상의 조사 결과를 바탕으로 만들어졌다. 노재 인정 판단 적용에서는 어디까지나 참고 자료의 하나로 활용하는 것이 타당하다.

직원 수가 매우 많은 일터에서 모든 노동자가 같은 연령에 같은 경험을 하고, 같은 내용의 업무를 같은 시간에만 같은 환경에서 일하고, 같은 상사인 경우가 있어서, 그러한 상황에서 심리적 부하와 질환의 관계를 조사해 통계적으로 분석한 결과가 존재한다면, 동종 노동자에 기초한 심리적 부담 평가표 작성이 가능할지도 모른다. 그러나 이러한 상정은 거의 비현실적이고 실제로 존재하지 않는다.

그럼에도 불구하고 현재는 심리적 부담 평가표의 강도 분류에 과도한 권위를 부여하고 업무 중 일어난 어떤 일이 '강'의 부담이 되었는지, '중' 혹은 '약'의 부담이 되었는지를 형식적으로 평가하고, 업무 외 판단까지 하고 있다.

노재 인정 판단에는 피재자 본인의 사정을 기준으로 업무와 질병의 인과관계를 판단하는 것이 적합하다. 앞으로 2011년 인정 기준도 이러한 방향으로 재검토해야 한다.

제4장

과로 자살을 없애기 위하여

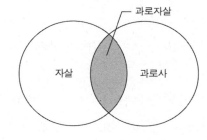

〈그림 4-1〉 과로 자살의 영역

과로자살

자살　　　과로사

제1장과 제2장에서는 과로 자살의 실태, 그 원인과 특징·배경·역사를 서술했고, 제3장에서는 과로 자살이 발생한 경우 이를 노재로 인정하고 일터의 교훈으로 살려내는 것이 중요하다는 점을 기술했다.

이 장에서는 과로 자살의 예방을 위해서 중요한 것들을 제기하고자 한다.

과로 자살은 〈그림 4-1〉이 보여주듯, 과로사와 자살이 중첩된 영역이라 할 수 있다.

따라서 그 예방을 위해서는 '과로' 해소 시점의 접근, '자살' 예방 시점의 접근이라는 양 방향이 필요하다.

우선 '과로' 해소 방법을, 이어서 '자살'에 대한 방지책을 생각해보고, 마지막으로 이 책 전체를 종합하는 제언을 하고자 한다.

1. 일터에 시간의 여유를

1) 근무시간 단축 논의는 어디로

"풍족함과 여유를 실감할 수 있고, 일의 보람, 삶의 보람이 있는 생활을 할 수 있게 하는 것은 원래 노동 행정에서 중요한 과제"(쓰카하라(塚原) 노동성 장관, 1990년 7월).

"여유와 풍족함으로 충만한 '생활 중시형 사회'를 지향하며"(통산성 자문기관 산업구조심의회 소위원회 보고, 1990년 6월).

"국민의 생활이 '풍요'롭고 알차려면, 과도한 노동시간을 긴급히 단축해야 한다"(경제기획청 국민생활국, 1990년 5월).

"마음과 생활이 풍요로운 생활을 구현하기 위해서 여유로운 시간을 지향하게 됐다. 또한 일본 경제력에 어울리는 노동시간을 갖는 것도 반드시 필요하다"(일본경제연합회 경제조사부, 1990년 1월)

"여유로운 국민 생활의 실현을 위해"(도쿄 상공회의소 국민 생활 위원회, 1990년 4월).

1980년대 후반 일본 경제가 호조를 보이고 '경제 대국 일본'이 세계시장을 석권하던 즈음, 일본의 장시간 노동에 대한 외국의 비판이 점점 강해졌다. 일본 사회 내부에서도 '풍족함이란 무엇인가'에 대한 의문이 제기되고 과로사가 커다란 사회문제가 되면서, 노동시간 단축은 앞서 언급한 것처럼 정부와 재계 일부를 포함하여 국민적 슬로건이 되었다. 구 노동성은 1988년 6월, '노동시간 단축 추진 계획: 활력 있는 여유 창조 사회의 실현을 위해서'를 발표하고, 연간 실제 노동시간을 1800시간으로 단축하는 것을 목표로 시간 단축 대책을 강화하겠다고 내외에 표명했다.

그런데 1990년대 전반 버블경제가 붕괴하면서 일본 경제가 불황에 빠지자, 시간 단축 논의는 급속하게 냉각되었다. 이후 오랜 기간 경기가 침체되고 불량채권 문제가 해결되지 않으면서, 1990년대 후반에는 마침내 대형 증권회사와 도시 은행들까지도 경영 파탄·도산하는 상황에 이르렀다. 주가가 하락하고 엔저가 진행되면서 '일본 매도가 시작되었다'는 위기감이 매일 부채질되는 가운데, 오로지 경제 국면을 타파하고 글로벌 대경쟁 시대에 어떻게 대처할 것인가가 일본 사회의 논의 대상이 되었다.

이러한 논의의 맥락에서 종래의 '경직'된 노동시간 규제를 재검토하고 '탄력적'인 노동시간을 법제화하는 정책이 경영자단체 등으로부터 제기되었다. 정부·구 노동성이 이를 받아들여, 1997년 6월에는 여성의 연장근로 시간을 규제하고 야간근로를 금지하는 노동기준법(노기법) 규정이 완전하게 철폐되었다. 또한 재량 근로제'의 대상 직종 확대 등 노동시간 규제 완화 방침이 경영자단체로부터 잇따라 제기되었고, 그 가운데 일부가 실현되었다.

게다가 파견 대상 업종도 확대되어 비정규 고용이 늘어났다. 정사원에게 고용불안이란 단순히 실직 여부에 그치는 것이 아니라 정규 고용의 신분을 유지할 수 있는가라는 절실한 문제가 되었다. 2008년에는 '리먼 쇼크'가 발생해 '파견 노동자 해고'가 전국 규모로 강행되면서, 많은 노동자가 일자리도 주거도 잃는 사태가 벌어졌다.

한때 그토록 강조했던 시간 단축과 여유를 둘러싼 논의는 어디론가 사라져 버렸다. 일본이나 기업의 '살아남기'가 키워드가 되고, 일터에는 과로와 스트레스가 넘쳐나게 되었다.

이러한 가운데 1998년에 자살이 급증하고 이후 14년간이나 연속해서 자살자가 3만 명을 넘어섰으며 일본은 '자살대국'이 되었다.

제1장과 제2장에서 보았듯, 과로사·과로 자살은 일터의 장시간 과중 노동

---

* 옮긴이 주: 업무의 특성상 업무 수행 방법을 노동자의 재량에 위임하는 근무 방식을 말한다. 국내 근로기준법(제58조)에 의하면, 이러한 재량근로제하에서 사용자가 노동자 대표와 서면 합의로 정한 시간을 근로시간으로 하며, 근로시간 계산 시에 예외를 적용한다. 예컨대, 2018년 개정된 근로기준법 시행령(제31조)에 따르면 (1) 신상품 또는 신기술의 연구 개발이나 인문사회과학 또는 자연과학 분야의 연구 업무. (2) 정보처리시스템의 설계 또는 분석 업무. (3) 신문, 방송 또는 출판 사업에서의 기사의 취재, 편성 또는 편집 업무. (4) 의복·실내장식·공업 제품·광고 등의 디자인 또는 고안 업무. (5) 방송 프로그램·영화 등의 제작 사업에서의 프로듀서나 감독 업무 등이 여기에 해당한다.

을 기본 배경으로 발생하고 있다. 따라서 이를 없애기 위해서는 노동시간 단축을 다시금 사회적 논의의 전면에 등장시키지 않으면 안 된다.

2) 약 500만 명이 연간 3000시간 이상 일한다

정부 통계의 노동시간 추이는 〈그림 4-2〉, 〈그림 4-3〉과 같다. 총무성 '노동력 조사'는 노동자 개인을 대상으로 한 설문 조사 결과에 기초해 작성되었으며, 무보수 연장근로도 포함되어 있다.

과로사 사건에서 피재자의 연간 노동시간을 조사하면 3000시간 전후 혹은 그 이상의 사례가 대부분이다. 주휴 2일제의 경우, 공휴일과 기념일을 고려하면 거의 연간 250일 근무가 되는데, 이 경우 1일 12시간 노동을 반복하는 셈이 된다. 1개월 당으로 환산해보면, 250시간 노동의 경우 주휴 2일제에서 소정

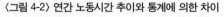

〈그림 4-2〉 연간 노동시간 추이와 통계에 의한 차이

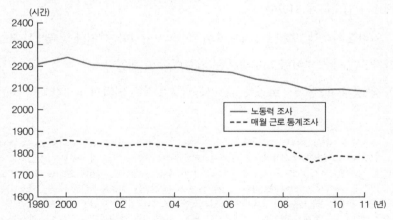

자료: 구 총무성 통계국·총무성 「노동력 조사」와 구 노동성·후생노동성 「매월 근로 통계조사」

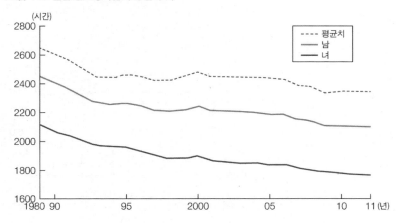

〈그림 4-3〉 연간 총노동시간의 성별 추이

자료: 구 총무성 통계국·총무성, 「노동력 조사」

노동시간이 8시간이라고 할 때 매달 시간 외 노동은 80~90시간 전후가 된다.

연간 3000시간이나 일하는 사람은 일본에서 몇 명이나 될까?

노동력 조사에서 연간 주평균 노동시간이 60시간 이상, 연간 3120시간 이상 일하는 비농림업 남성 노동자 수(임원 포함)의 추이는 〈그림 4-4〉와 같으며, 2012년에는 422만 명이었다. 이는 남성 노동자 총수의 13.5%에 해당한다. 또한 연간 주 평균 노동시간이 60시간 이상, 연간 3120시간 이상인 비농림업 여성 노동자 수는 2012년에 68만 명(여성 노동자 총수의 2.9%)이었다. 그러한 남녀를 합친 총 490만 명(남녀 노동자 총수의 8.9%)은 '초장시간 노동자'라고 부르는 것이 적당하며, '과로사 예비군'을 구성한다[노동시간 통계의 분석에 대해서는 森岡孝二, (2013)와 黒田祥子, (2014)에 상세하게 기술되어 있으니 참조하면 된다].

<그림 4-4> 초장시간 노동에 종사하는 비농림업 남성 노동자 수의 추이

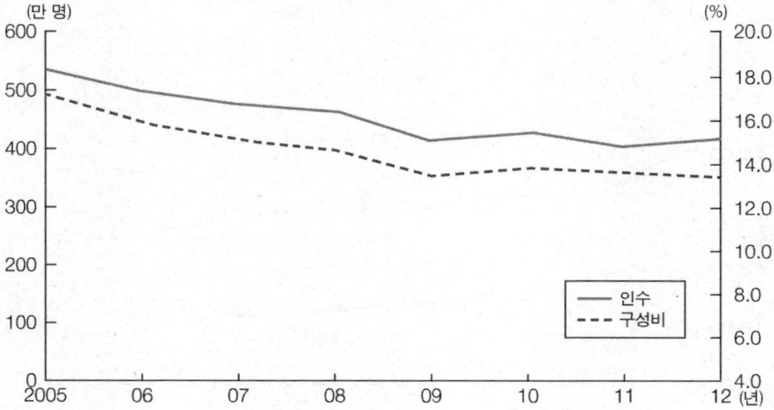

자료: 구 총무성 통계국·총무성, 「노동력 조사」

3) 야간근로의 증가

노동자의 노동 부담이라는 점에서 노동시간의 길이만이 아니라 야간근로와 교대 근로의 유무·빈도는 중요한 요소가 된다. 일본에서는 일터의 사무자동화가 추진되면서 24시간 가동 체제가 확대되고, 효율화를 위한 교대제 근무도 늘어났다. 특히 1990년대를 지나면서 대규모 제조업 부문에서 교대 근로를 포함하는 야간근로가 소정 노동에 포함되었다. 또한 경제·정보의 국제화가 추진되는 가운데, 종래에는 언론 등 일부에 국한되던 심야 노동이 "24시간 싸울 수 있습니까?"라는 제약 회사 광고처럼 많은 업종으로 확대되고, 서구의 낮(일본의 밤)에 일본인이 일하는 것이 일상화되었다.

「임금노동시간제도 등 종합 조사」(1995~1999년) 혹은 「취로 조건 종합 조사」(2001년~) 결과에 의하면, 1996년에 소정 노동에 야간근로(밤 10시~아침 5시)가

<표 4-1> 소정 근로에 야간근로가 포함되는 방식별 기업의 비율

기업규모·산업	소정 근로에 야간근로가 포함된 기업		소정 근로에 교대 근로 방식의 야간근로가 포함된 기업	
	1996년	2005년	1996년	2005년
계	31.3	32.1	17.5	22.7
1000인 이상	60.2	62.5	53.3	51.2
300~999인	47.8	48.2	36.8	40.7
100~299인	41.2	40.3	26.7	31.2
30~99인	25.7	27.2	11.6	17.5
광업	30.2	31.7	25	28.1
건설업	15.9	14.5	3.4	4.8
제조업	32.2	37	25	33.7
전기·가스·열공급·수도업	69.8	60.4	63.5	56.9
정보 통신업	59.5	23.7	19.1	20
운수업		60.9		30.5
도매·소매업	18.6	18	6	6.4
금융·보험업	18.4	13.4	14.3	11.7
부동산업	24.4	27.1	14.5	25.1
음식점·숙박업	39.4	70.4	23.3	47.4
의료·복지		35.7		29
교육·학습지원업		9.2		8.1
서비스업(그 외 분류되지 않은 업종)		27.6		23.4

주: 「임금노동시간제도 등 종합 조사 결과」와 「취로 조건 종합 조사」에 기초해 저자가 작성함.
자료: 노동성, 「임금노동시간제도 등 종합 조사 결과」와 후생노동성 「취로 조건 종합 조사」

포함된 기업의 비율은 31.3%였으며, 직원 1000명 이상의 대기업에서 그 비율
은 60.2%였다. 그리고 2005년에는 소정 근로에 야간근로가 포함된 기업의
비율이 32.1%(교대 근로가 있는 곳 22.7%)였으며, 직원 1000명 이상의 대기업에

서 그 비율은 62.5%(교대 근로가 있는 곳 51.2%)에 달했다. 2006년 이후에는 심야 노동에 관한 동일한 통계는 조사하지 않는다(〈표 4-1〉).

인간에게는 거의 하루를 주기로 하는 체내 리듬(서카디안 리듬 = 일과주기 리듬)이 존재한다. 낮에는 신체 활동을 활발하게 하고 밤에는 활동을 억제하는 자율적 기능을 갖춘 것이다. 심야 노동·교대제 불규칙 노동은 태고의 시작으로부터 인류를 지탱해왔던 조정 기능을 교란시키고, 심신의 밸런스를 파괴할 위험성이 있다.

그중에서도 수면 장애는 우울증 발병의 중요 원인 중 하나이다. 과로 자살로 사망한 사람들을 보면, 심야까지의 근무를 오랜 기간 지속하고 수면 부족으로 고통 받았던 사례가 대다수이다. 교대 근로 공장에서 일하며 수면 부족으로 고통 받다 자살했던 노동자 사례도 상당수에 이른다.

4) 36협정의 한계

일본의 노동 법제는 원칙적으로 1일 8시간, 주 40시간 노동을 한도로 정하고 있다. 기업이 그보다 더 많은 노동을 시키려면 미리 노기법 제36조에 의거한 노사 협정(36협정)을 체결해 노기서에 제출하고, 연장근로에 대해서는 할증임금을 지불하는 구조이다. 2008년 노기법 개정에 따라, 2010년부터 월 60시간을 초과한 시간 외 노동의 법정 할증 임금률이 25%에서 50%로 인상되었다.

하지만 이와 같은 할증률 인상은 시간 외 노동의 감소에 영향을 미치지 않았다. 그 큰 이유는 애당초 월 60시간 전후의 시간 외 노동의 대부분이 무보수 연장근로인 경우라서 기업은 할증률에 상관없이 시간 외 노동 임금을 지불하지 않기 때문이다.

36협정 자체에도 커다란 한계가 있다. 후생노동성은 한도 기준 고시(1998년 노동성 고시)에 따라 36협정에서 정할 수 있는 시간 외 노동의 연장 한도를 월 45시간, 1년 360시간으로 규정했지만, '특별한 사정'이 있을 경우 이 한도를 넘은 시간 외 노동의 협정도 허용하고 있다. 참고로 이 고시는 건설업 등에는 '적용 제외'여서, 이들 '적용 제외' 일터에서는 시간 외 노동이 완전 방치되고 있는 상태이다.

이처럼 장시간 노동이 겹겹으로 합법화된 결과, 제1장 제1절 사례처럼 무지막지한 장시간 노동이 출현하고 있다.

5) 재량 근로제 도입의 위험성

또한 '재량 근로제, 간주 근로 시간제' 도입에 따라 노동시간의 배분을 노동자 '스스로가 결정하는' 직종이 늘어나고 있다. 이들 직종의 시간 외 노동은 법률의 규제를 받지 않는다.

이 제도는 일부 직종(편집자, 감독, 기획 개발직 등)에 도입이 허가되었는데, 이들 직종의 노동자가 실제로 일한 시간 수와 상관없이 일정 노동시간을 일했다고 간주하는 것이나 다름없다. 1997년 7월 한 인기 주간지의 젊은 편집자가 과로로 사망했다. 그는 연일 새벽 두세 시까지 일했고 한 달에 50시간을 훨씬 넘게 초과근무했어도, 재량 노동, 간주 근로 시간제에 따라 월 50시간 초과근무를 한 것으로 간주되었다.

일본 재계는 이 재량 근로, 간주 근로시간제를 화이트칼라 전반에 적용하겠다는 생각으로, 이른바 '화이트칼라 면제(White Color Exemption)'의 법제 도입을 꾀하고 있다. 그리고 그 선전 문구로, 노동 달성 기준 평가를 '시간'으로 하지 않고 '성과'로 하는 시대가 되었음을 내세우고 있다. 현행 제도에서는 같은 성과를 놓고 볼 때 일을 못하는 사람일수록 노동시간이 길고 그에 따라 임금을 많이 받아가기 때문에 불공평하다는 '논리'를 펴고 있다.

그러나 이들 주장은 사실을 오도하고 논리에도 맞지 않는다.

실제로 일본 일터에서는 지금까지도 노동자의 '성과'를 평가해왔으며, 그 평가는 승급, 승격, 보너스 심사 등에 구체적으로 적용되어왔다. '화이트칼라 면제' 도입의 목적은 '시간'에서 '성과'라는 명목으로 전환해, '성과'를 올리기 위해 '시간'을 무제한 쓰는 노동을 요구하겠다는 심산이다. 이는 노동자의 노동을 제한 없이 장시간 쓰고 또한 무보수 연장 근무를 합법화하는 시스템으로, 이익 추구 측면에서만 보자면 일석이조의 작전처럼 보인다. 그러나 노동자에게는 '성과' 달성을 위해 몸이 망가지고 정신이 황폐해지는 것을 의미한다. '화이트칼라 면제'를 일찍부터 도입한 미국에서는 최근 그 적용 범위를 축소하는 등 오히려 연장 근무 규제를 강화하고 있다(≪週刊東洋経済≫ 2014. 5. 24). 일하는 사람의 피로가 한층 확대되는 것이 과연 일본 기업의 장래에 무엇을 초래할 것인가, 이를 재량 노동시간제 추진론자에게 묻고 싶다.

6) 남녀 공통의 노동시간 규제

1990년대 후반 소위 '여성 보호 규정'이 철폐되었다. 이 '개정'의 대의명분은 여성에게도 노동의 폭넓은 기회를 주자는 것이었다. 하지만 실제로는 여성도 남성과 마찬가지로 장시간, 심야 노동을 하게 함으로써 성별 제한 없는 과중한 노동이 확산되는 결과를 낳았다. 제1장 제3절에 소개한 여성의 과로 자살은 2001년 이러한 배경에서 발생했다.

지금 일터에서는 노동시간 규제 완화가 아니라 유효한 규제가 필요하다.

따라서 우선 시간 외 노동, 휴일 근로, 야간근로에서 남녀 공통의 절대적 규제를 법률로 정해야 한다. 절대적 규제란 노사 협정이나 노동계약으로도 넘을 수 없는 한계를 법률로 정하는 것이다. 시간 외 노동, 휴일 근로, 야간근로를 낳는 원인은 일본 사회의 조직적, 구조적 요인에서 비롯된다. 따라서 사회 정책으로 반드시 노동시간 규제가 필요하다.

7) 인터벌 규제 도입을

일본에서의 규제를 고려하기 전에 참고로 EU의 '노동시간 편성 지침'(1993년)을 살펴보자. 이 지침은 EU 이사회에서 채택되었고, 가맹국은 반드시 국내법에 도입해야 하며 노동시간 편성 시 이 지침을 최저 기준으로 해야 한다.

이 지침에서는 '근무시간 인터벌 규제'를 정하고 '24시간 중 최소한 연속해서 11시간의 휴식 시간'을 의무화하고 있다. 예를 들어 밤 11시까지 연장 근무를 하면 다음 날은 오전 10시까지 쉬어야 한다. 설령 정시 업무 시작 시간이 9시일지라도 정시에 출근하지 않아도 되며 임금도 삭감되지 않는다. 이 같은 인터벌 규제 도입은 휴식과 수면 시간을 확보하고 노동자의 건강을 지키는 아주 효과적인 방법이다.

1945년 2차대전이 끝난 후에도 일본은 ILO(국제노동기구)의 노동시간 규제에 관한 조약을 비준하지 않고 국제적 노동 규제를 받아들이지도 않으며 장시간 노동 체제를 정착시켰다. 21세기가 된 지금, 이러한 자세를 전환해 EU 각국의 교훈을 배워 인간 이성에 바탕을 둔 노동 방식의 규제를 실현해야 할 것이다.

8) 공무원의 일터 개선을

민간 노동자만이 아니라 공무원 일터에서도 시간의 여유가 없다.

「중앙행정에서 일하는 국가공무원의 제21회 연장 근무 실태 설문 조사 결과에 대해」[도쿄 가스미가세키(霞が関) 국가공무원 노동조합 공투회의, 2013년 9월]는 2012년 1~12월의 연장 근무 실태를 다음과 같이 보고했다.

2012년 월평균 연장 근무시간은 34.6시간으로 월평균 연장 근무시간이 80시간 이상인 사람이 7.9%, 100시간 이상인 사람이 4.0%였다.

국가공무원의 경우에는 법정 외 노동시간을 노사 간에 협정할 권리가 없기 때문에 연장 근무가 무제한이 될 가능성이 있다. 인사원은 연장 근무 실태를 개선하기 위해 연장 근무 상한을 연간 360시간(월평균 30시간)을 목표로 해 지침을 정했다. 그러나 이 목표 시간을 넘어 연장 근무 하는 사람이 절반에 가까운 42.4%에 이른다.

연장 근무의 요인으로는 "업무량이 많기 때문에(정원 부족)"가 56.9%로 가장 많고, 이어서 국가공무원 특유의 "국회 대기로"가 26.9%, "인원 배치가 부적절해서"가 26.8%였다.

업무량에 맞게 직원이 충분히 배치되지 않는 점이 도쿄 가스미가세키에 있는 정부 기관의 장시간 노동의 커다란 요인이며, "국회 대기"도 중요한 문제이다. 국회 개회 중에는 국회에서의 질의 등 때문에 다수의 담당 직원이 장시간 실무를 처리해야 한다. 국회에서는 바로 전날에야 질문을 통고하는 경우가 일반적이다. 이 설문 조사 결과에서는 "질문을 조기 통고"해 사태를 개선하자는 의견이 많았다. 본래 여야당 합의 사항으로 "전전날 정오까지 질문 등을 통고"하는 것이 "질문 통고 규칙의 원칙"이다. 설문 조사를 실시한 노동조합은

이 규칙의 원칙을 철저하게 지키는 것이 시급하다고 지적했다.

그리고 이 조합에서는 인사원의 지침대로 연장 근무가 연간 360시간(월 30시간)이 되려면, 새로 897명의 직원을 더 고용해야 한다는 계산 결과를 제시했다. 국가공무원의 일터에서는 업무량 감소와 인원 증가 양 측면에서 구체적인 개선책을 마련하고 실시해야 한다. 공무원 수를 늘려야 한다는 주장을 절대적으로 금기시하는 현상은 정상이 아니다. 쓸데없는 행정을 줄이는 것과 필요한 인원을 확보하는 것 모두 중요하다.

또 공무원의 노동에 관한 의식 개혁은 공무원 편에서도 국민 편에서도 필요하다.

일본 국민의 의식 속에는 공무원은 곧 전체의 봉사자라는 관념이 박혀 있어서 공무원이 밤늦게까지 일하는 것은 당연하다는 사고방식이 있다. 물론 국민을 위해 성실하게 직무를 수행하라고 요구하는 것은 당연하다. 하지만 공무원이 건강이나 문화생활을 잃어가면서까지 국민을 위해 전력을 다해야 한다는 것은 이상하다.

또 공무원 자신도 사회적으로 의미 있는 일을 하는 것이니 과도하게 일해도 할 수 없다는 의식이 있다면 그러한 미덕은 재고해야 한다. 민관 불문하고, 사회적으로 의미 있는 일인지 아닌지 구별하는 것은 곤란하다. 민간의 업무는 이윤을 추구하는 일이고 공무는 의미 있는 일이라는 식의 구분은 한 쪽으로 편중된 시각이다. 건강하고 여유 있는 노동은 민간이나 공공을 불문하고 모든 사람들의 공통된 권리이며 공통된 바람이어야 한다.

2. 일터에서 마음의 여유를

1) '노력'의 한계

과로 자살에 이른 사람들 중에는 부과된 업무 목표를 달성할 수 없는 상황에 몰리는 경우가 많다. 이 때 그 장애가 되는 벽이 개인의 노력만으로는 넘을 수 없는 것이라면, 회사는 인력 확충과 비용 증대, 또는 납기 연장 등 계획을 재검토해야 했다. 그러나 특히 버블경제 붕괴 후 일본의 일터에서는 비용 절감을 추구하고 오로지 개인의 '노력'에 기대어 문제를 해결하는 것이 당연시되고 있다. 그 결과 노동자는 더욱 과중한 노동에 빠져들거나, 상황을 개선할 방법을 찾지 못하고 고투하는 악순환에 빠져들고 정신적 스트레스가 한층 증폭된다.

그러다가 자살자가 나오면 주위 사람들은 "혼자서 그렇게까지 고민하고 일을 떠안지 않아도 (되었을 것을……)"이라고들 한다. 또 "실패 좀 하면 어때서, 일보다 자기 자신이 더 중요하지 않나?" 하는 말도 한다. 그런데 분명히 해야 할 것은 일본 기업의 노무 정책은 노동자의 끝없는 '노력'을 직간접적으로 강제하는 것을 근간으로 해왔다는 것이다.

2) '목에 칼이 들어와도 놓지 마라'

대기업 광고사 덴쓰의 입사 2년 차 청년 오시마 이치로 씨가 '상식을 벗어난 장시간 노동'의 결과 과로 자살로 사망한 사건(『과로 자살』 초판 제1장 제3절 참조)에 대해, 대법원은 2000년 3월 24일 판결에서 회사 측에 전면적인 손해배상

책임이 있다고 인정했다. 판결 후 파기 환송심(도쿄 고등법원)에서 소송상의 화해가 성립되어, 덴쓰 측이 유족에게 사죄와 더불어 많은 금액의 배상금을 지급하고 종료되었다.

덴쓰는 '귀신 10칙'이라고 부르는 유명한 10개 항목의 행동 규범을 두고 오랜 시간 동안 사원 교육의 중심으로 삼았다. 이를 신봉하던 사람이 영어로 번역해 해외에까지 소개된 적도 있다. 이 '귀신 10칙'의 제5조에 '일단 붙잡았으면 '놓지 마라.' 목에 칼이 들어와도 놓지 마라. 목적을 완수할 때까지는'이라는 문구가 있다. 나는 유족 대리인으로서 이 점에 대해서 대법원 법정에서 다음과 같이 변론했다.

목적 완수까지 목숨을 잃을지언정 업무를 수행하라는 회사 업무명령에 따라서, 이치로 씨는 막대한 업무량을 어떻게든 버텨가며 완수하려고 과중한 노동을 이어나갔습니다.

덴쓰는 전에 대법원에 제출한 서면에서, 이 '귀신 10칙'은 "훈화로 배포된 이래 사원의 행동 규범으로 자리 잡았지만, 지금까지 강제력을 가지고 운용되었던 적은 없습니다" "일종의 정신 훈화 혹은 마음가짐을 기술했을 뿐입니다"라고 변명했습니다.

'목에 칼이 들어와도 놓지 마라'는 물론 하나의 비유일 것입니다. 문자 그대로 강제했다면 살인죄든가 그 공범이 됩니다. 나는 이를 주장하는 것이 아닙니다. 문제는 바로 이러한 정신주의를 행동 규범으로 자리 잡게 하고 업무상의 마음가짐을 말해왔던 덴쓰, 이치로 씨가 사망하자 업무가 많으면 쉬어도 됐다, 컨디션이 나쁘면 쉴 수 있었다, 쉬지 않은 본인에게 책임이 있다고 주장하는 것입니다. 이러한 회사의 태도가 허용되어서야 되겠습니까?

3) 실패가 허용되는 일터를

목숨을 희생시켜서라도 업무를 완수하라는 과격한 표현으로 사원에게 목
적달성을 촉구하는 노무관리는 장래성 있는 청년의 목숨을 빼앗는 것이 될
수도 있다. 그런데도 제1장 제3절의 사례에서 기술했던 것처럼, 다른 회사의
지점장마저 일부러 '귀신 10칙'을 복사해 부하에게 배포해 노무관리하고
2001년에 젊은 여성을 죽음에 이르게 했다.

이렇게 과도하게 정신주의를 강조하는 사풍은 일본 기업에 아직까지도 이
어지고 있다.

일본의 많은 일터에서 '포기'란 허용되지 않는다. 이러한 일터 분위기에서
는 영원히 과로 자살이 이어질 것이다.

일터에서 마음의 여유를 가지려면 인원이나 예산, 또 납기 측면에서 충분한
여유가 필요하다. 더불어 한 사람이 실패해도 동료나 상사가 도울 수 있는 체
제를 만들고, 실패가 허용되는 일터의 분위기를 만드는 것이 중요하다.

4) 의리에 연연하지 않는 것이 중요하다

일본의 노동자가 죽을 만큼 일에 빠져드는 한 가지 원인으로 동료와 상사,
거래처 등에 대한 지나친 배려가 거론된다. '오늘 내가 쉬면 동료 ○○에게
부담을 주겠지' '이 업무를 하지 못하면 신세지던 상사 ○○ 씨에게 면목이
없다' '이 계약이 성사되지 않으면 거래처 ○○ 씨에게 피해를 준다'고 생각하
고, 컨디션이 나빠도 무리를 한다.

이러한 심정은 일을 쉬면 자기에 대한 사내 평가가 떨어진다는 이기적 측면

이나 자신의 업무를 완수하고 싶다는 자기 신념과도 다르다. 이는 타인과의 인간관계를 배려하는 인간적인 마음으로부터 생겨난 것이다. 이렇게 타인을 배려하는 심정 그 자체는 회사생활의 중요 요소이며, 이 팀워크는 일본 경제의 발전을 지탱한 원천이 되었다.

그러나 종종 타인 배려는 노동자가 휴식을 취해야 할 때조차 업무로 몰아넣는 동기가 되고 있다. 과로사로 사망한 사례를 조사해보면, 이날 무리하지 않고 쉬었더라면 죽지 않았을지도 모를 텐데 하는 애석한 사례가 많다. 그래서 나는 "과로사하지 않는 방법은?"이라는 질문을 받을 때면 "의리에 연연하지 말라"고 권하고 있다. 마음이 괴롭더라도 '의리에 연연하지 않겠다'는 생각 없이는 과로사를 방지할 수 없는 것이 일본 일터의 현실이다.

이렇게 말하면 문제를 개인 마음가짐으로 돌리고 일터의 노무관리 체계가 가진 모순을 방치하는 것으로 이어진다는 비판을 받을 것이다. 이러한 의견에 대해서는 다음의 두 가지로 답변한다.

하나는 인간의 생명과 건강은 의리를 지키는 것보다 훨씬 존엄한 가치가 있다는 점이다. 사실 이러한 가치관은 일본에는 사회적 공통 인식으로 형성되어 있지 않다. 감기에 걸려도 다른 사람을 위해서 업무를 해야 높이 평가받는 풍조가 기업 내부만이 아니라 사회 전체에 뿌리 깊게 남아 있다. 말로는 "생명과 건강만큼 존엄한 것은 없다"고 누구나 이야기하지만, 실제 현실에서 건강을 먼저 챙기면 '이기주의자'라고 비판 받는 경우가 많다. '의리에 연연하지 않는 것'은 이러한 사회의식을 변화시키는 중요한 실천이다.

또 하나는 '의리에 연연하지 않는다'는 행동을 통해서 일터의 모순을 드러내고 일터 개혁의 계기로 삼을 수 있다. 한 사람이 중요한 시점에 결근하면서 생기는 일터의 혼란은 피해를 입은 측으로부터 일시적 반감을 불러일으킬 수도 있다. 그러나 결근의 이유를 분명히 밝히고 휴식의 중요함과 긴급성을 설명함으로써 얼마나 인력과 시간 여유가 없는 환경에서 일을 하고 있는지 드러낼 수 있다. 이를 통해 한층 여유 있는 일터, 말하자면 '의리에 연연하지 않는 쿨한 일터'를 만드는 단계로 갈 수 있을 것이다.

5) 일자리를 잃어도 살아갈 수 있는 사회 안전망

버블경제 붕괴 후 구조 조정이 계속되는 일터에서 많은 노동자들이 해고의 불안을 안고 근무를 이어가고 있다.

실업률은 1998년부터 2013년까지 거의 4~5% 사이를 오가고 있으며 중고령 노동자만이 아니라 청년 고용 상황도 여전히 어렵다. 1997년에 야마이치(山一) 증권을 비롯해 대기업들이 줄줄이 도산했고 그 후 기업의 규모, 업종, 남녀노소 불문하고 누구나 일터에서 쫓겨나는 시대가 되었다. 안전지대가 없어졌다.

구조 조정에 의한 중고령 노동자의 해고는 일본 종신 고용제가 붕괴되기 시작했음을 뜻한다. 하지만 이는 노동자의 기업 종속을 약화시킨 것이 아니라 오히려 그 반대로 기업 종속을 더욱 강화하고 있다. 노동자 스스로 구조 조정 해고의 대상이 되지 않으려 이전보다 기업에 더욱 충성하는 것이 대다수 노동자의 현 상황이 아닐까 싶다.

버블경제기 한 때에는 20, 30대 노동자들이 다니던 회사가 싫으면 자기 삶을 더 우선시하며 이직하는 경향도 있었다. 그러나 고용 상황이 어려워지고부터는 이와 같은 여유가 사라졌다. "데이트보다 연장근로가 우선이다"고 응답하는 신입 사원이 늘어난 것이 그 단적인 예이다. 공익 재단법인 일본 생산성 본부와 일반 사단법인 일본 경제청년협의회가 매년 신입 사원을 대상으로 한

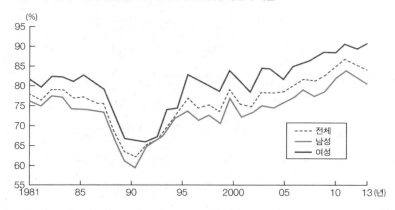

〈그림 4-5〉 데이트보다 연장근로를 우선한다는 신입 사원의 비율

자료: 공익 재단법인 일본생산성 본부, 일반 사단법인 일본 경제청년협의회 발표, 「일에 관한 의식」 조사 결과.

'일에 관한 의식' 조사에 따르면 '데이트 약속이 있을 때 연장근로 하라는 명령을 받으면 당신은 어떻게 하겠습니까?'라는 질문에, '데이트를 포기하고 일하겠다'고 대답한 비율이 〈그림 4-5〉에 잘 나타나 있다. 1981년부터 1988년까지는 70%대였는데 1989년부터 60%대가 되고 1991년에는 62.3%까지 내려갔다. 그러나 그 후 증가 경향으로 돌아서 1994년 이후는 다시 70%대로 올라가고 2006년 이후는 80%로 높아졌다. 2013년 여성의 경우는 90%대까지 높아졌다. 이 추이는 경제 고용 상황이 어려워짐에 따라 청년 노동자의 회사 종속 정도가 심해지고 있음을 보여준다.

기업에 대한 이러한 노동자의 정신적 종속은 과중한 노동을 낳고 정신적 스트레스를 증대시키고 나아가 과로 자살의 원천이 되고 있다. 어떤 의미에서는 일자리를 잃는 것보다 일자리를 잃지 않으려고 필사적으로 기업에 매달리는 것이 더 고통스럽다. 그리하여 극도의 심신 피로가 노동자의 건강을 좀먹고 결국에는 죽음으로 몰리는 것이다.

과로 자살에 이른 사례를 조사하다 보면 '회사에 남으려고 이렇게 무리할 필요가 있을까?'라는 생각이 든다. 일본의 실업률이 높아졌다고는 하나 다른 나라에 비하면 아직 나은 편이다. 일본의 경우는 실업자 수나 실업률 자체보다 실업 증대로 인해 노동자의 마음에 생겨난 공포심이 더욱 심각하다고 할 수 있다.

이처럼 일본 노동자가 실업을 두려워하는 배경에는 실업 이후의 경제적 어려움이 자리하고 있다. 실업 보험 제도를 통해 어느 정도 생활 보장이 된다고 해도, 빚이 있는 경우에 실업은 곧 자기 파산으로 이어질 수도 있다. 또 고령자는 지금의 연금제도로 안정적 노후를 보낼 수 없다. 지금은 일터에 남은 자와 떠나는 자의 경제적 격차를 더욱 줄이고 공공 기관이 나서서 직업훈련 제도를 충실히 하는 등, 실업자가 거리를 방황하지 않도록 사회 시스템을 튼튼하게 만드는 것이 매우 시급하다. 경쟁 사회에서는 사회 안전망을 충실히 하는 것이 필수적이라는 논의가 일본에서도 오래 전부터 있었다. 사회 안전망은 일하는 사람들의 마음을 여유롭게 해준다는 의미에서도 전체 노동자를 위해 꼭 필요하다.

사람들이 실업을 두려워하는 배경에는 실업자를 보는 사회의 시선도 있다. 일본에서는 실업자는 곧 인생의 낙오자라는 이미지가 따라붙고, 사람들의 시선이 굉장히 따갑다. 일정한 직업이 없는 동안은 이웃 주민의 시선에 신경 쓰며 생활해야 한다. 실업자가 정신적 측면에서 더욱 여유로울 수 있는 사회 환경을 만들어가는 것이 일본에서는 필요하다.

제2장 제5절에서 기술한 대로, 제2차 세계대전 후 일본의 자살률은 실업률 변화와 연동해 변해왔다. 이 같은 상관관계가 일어나는 것은 단순히 실업자의 생활고 때문만이 아니라 실업률 상승이 노동자 전체에게 심리적 압박을 주기

때문이다. 앞으로도 일본 고용 상황을 낙관할 수 없는 만큼 실업 문제가 노동자에게 주는 악영향을 가능한 줄이기 위한 사회적 노력이 중요하다.

6) 과중한 노동이 지구촌으로 확산되지 않도록

지금까지 과로 자살을 없애기 위해 '실패가 허용되는 일터' '의리에 연연하지 않는 일터' '일자리를 잃어도 살 수 있는 사회'가 중요하다고 말해왔다.

이에 대해 "그렇게 안이한 사고방식으로는 치열한 국제 경쟁 시대에 살아남기 어렵지 않겠냐"고 반론하는 사람이 있을 것이다. 그러나 거꾸로 나는 바로 글로벌 경제 시대이기 때문에 과로 자살이 발생하는 이상한 일터와 사회는 반드시 개선되어야 한다고 생각한다.

경제의 글로벌화는 인간 이성에 바탕을 두고 적절하게 조절해야 한다. 그렇지 않으면 제동장치가 없는 살벌한 국제 규모의 경쟁을 맞이할 것이다. 과중한 노동이 지구촌으로 퍼져나가 과로사와 과로 자살이 세계에 확산될지도 모른다. 실제로 21세기에 들어서면서 동아시아 한국에서 자살자 숫자가 늘어나고, 중국에서도 노동자 자살이 줄을 잇고 있다.

그렇기 때문에 지금도 세계 유수의 경제 대국인 일본에서 노동자의 목숨과 건강을 위협하는 노동조건이 근절되지 않는다면, 일본뿐 아니라 세계의 일터에 커다란 악영향을 초래할 것이다. 그리고 그 악영향은 일본에 부메랑으로 돌아와 더더욱 일본 노동자의 목을 조를 것이다.

거꾸로 일본에서 여유 있는 일터 실현을 위한 노력은 국제적으로도 크게 환영받고 장기적으로는 세계 각국 노동조건의 개선에 공헌할 것이다.

3. 적절한 의학적 지원과 치료를

1) 왜 정신과 치료를 받지 않았을까?

제1장과 제2장에서 서술했던 것처럼, 많은 과로 자살자는 자살 당시 우울증 등 정신 질환에 걸려 있었고, 자살 기도는 그 발현의 결과로 추측할 수 있다. 그러나 다른 한편으로 과로사 110번에 접수된 자살 상담 사례(도쿄 창구)를 살펴보면 자살 전에 정신과(심료내과 포함)에서 진료를 받았던 사례는 약 22% 밖에 되지 않는다. 요컨대 정신과 의사에 의한 의학적 치료를 받지 않은 채 죽음에 이르렀던 사례가 많다.

정신과 의사 야마시타 이타루(山下格, 홋카이도대학 명예교수) 씨는 "여러 보고에 의하면 종합병원 내과 초진 환자의 5% 전후는 우울증이지만, 그 다수는 ① 가벼운 신체 질환, ② 어디도 나쁜 곳이 없는 신경증, ③ 이른바 게으름병이라고 오진된다"고 지적했다. 그 이유로 "(우울증 환자는) 대단히 흔하게 신체적 증상을 호소하며 일반 진료 의사를 찾고, 자기 입으로 정신적 고통을 말하지 않으며 일견 건강한 듯한 표정과 태도를 보이기 때문에 문제를 찾아내기 어렵다. 그로 인해 적절한 진찰을 받지 못하고, 주로 호소했던 신체적 문제에 대한 검사만 하는 것이 오진으로 이어지기 쉽다"고 설명했다. 따라서 "최근에도 정신과 진료를 받은 우울증 환자의 다수가 이미 몇 군데의 병원을 전전하고, 때로는 장기간 입원해 정밀 검사를 받는 것이 현실이다. 그러한 잘못을 방지하기 위해서 의료 관계자는 물론 복지 관계자, 본인·가족도 우울증에 대해서 필요한 지식을 갖는 것이 바람직하다"고 지적했다(山下格, 2010).

〈표 4-2〉 자살 예방 10개항

다음과 같은 증후가 다수 나타나면 자살 위험성이 있습니다. 조기 단계
에 전문가에게 진료를 받도록 해주십시오.

1. 우울증 증상에 신경을 쓴다.

2. 원인 불명의 신체적 컨디션 악화가 지속된다.

3. 음주량이 늘어난다.

4. 안전이나 건강을 유지할 수 없다.

5. 업무의 부담이 갑자기 늘어난다, 커다란 실수를 한다, 일자리를 잃는다.

6. 일터와 가정에서 도움을 못 받는다.

7. 본인에게 가치 있는 것을 잃는다

8. 중증의 신체 질환에 걸린다.

9. 자살을 입에 담는다.

10. 자살 미수에 이른다.

자료: 후생노동성, 「직장에서의 자살 예방과 대응」

2) 일터에서의 자살 예방 매뉴얼

후생노동성은 자살 예방의 관점에서 그에 필요한 지식을 보급하기 위해
2001년 12월에 「일터에서의 자살 예방과 대응」(후생노동성 편저, 중앙노동재해
방지협회)이라는 매뉴얼을 공표하고, 그 후 개정과 보완을 계속하고 있다(이하
인용문은 2007년 10월 개정판에 의함). 이 위원회는 정신과 의사 다카하시 요시토
모(당시 방위의과대학 교수, 현재 쓰쿠바대학 교수) 등의 전문가들로 구성되어 있다.

이 매뉴얼에는 '자살 예방 10개 항목'을 〈표 4-2〉처럼 제시하고 "다음과 같
은 증후가 나타날 경우에는 자살 위험성이 있으므로, 조기 단계에 진료를 받도

<표 4-3> 우울증 증상

[본인이 느끼는 증상]

우울하다. 기분이 무겁다. 기분이 가라앉는다. 슬프다. 조바심이 든다. 기운이 없다. 잠을 잘 수 없다. 집중할 수 없다. 좋아하던 것에 흥미를 잃는다. 사소한 일에 걱정한다. 중요한 것을 뒤로 미룬다. 부정적으로 생각한다. 결단을 못 내린다. 나쁜 짓을 한 것처럼 스스로를 책망한다. 죽고 싶어진다.

[주위에서 볼 수 있는 증상]

표정이 어둡다. 자주 운다. 반응이 느리다. 조바심을 낸다. 음주량이 늘어난다.

[신체에 나타나는 증상]

식욕이 없다. 변비가 자주 생긴다. 몸이 나른하다. 피로하기 쉽다. 성욕이 없다. 두통. 심장이 두근거린다. 위의 불쾌감. 현기증. 목이 마른다.

자료: 후생노동성, 「직장에서의 자살 예방과 대응」

록 해주십시오"라고 되어 있다.

이 10개항의 1번 항목에 언급된 '우울증 증상'은 〈표 4-3〉과 같다.

10개항 중 4번 항목 "안전이나 건강을 유지할 수 없다"에 대한 설명으로, "자살은 돌연 아무런 전조도 없이 일어나는 것이 아니라 그에 앞서 안전이나 건강을 지킬 수 없는 행동의 변화가 자주 일어난다'고 기재되어 있다. 성실한 회사원이 아무런 연락도 없이 실종되는 것 같은 행동 변화가 자살 전에 일어나는 경우가 흔하고, '우울증에 걸린 사람의 실종은 자살의 대리행위로 보아도 좋으며, 본인의 안전 확보에 전력을 다하고 아울러 정신과 의사의 진료를 받도록 해주십시오"라고 기술하고 있다.

제1장 제1절에 소개한 공사 감독자의 경우, 38일에 걸쳐 연속 근무한 후에 무단결근했다. 당시 회사가 자살 예방 관점에서 필요한 배려를 했다고 보기는 어렵다.

또한 다른 전기 관련 기술자 사례에서도 기술자가 야간근로 다음 날 돌연 실종되어 1년 이상 지난 후 후지산 숲속에서 유해로 발견되었는데, 회사는 그가 실종되고 잠시 후 징계 해고했다. 유해가 발견된 후 유족이 노재 신청을 했고, 노기서가 장시간 노동 등을 이유로 노재로 인정했다. 결국 회사는 징계 해고를 철회하고 통상의 사망 퇴직 처리를 했다. 실종 전의 과중한 노동 상황 등을 고려했더라면 과로 자살의 가능성을 충분히 상정할 수 있었기 때문에 안이하게 무단결근 → 해고라는 처리가 아니라 좀 더 다른 대응을 검토했어야 한다고 생각한다.

5항목의 "업무 부담이 갑자기 늘어난다, 중대한 실수를 저지른다, 일자리를 잃는다"에 대한 설명에는 "장시간 노동을 하면 할수록 과로사와 과로 자살의 위험성이 높아진다" "기업은 직원의 심신이 황폐해지지 않도록 노동조건을 갖추면서, 불행히도 발병하면 조기에 적절한 처치를 하도록 노력해야 한다"고 지적하고 있다. 또한 "(업무상) 커다란 실패를 했거나 일자리를 잃었거나 하는 상황에 부딪히면 스스로의 존재 가치를 잃고, 급격하게 자살 위험이 높아진다" 등이 기술되어 있다.

이 매뉴얼을 경영자와 관리자가 읽고 그 내용을 제대로 실천한다면, 이 책의 제1장에 소개했던 불행한 사건들이 발생하지 않았을 가능성이 높다. 또한 노동국과 노기서가 이 매뉴얼에 따라 소관 사업장을 지도·감독했더라면 그동안의 희생은 한층 줄어들었을 것이다.

게다가 의사를 비롯하여 모든 관계자가 이러한 매뉴얼의 내용을 이해했더라면 노동자, 환자의 생명을 좀 더 구할 수 있지 않았을까?

　과로 자살과 더불어 업무상 원인에 의한 정신 질환을 없애기 위해서 관계자들이 한층 노력을 기울여야 한다.

4. 학교교육에 바라는 기대

1) 기업의 실상을 알리는 것이 중요하다

　많은 전도유망한 청년이 과로 자살이나 과로사로 사망하는 것을 볼 때마다, 나는 기업에 대한 의심과 경계심을 갖고 입사하는 것이 중요하다고 통감한다.

　다음의 글은 대학을 졸업하고 손해보험 회사에 취직한 지 얼마 후, 25세의 젊은 나이로 돌연사한 청년이 생전에 어머니에게 말했던 내용이다.

　출퇴근 타임카드도 없고 그동안 해왔던 연장 근무는 월급 마감 바로 전날에 본인이 써서 제출. 그것도 한 달 30시간까지만. 아무리 더 많이 했어도 나머지는 무보수 연장근로. 토요일도 오전 근무. 오랜만의 휴일에도 지사장이 혼자 출근해 때때로 불러내. 회사의 입사 전 설명회 때와는 전혀 달라.

　(중략) 어머니는 내 마음을 이해 못할 거야. 아무리 열심히 해도 다음에 또 어김없이 그 이상을 요구해. 지쳤어.

　(중략) 손해보험 회사 전체 업계에서 니치도화재(日動火災)는 6위이지만 가나가와(神奈川) 지점만큼은 1위야. 도쿄해상화재를 이겨야 해. 지면 안 돼.

이것이 슬로건이야. 여하튼 우리 회사는 이상해. 너무 힘들어. 어머니에게는
내 얼굴을 보여줄 수가 없어. 다크서클이 너무 심해. 지쳤어. 정말 푹 자고 싶어
(全國過勞死を考える家族の会編, 1991).

가족에게 "회사의 입사 전 설명회 때와는 전혀 다르다"고 한 말에서도 알
수 있듯, 죽은 청년은 회사에 들어와서야 비로소 실상을 알고 놀랐으며, 그러
한 현실에 괴로워하며 일을 했다.

물론 기업이 채용 과정에서 거짓말을 하는 것은 용납할 수 없다. 그러나
죽은 청년에게는 잔혹한 말일지도 모르지만, 일본 기업이 실상을 말하지 않는
다는 것은 어떤 면에서는 상식이다. 그가 입사한 1980년대 후반, 무보수 연장
근무, 장시간 노동이 다반사라는 것은 손해보험 업계를 조금이라도 아는 사람
들에게는 일반적인 상식이었다. 만약 청년이 이러한 실상에 대해 예비 지식을
갖추고 마음의 준비를 갖추고 입사했더라면 어쩌면 슬픈 죽음을 맞이하지 않
았을지도 모른다. 더구나 그는 대학에서 손해보험 스터디 모임에 소속되어
있었다. 대학 재학 중에 손해보험 회사의 노동 실태에 관해서도 공부했더라면
하는 안타까운 마음이 든다.

일본 학교교육에서는 기업의 실상을 학생들에게 정확하게 전달하는 경우
가 거의 없다. 대학 법학부, 경제학부, 상학부에서는 법률 지식이나 경제 지식
은 가르치지만 기업 내부의 어두운 실상은 거의 가르치지 않는다. 중학교, 고
등학교 단계에서도 기업의 어두운 부분은 그다지 가르치지 않는다. 학생들의
취업 인기 랭킹 상위에 단골로 오르는 곳들 중에서는 과로사, 과로 자살이 발
생하는 기업들이 많다. 그곳의 속사정은 학생들에게 거의 알려지지 않는 것이 현실
이다.

기업의 자기선전을 거르지 않고 그대로 학생들에게 전달하는 중학교, 고등학교, 대학은 교육기관으로서 실격이다. 교육 관계자는 수업이나 교과서를 통해 기업의 생생한 현실을 젊은 세대에게 전달하려는 노력을 해야 하지 않을까?

나는 과거 자동차 운전 학원에서 처음으로 시내 도로 연수를 했을 때, 불법 주차가 많은 것에 놀라 운전을 못하겠다고 해서 교관에게 호되게 혼난 적이 있다. 학원 안에서 가르쳐준 주차 규정은 실제로는 거의 지켜지지 않았다. 그때 불법 주차한 차를 요리조리 잘 피하면서 운전하는 것이 바로 기술이라는 것을 알았다. 일본 기업에서 처음 일을 시작하는 것은 자동차를 끌고 시내 운전하러 나가는 것과 아주 닮았다고 생각한다. 미리 불법이 존재한다는 것을 인식하고 그 대처 방법을 생각해놓지 않으면, 취직하고 나서 패닉 상태에 빠질 위험성이 있다.

젊은이가 일본 기업의 실태를 미리 안다면, 성실하고 꼼꼼하게 근면하게 일하는 것이 갖는 위험의 측면을 이해할 수 있을 것이다. 취직 전에 예비 지식과 마음의 준비를 갖추는 것은 청년 노동자의 과로 자살을 예방하는 데 중요하다.

2) '블랙기업'이라는 단어의 함정

최근 들어 '블랙기업'이라는 단어가 유행하면서 과중 노동, 임금 체불, 직장 내 괴롭힘을 비롯해 노동자의 권리를 짓밟는 악질 기업을 고발하는 출판이나 보도가 많아졌다. 이것 자체는 굉장히 중요한 의미가 있다. 그러나 조금 걱정되는 것은 '블랙기업'이란 중소기업 중에서 악질 기업을 말하고, 일부 상장 대기업은 이와 달리 '훌륭한 회사'라고 생각하는 학생이 적지 않다는 것이다.

이 때문에 예전보다 더 많은 학생들이 유명한 '훌륭한 회사'에 들어가는 것을 목표로 취업을 준비하고 있다.

일터의 실상을 알고 보면, 일본 대기업에는 과중 노동, 임금 체불, 일터 내 괴롭힘 같은 것이 없고 노동자의 권리가 존중된다는 것은 커다란 오해이다. 『과로 자살』초판과 이 책, 그리고 『취업 준비하기 전에 읽는 회사의 현실과 일 규정』(宮里邦雄·川人博·井上幸夫, 2011) 등에서 자세하게 소개했듯이, 법원이나 노기서 같은 국가 기관이 과로사, 과로 자살을 인정한 대기업 사업장 수는 너무 많아서 헤아릴 수 없다. 대기업일수록 강한 사회적 권력이 있어서 그 영향력을 행사하여 '불리한 진실'을 숨길 수 있다. 또 대기업은 일상적으로 광고 등을 사용해 회사의 긍정적 이미지, 말하자면 '밝은(white)' 면을 사회에 침투시킬 수 있다. 이러한 정보 조작에 현혹되지 않고 기업의 실상을 젊은이뿐 아니라 국민 전체가 가감 없이 아는 것이 중요하다.

어떤 기업이나 그 정도는 다르지만 '어두운(black)' 측면이 존재한다. 기업은 이익 추구를 지향하는 사회적 존재이며, 더 많은 배당 이익을 기대하는 주주가 기업 운영의 최종 결정 권한을 가지는 이상, 직원의 권리는 항시 위협을 받을 수 있다. 특히 글로벌 경제가 확대되고 눈앞의 배당 이익 증대와 주가 상승을 추구하는 투자자가 주주의 주요 구성원으로서 기업 경영을 크게 좌우하게 된 오늘날 그러한 위험성은 한층 높아졌다.

'블랙기업' 문제는 결코 일부 악질 기업에만 해당하는 것이 아니라 모든 기업에게 기업 본연의 자세를 묻는 주제라는 것을 명심할 필요가 있다.

3) 노무 규정 학습의 중요성

학생은 취업 전 단계에서 노동에 관한 법률, 말하자면 노무 규정을 잘 배워서 법률상의 호신술을 몸에 익혀 자신을 지키는 것이 중요하다.

과로 자살로 죽은 많은 피재자가 사망 전에 상사에게 퇴직 의사를 구두로 밝히거나 서면으로 상사에게 사표를 제출했다. 하지만 퇴직 '허가'가 안 나와 그대로 무리해서 계속 일하다가 사망에 이른다. 일본 기업은 어느 때는 구조 조정 정책의 일환으로 밀어붙여 노동자를 무리하게 퇴직으로 몰고 간다. 그러나 다른 한편, 회사가 바쁠 때나 우수한 인재의 경우에는 노동자의 퇴직 신청서를 무시하며 '허가'하지 않고 그 사표를 수리하지 않는다.

그러나 법률상 노동자는 퇴직할 자유가 있다. 노동자가 퇴직 의사를 표명한 후 2주일 경과하면 자동적으로 노동계약은 종료되고 퇴직이 된다(민법 제627조 1항). 쓰지 않은 유급휴가가 있으면 그 2주간을 유급휴가로 쓸 수도 있다.

과중한 노동으로 건강이 나빠지거나 권력형 괴롭힘으로 정신적인 타격을 입어 '더 이상 이 회사에 있고 싶지 않다'는 생각이 든다면 주저하지 말고 사표를 제출하고 상사가 만류해도 퇴직하는 것이 현명한 선택이다. 이 타이밍을 놓쳐서 회사에 남아 우울증에 걸리거나 악화되면 그때는 정상적 판단 능력이나 행위 선택 능력을 잃어버려 시야가 좁아지고, 결국에는 자살만이 해결책이라는 심리 상태에 빠져들며 자신의 목숨을 끊게 된다.

현재 일본의 중학교, 고등학교 대학교에서는 노동법 등의 기본 지식을 거의 가르치지 않는다. 노동자가 자신의 생명과 건강을 지키기 위해서는 반드시 노무 규정을 배워야 한다.

나는 1년에 한 번 외부 강사 자격으로 대학에 나가 3학년이나 4학년을 대상으로 강의를 한다. 거기에서 과로사, 과로 자살의 실태와 노무 규정에 대해 이야기한다. 강의 후에 받은 감상문에는 아래와 같은 글들이 있었다.

"노동자를 보호하는 법률을 아는 것은 앞으로 사회에 나가 일할 사람에게는 필수이므로 지금 지식을 쌓으려고 합니다."

"노동기준법 같은 법률을 '일하는 사람'이 알아두는 것만으로도 우울증에 걸리고 죽음에 이르는 길을 피할 수 있을 거라 생각합니다."

"왜 더 일찍 이런 강의가 없었을까. 고등학생에게 이런 지식은 반드시 필요합니다. 천 년 전의 역사보다는 간단한 노동법이라도 배워 어려운 상황을 벗어나는 길을 알고 사회에 나가는 것이 근본적인 해결 방법일 것입니다."

대학에서는 노동법을 모든 학생의 필수과목으로 하고, 고등학교에서는 노무 규정을 가르치는 수업을 넣는 등 학교 관계자는 커리큘럼 편성을 꼭 개선해 주기를 바란다.

4) '있는 힘을 다해'는 그만두자

과로 자살에 이른 청년들 가운데에는 치열한 수험 경쟁과 취업 경쟁을 이겨낸 사람들이 적지 않다. 경쟁을 이겨냈다는 것은 뛰어난 능력과 소질 그리고 노력이 더해진 결과이다. 그들은 입사 후 회사로부터 부여된 업무에 정력적으로 몰두했다. 가령 신입에게는 어려운 과제라 해도 의욕적으로 열심히 했다. 유족으로부터 "아들은 '있는 힘을 다해' 업무에 몰두해왔습니다"라는 말을 자주 듣는다. 이렇게 몸이 가루가 되도록 일하는 자질은 입사 후 사원 교육을 통해 바로 몸에 배는 것이 아니다. 어릴 때부터의 사회교육 시스템에 의해 오랜 시간에 걸쳐 형성되는 것이다.

독일 사회학자 막스 베버는 『프로테스탄티즘의 윤리와 자본주의 정신』에서 청교도 윤리가 근대 자본주의 정신을 길러왔다는 점을 논술했다. 특히 다음 구절은 일본의 현상을 고찰하는 데에도 시사하는 바가 크다.

이런 경우(고도로 예민한 주의력이나 창의력을 필요로 하는 제품을 제조하는 경우)에는 단적으로 고도의 책임감이 필요할 뿐 아니라, 적어도 근무시간 동안 어떻게 하면 최대한 편하게, 최대한 일하지 않으면서도 평소와 마찬가지로 임금은 벌 수 있을지를 끊임없이 생각하는 것이 아니라, 마치 노동이 절대적인 자기 목적(소위 천직)인 것처럼 열심히 일한다는 마음가짐이 일반적으로 필요하기 때문이다. 그런데 이러한 마음가짐은 결코 인간이 태어나면서부터 갖는 것이 아니다. 또한 임금을 올리고 내리는 조작에 의해 직접 만들어지는 것이 불가능하다. 오히려 오랜 기간 교육의 결과에서 비롯되어 생겨나는 것이다.

막스 베버가 말하는 "마치 노동이 절대적인 자기 목적인 것처럼 열심히 일한다는 마음가짐"은 과로 자살에 이른 피재자의 일하는 모습에도 공통적으로 존재하는 측면이 있다. 이러한 마음가짐은 "오랜 기간 교육의 결과" 몸에 배었을 것이다.

물론 노동에 몰두하는 마음가짐은 인간 사회에 중요하고 유익한 측면도 많다. 그러나 세상사에는 자연스럽게 한도라는 것이 있다. 수험 경쟁만이 아니라 거의 휴일도 없는 중고교생의 과잉 클럽 활동도 균형 있는 심신의 발달에 커다란 지장을 준다.

'있는 힘을 다해'라는 단어는 교육 현장에서나 노동 현장에서나 사라지는 편이 좋다. '목숨을 걸고'가 아니라, '생명을 중요하게 여기며' 일하는 것이 현재 필요하다.

5. 과로사방지법의 제정

1) 과로사는 있어서는 안 된다

수년간의 준비 단계를 거쳐 2011년 11월 중의원 제1의원회관에서 250명 이상이 참가한 과로사방지기본법 제정 실행 위원회 결성 총회가 개최되었다. 그리고 과로사 유족, 변호사, 연구자, NPO, 노재 전문가 등이 중심이 되어 '스톱! 과로사 100만 인 서명'을 비롯해, 전국 각지에서 과로사 방지를 위한 입법 활동을 시작했다(사진 참조).

과로사방지기본법 제정 실행 위원회가 전국 각지에서 활동을 전개했다(사진은 위의 회가 제공했음).

〈표 4-4〉 청원(과로사방지법 제정에 관한 의견서) 채택 지방의회 목록

2012년	
6/27	오사카부 다카쓰키시의회
6/29	오사카부 야오시의회
9/26	오사카부 스이타시의회
9/26	오사카부 다이토시의회
10/2	오사카부 하비키노시
10/23	효고현 고베시의회
12/14	사이타마현 요시카와시의회
12/21	교토부 가메오카시의회

2013년	
3/14	시마네현 이즈모시의회
3/14	시마네현 하마다시의회
3/22	시마네현 야스기시의회
3/22	시마네현 운난시의회
3/22	시마네현 오다시의회
3/27	시마네현 마스다시의회
6/12	효고현의회
6/14	시마네현 미사토정의회
6/17	시마네현 이난정의회
6/19	시마네현 쓰와노정의회
6/19	시마네현 가와모토정의회
6/20	시마네현 요시카정의회
6/21	시마네현 오난정의회
6/26	시마네현의회
6/26	시마네현 오키노시마정의회
6/26	시마네현 아마정의회
6/28	교토부 우지시의회
6/28	교토부 난탄시의회
6/28	시마네현 지부촌의회
7/1	시마네현 오쿠이즈모정의회
7/5	시마네현 마쓰에시의회
9/10	나라현 사쿠라이시의회
9/12	후쿠시마현 이시카와정의회
9/13	오사카부 사카이시의회
9/17	교토부 무코시의회
9/17	후쿠오카현 오무타시의회
9/18	도쿄도 니시토쿄시의회
9/19	나라현 고조시의회
9/19	나라현 야마토타카다시의회
9/19	나라현 이코마시의회

9/20	도쿄도 히카시쿠루메시의회
9/20	이와테현 도노시의회
9/24	아이치현 도요하시시의회
9/24	이시카와현 가나자와시의회
9/24	고치현 스사키시의회
9/25	나라현 가시하라시의회
9/25	후쿠오카현 가마시의회
9/26	오사카부 히라카타시의회
9/26	오사카부 이바라키시의회
9/26	시마네현 니시노시마정의회
9/27	미야자키현의회
9/27	아오모리현 아오모리시의회
9/30	나가노현 오카야시의회
10/2	미야기현 게센누마시의회
10/3	이와테현 니노헤시의회
10/4	효고현 사사야마시의회
10/8	도쿄도 고마에시의회
10/8	후쿠오카현 기타큐슈시의회
10/10	미야키현 오사키시의회
10/17	도쿄도 주오쿠의회
12/6	아이치현 나고야시의회
12/10	와카야마현 아리다가와정의회
12/11	나라현 고세시의회
12/12	후쿠시마현 이와키시의회
12/13	야마가타현 미카와정의회
12/13	와카야마현 하시모토시의회
12/17	오사카부 후지이데라시의회
12/19	아이치현 안조시의회
12/19	효고현 히메지시의회
12/19	효고현 니시노미야시의회
12/19	와카야마현의회
12/19	와카야마현 와카야마시의회
12/19	교토부 나가오카쿄시의회
12/19	교토부 기즈가와시의회
12/20	효고현 아시야시의회
12/20	아이치현 도요카와시의회
12/24	효고현 산다시의회
12/24	교토부 후쿠치야마시의회
12/25	교토부 야와타시의회
12/26	교토부 교타나베시의회
12/26	교토부 마이즈루시의회

	2014년		3/20	나가노현 나가와정의회
2/28	가나가와현 요코스카시의회		3/20	홋카이도의회
3/5	나가노현의회		3/20	후쿠이현 가쓰야마시의회
3/5	나가노현 오쿠와촌의회		3/20	후쿠이현 에치젠시의회
3/12	나가노현 오미촌의회		3/24	오사카부의회
3/13	나가노현 오가와촌의회		3/24	교토부 아야베시의회
3/14	야마가타현 사카타시의회		3/24	후쿠이현 오노시의회
3/14	나가노현 기조정의회		3/24	나가노현 나카노시의회
3/17	교토부 교토시의회		3/25	오사카부 이즈미사노시의회
3/17	야마가타현 쇼나이정의회		3/25	오사카부 모리구치시의회
3/17	나가노현 아오키촌의회		3/25	가나가와현의회
3/17	나가노현 지쿠호쿠촌의회		3/25	나라현의회
3/18	가나가와현 후지사와시의회		3/25	가나가와현 요코하마시의회
3/18	사이타마현 고시가야시의회		3/25	홋카이도 무로란시의회
3/19	나가노현 기소촌의회		3/25	후쿠이현 후쿠이시의회
3/20	에히메현 니이하마시의회		3/25	나가노현 기지마다이라촌의회
3/20	미야기현의회		3/26	오사카부 이케다시의회
3/20	교토부 이네정의회		3/28	교토부 교탄고시의회
3/20	야마가타현 쓰루오카시의회		3/28	교토부 미야즈시의회
3/20	나가노현 시나노정의회		3/28	오사카부 셋쓰시의회
3/20	나가노현 이즈나정의회			(2014년 3월 말 현재)

과로사 110번 상담 창구가 1988년에 개설된 이래, 과로사를 둘러싸고 노재 인정과 기업 보상 측면에서는 상당한 진전이 있었다고 말할 수 있다. 그러나 과중 노동 실태는 개선되었다고 보기 어렵고, 오히려 악화된 일터도 많다. 이러한 상황에서 전국 과로사를 생각하는 가족 모임과 과로사 변호단 전국 연락 회의가 중심으로, 과로사 방지의 기초가 되는 법률 제정을 전 국민에게 호소하게 되었다.

이 활동은 노동기준법 등의 개정을 직접적 목표로 하는 것이 아니라, "과로사는 있어서는 안 된다"고 하는 이념 하에 국가 등에 과로사 방지 책무가 있음을 분명히 하고, 실태 조사와 연구를 실시해 종합적 대책 실행을 정하는 기본법(국정에 의해서 중요한 분야의 정책, 대책에 관한 기본 방침, 대강 등을 명시하는 것)을 제정하는 것이었다.

이 시민운동이 시작되자 유족 한 명이 1000명이 넘는 서명을 모아 오는 등 단기간에 50만 명이 넘는 서명이 전국 각지로부터 전달되었다. 또한 유족의 호소에 부응한 지방의원이 정력적으로 활동을 추진한 결과, 전국의 지방의회 에서 100건이 넘는 과로사방지법 제정 촉구 결의가 채택되었다(〈표 4-4〉는 결의가 제출된 지방의회). 국회 의원회관 안에서 약 2년 반 동안 10회 가까이 집회가 열렸고, 다수의 유족이 초당파 국회의원들을 향해 과로사를 없애야 한다는 입법 요구를 이어갔다.

이렇게 과로사를 없애야 한다는 목소리가 국회 주변에서 계속 전해지고, 당파를 불문하고 의원들이 법률 제정에 나서게 되면서, 여야를 불문하고 거의 모든 정당 의원이 참가하는 초당파 의원 연맹이 발족했고 그 의원 수는 129명 에 달했다(2014년 5월 20일 현재).

2) 일본 정부에 대한 유엔의 권고

일본이 비준한 국제인권규약 가운데 사회권 규약(A규약, 경제적·사회적 및 문화적 권리에 관한 국제 규약)에 대한 각국의 이행 상황 심사가 때마침 2013년 4월부터 5월에 걸쳐 이루어졌다. 일본에 대한 심사는 4월 30일에 실시되었다.

전국 과로사를 생각하는 가족 모임은 일본 정부의 보고에 대한 카운터 리포트를 사전에 제출했고, 세 명이 '과로사는 사회권 규약에 반하는 인권침해다'라는 연설을 했다. 그리고 심사 최종일인 5월 17일에 사회권 규약 위원회가 발표한 총괄 소견 제17항에는 과로사, 과로 자살과 관련해 일본 정부에 대한 다음의 권고가 담겼다.

<표 4-5> 사회권 규약 제7조

제7조 이 규약의 당사국은 특히 다음 사항이 확보되는 공정하고 유리한 근로조건을 모든 사람이 향유할 권리를 가지는 것을 인정한다.

(a) 모든 근로자에게 최소한의 다음의 것을 제공하는 보수

(i) 공정한 임금과 어떠한 종류의 차별도 없는 동등한 가치의 노동에 대한 동등한 보수, 특히 여성에게 대하여는 동등한 노동에 대한 동등한 보수와 함께 남성이 향유하는 것보다 열등하지 아니한 근로조건의 보장

(ii) 이 규약의 규정에 따른 자신과 그 가족의 품위 있는 생활

(b) 안전하고 건강한 근로조건

(c) 연공서열 및 능력 이외의 다른 고려에 의하지 아니하고 모든 사람이 자기의 직장에서 적절한 상위직으로 승진할 수 있는 동등한 기회

(d) 휴식, 여가 및 근로시간의 합리적 제한, 공휴일에 대한 보수와 정기적 유급휴일

위원회는 체약국(일본)이 고용주에게 자주적 행동을 장려하는 조치를 강구했음에도 여전히 많은 노동자가 오늘날 아직도 비상식적인 장시간 노동에 종사하는 것을 우려한다. 또한 위원회는 과로사와 일터에서 정신적 괴롭힘으로 인한 자살이 이어지고 있는 점도 우려한다.

위원회는 사회권 규약 제7조에서 정하고 있는, 안전하고 건강한 노동조건에 대한 노동자의 권리, 그리고 노동시간의 합리적 제한에 대한 노동자의 권리 보호 의무에 따라서, 체약국이 장시간 노동을 방지하는 조치를 강화하고, 노동시간 연장 제한에 따르지 않는 자에 대해서 일반 예방 효과가 있는 제재를 적용할 것을 권고한다. 또한 위원회는 체약국이 필요한 경우에는 일터에서 모든

형태의 괴롭힘을 금지하고 방지하는 것을 목적으로 하는 입법, 규제를 강구하도록 권고한다.

이렇게 사회권 규약 위원회는 과로사, 과로 자살이 사회권 규약 제7조 (〈표 4-5〉)를 위반하는 인권침해라며 일본 정부에 시정을 권고했다. 이 권고는 과로사방지법 제정의 노력에 탄력을 주었다.

3) 새로운 경영 이념과 실천

노동시간을 줄여 과로사를 없애자는 목소리가 경영자 측에서도 나오게 되었고, 나에게도 대기업의 전임 사장이 서명을 보내왔다. 그리고 국회 내외에서 열린 집회 등에서 경영자, 경영컨설턴트, 경영학자들이 강연을 하고, 현대 일본 기업 경영에 노동시간 단축, 연장 근무 감축이 얼마나 중요한지를 강조했다.

트라이엄프인터내셔널재팬 전임 사장인 요시코시 고이치로(吉越浩一郎) 씨는 『'연장 근무 제로'의 업무력』(吉越浩一郎, 2007)에서 "업무 시간 안에 일이 끝나지 않았다면 그것은 업무의 절대량이 너무 많든가, 작업 방법이 비효율적이든가, 혹은 사원의 동기 의욕이 떨어졌든가, 여하튼 어딘가에 원인이 있을 터이다. 그리고 그 원인을 밝혀내야만 생산성을 비약적으로 올릴 수 있다"고 지적하고 연장 근무를 없애는 실천을 했다. 또 그는 "나는 결산 숫자만이 아니라 모든 회사가 사원의 평균 연장 근무시간, 유급휴가의 소화율, 사원의 건강진단 결과, 재직 중의 사망자 수와 그 원인, 또 사원의 평균수명이라는 데이터 공표를 국가가 의무화하는 게 좋다고 생각한다"고 했다(吉越浩一郎, 2011).

미라이공업 창업자인 야마다 아키오(山田昭男) 씨는『생각 좀 하고 살아라

(보고·연락·상담 없이, 1일 7시간 15분만 일하니 재미있네)』(山田昭男, 2012)에서 "다른 회사처럼 늘 일에 쫓겨 한 번 뿐인 인생을 헛되게 보내는 인간이 되고 싶지 않다"는 경영 철학을 보여주며 노동시간 단축을 구체화했다.

주식회사 워크라이프밸런스 사장인 고무로 요시에(小室淑惠) 씨는『6시 칼퇴근, 팀의 기술』(小室淑惠, 2008) 속에서 경영의 관점에서 보아도 남성과 여성 모두에게 노동시간 단축이 중요하다는 것을 지적하고, "실적 악화 시기야말로 '일과 삶의 균형'"이 필요하다고 강조한다.

4) 기업 윤리와 건강 경영

경영학자인 나카야 조지(中谷常二, 긴키대학 교수) 씨는 애덤 스미스나 칸트 연구를 바탕으로『비지니스 윤리학』(中谷常二, 2007)에서 '기업 경영을 이윤 추구 일변도에서 이윤과 윤리성을 동시에 추구하는 경영 방식으로 바꾸려면 패러다임의 대전환이 필요하다. 그러려면 기업의 경영을 맡은 경영자뿐 아니라, 경영을 통제할 수 있는 주주, 기업 내에서 스스로 변혁의 주체가 될 수 있는 직원, 구매 활동을 통해 의견을 표명할 수 있는 소비자 등 모든 이해관계자가 기업의 윤리성을 중시하는 것이 필수이다'라고 지적하며 윤리적 관점에서 과로 자살을 중요한 주제로 삼는다.

또 최근에 CSR(기업의 사회적 책임) 관점에서 '건강 경영'이라는 말이 종종 언급되며 중시되고 있다. 건강 경영의 실천(〈그림 4-6〉)이라는 관점에서 직원의 건강 증진을 도모하여 일터 환경을 쾌적하게 만들고 직원 만족도 향상까지 아우르는 기업 활동의 진전, 또는 의료비 적정화로도 이어지는 연구와 실천이 추진되고 있다(田中滋·川淵孝一·河野敏鑑編著, 2010). 〈그림 4-7〉은 '건강 경

<그림 4-6> CSR 관점에 의한 건강 경영의 효과

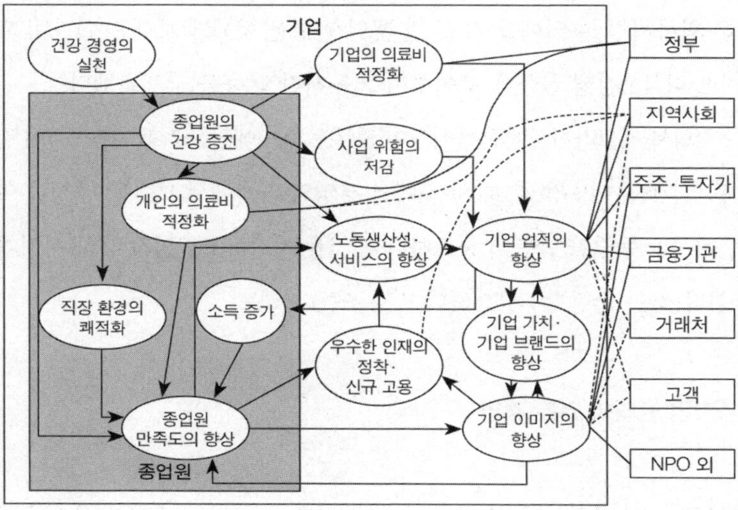

자료: 경제 산업성, 2008년; 田中滋·川淵孝一·河野敏鑑編著 編著, 2010.

영'을 실천하는 미쓰이(三井)화학 주식회사가 홈페이지에 공개한 자료이다. 이는 미쓰이화학이 CSR 관점에서 회사 내 질병 상황 개선이라는 점을 분명히 하고, 질병에 의한 휴직일 수를 공개하고 줄여나가겠다는 것을 발표한 자료 이다.

재계의 중심인 일본 경제단체연합회(경단련)가 원래 기업행동헌장 제4항 에서 "직원의 다양성, 인격, 개성을 존중하고 그와 더불어 안전하고 일하기 편한 환경을 조성해 여유와 풍요로움을 실현한다"고 말한 만큼, 과로사방지 법의 제정을 반대하지는 않았다.

과로사방지법 제정을 추진하는 중에 '기업이 불황 탈출에 여념이 없어 과로 사 방지를 배려할 여유까지는 없는 걸까?'라는 의문도 들었다.

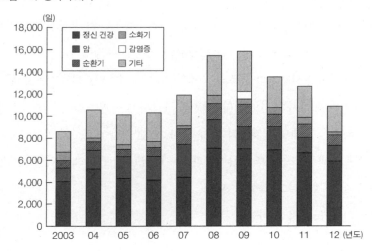

〈그림 4-7〉 병가의 내역

자료: 미쓰이화학 주식회사의 홈페이지

그러나 나는 직원의 생명과 건강을 해치는 일터는 활력이 넘치는 기업 활동을 기대하기 어렵다고 생각한다. 실제로 과로사·과로 자살이 발생한 기업에서 노재 외에 다른 부정행위 등 적지 않은 기업 불상사가 계속 발생하고 있다.

건강한 일터 실현과 기업 경영의 재생은 불가분의 관계에 있다.

5) 과로사 등 방지 대책 추진법의 제정

법안 제정 과정을 살펴보면, 우선 과로사방지기본법 제정 실행 위원회가 구체적인 조문안을 만들고 그 후 중의원 법제국의 협력을 얻어 야당 의원의 의원 입법안이 완성되어, 2013년 가을 임시국회에 제출되었다. 이후 여당 내 논의를 거쳐, 초당파 의원연맹에서 합의했던 내용을 담은 법안이 만들어지고 정기 국회에 제출되었다.

그리고 2014년 6월 20일, '과로사 등 방지 대책 추진법'이 만장일치로 제정되기에 이르렀다. 늦어도 2014년 12월부터 시행될 예정이다.*

제정된 법률은 사용자의 책무 규정이 약한 점 등 실행위원회가 목표로 했던 법률 내용에 못 미치는 점도 있다. 하지만 과로사 방지 운동을 추진하기 위해 귀중한 첫걸음을 내딛은 것이라 할 수 있다. 오랜 기간 과로사가 만연하도록 방치해온 경과를 감안하면, 일본이 '과로사 대국'에서 탈피하기 위한 역사적 의의를 갖는 것이라고 말할 수 있다.

법률의 주요 내용은 다음과 같다.

① 법률의 목적(제1조)

일본에서 과로사 등이 빈발하고 커다란 사회문제가 되고 있는 점과 과로사 등이 본인은 물론 그 유족 또는 가족뿐 아니라 사회에도 커다란 손실이라는 점에 비추어볼 때, 과로사 등에 관한 조사 연구 등을 정함으로써 과로사 등의 방지를 위한 대책을 추진하여 과로사 등이 없고, 업무와 생활을 조화시키고, 건강하고 충실하게 일을 계속하는 것이 가능한 사회의 실현에 기여한다.

② '과로사 등'의 정의(제2조)

업무에서 과중한 부담에 의한 뇌혈관 질환, 심장 질환을 원인으로 하는 사망, 업무에서 강한 심리적 부담에 의한 정신 질환을 원인으로 하는 자살에 의한 사망, 또는 이들의 뇌혈관 질환, 심장 질환, 정신 질환.

③ 기본 이념(제3조)

---

* 옮긴이 주: 실제로 2014년 11월부터 시행되었다.

과로사 등에 관한 조사 연구를 실시함으로써 실태를 밝히고 그 성과를 바탕으로 과로사 등의 효과적인 방지를 위해 노력하고, 방지의 중요성에 대해서 국민의 자각을 촉구하고, 과로사에 대한 국민의 관심과 이해를 심화시킨다. 방지 대책은 정부, 지방공공단체, 사업주, 그 외 관련된 자와 상호 밀접하게 연계해 수행한다.

④ 정부 등의 책무(제4조)

정부는 과로사 등의 방지를 위한 대책을 효과적으로 추진할 책무가 있다.

지방공공단체는 정부와 협력하면서, 과로사 등의 방지를 위한 대책을 효과적으로 추진하도록 노력해야 한다.

사업주는 정부, 지방공공단체가 실시하는 대책에 협력하고 노력해야 한다.

국민은 과로사 등을 방지하는 것의 중요성을 자각하고 여기에 대한 관심과 이해를 심화시키도록 노력한다.

⑤ 계몽의 달(제5조, 제9조)

국민이 과로사 방지의 중요성을 자각할 수 있도록 널리 촉구하고 관심과 이해를 심화시킨다.

11월을 과로사 등 방지 계몽의 달로 한다.

정부, 지방공공단체는 교육 활동, 홍보 활동을 시행한다.

⑥ 연차 보고(제6조)

정부는 매년 과로사 등의 개요와 방지를 위해 강구한 시책의 상황 보고서를 제출한다.

⑦ 지침(大綱)(제7조)

정부는 과로사 등 방지 대책에 관한 지침을 정한다.

⑧ 조사 연구(제8조)

정부는 과로사 등에 관한 조사 연구, 정보의 수집, 정리, 분석, 제공을 시행한다. 조사 연구의 경우('과로사 등'의 정의에 포함되지 않은 것이라도), 업무로부터 과중한 부담 또는 강한 심리적 부담을 받는 것과 관련한 사망과 상병(傷病), (노동자 이외에도) 사업하는 개인과 법인 임원도 폭넓게 그 대상으로 한다.

⑨ 상담 체계(제10조)

정부, 지방공공단체는 과로사 등과 관련하여 상담할 수 있는 기회의 확보, 산업의 등 상담에 응하는 자에 대한 연수 기회의 확보, 과로사 등을 방지하기 위한 체제의 정비 등의 시책을 강구한다.

⑩ 활동의 지원(제11조)

정부, 지방공공단체는 민간단체가 행하는 과로사 등 방지 활동을 지원하기 위해서 필요한 시책을 강구한다.

⑪ 협의회(제12조, 제13조)

후생노동성은 대강(제7조) 작성을 위하여 과로사 등 방지 대책 추진협의회를 설치한다. 협의회 위원은 질병에 걸린 자와 그 가족, 유족, 노동자 대표, 사용자 대표, 전문적 지식을 가진 자 등으로부터 후생 노동성 장관이 임명한다.

⑫ 법률상의 조치(제14조)

정부는 조사 연구 등의 결과를 바탕으로, 필요하다고 인정되는 때에 필요한 법제상 또는 재정상의 조치를 강구한다.

6) 법률의 의의와 향후의 과제

제정된 '과로사 등 방지 대책 추진법'의 내용은 특히 다음의 점에서 중요한 의의가 있다.

첫째, 과로사가 없어져야 하고 업무와 생활을 조화시키며 건강하고 충실하게 일을 계속하는 것이 가능한 사회를 실현하기 위해 과로사 방지 대책을 효과적으로 추진해야 할 '책무'가 국가에 있다고 명시한 것이다. 이 법안이 제정된 것은 국회가 과로사 방지를 국가적인 목표로 정했음을 의미하는 것이다. 앞으로 이 법률을 여러 분야에서 효과적으로 활용하는 것이 중요하다.

둘째, 지금까지는 일본에서는 일하는 사람의 생명과 건강을 둘러싼 문제에 대해서 조사·통계가 매우 불충분했다. 제2장에 서술했던 것처럼 재직 중 사망자 숫자나 대략적인 원인 분류조차 지금까지 5년에 한 번밖에 조사되지 않았다. 외국의 어떤 의학 연구자가 나에게 '일본 기업은 노동자의 건강 조사에 관해서 극도로 비협조적'이라고 비판했던 적이 있다. 세계적으로 유명한 과로사의 실태를 조사하려 해도 기본 데이터 자체가 극히 부족했던 것이다.

이 법률에 의해서, 이전에 이루어지지 않았던 다양한 조사를 실시할 가능성이 생겨났다. 특히 조사 대상에는 이 법률의 '과로사 등'의 정의에 국한하지 않고 다양한 질병(호흡기 질환, 소화기 질환 등)과 사고(과로 운전에 의한 사고 등)도 포함할 수 있다. 노동자 이외의 자영업자와 임원도 조사 대상이 된다. 조속히 적절한 조사를 실시하는 것이 중요하다.

자살대책기본법(2006년 성립)을 예로 들어보자면, 이 기본법 제정 이후 「자살통계」 발표 시기가 현격하게 앞당겨지고 자살 대책 백서가 발표되고 있다. 과로사의 경우, 질병명이 다양하고 사망 원인에 대한 평가가 갈라지는 등 「자살 통계」를 살펴보면 연구가 더욱 필요하다. 종래 후생노동성과 내각부가 실시해왔던 조사·통계를 활용하면서도 어떻게 조사 내용을 추가·수정할 것인가에 대한 조속한 검토가 필요하다.

셋째, 정부와 지방공공단체에 의한 홍보 활동, 교육 활동, 11월의 계몽의 달 설정은 과로사 문제를 국민적 과제로 해결하는 중요한 발걸음이 될 수 있다. 지금까지 과로사 가족 모임과 과로사 변호단 등 민간단체 수준에서 다양한 장에서 과로사 실태를 호소해왔다. 앞으로는 과거에 비해 규모·내용 측면에서 확장되고 충실한 사회적 어필이 가능해질 것이다. 또한 학교에서 과로사 문제를 제대로 교육할 수 있는 기반이 확대된 것은 청년의 과로사 방지에 중요한 진전이다(본장 제4절 참조).

넷째, 지침 작성을 위한 협의회 위원에 과로사 유족 참가가 명기되는 등 과로사 방지 과정에서 피해자, 유족의 목소리를 보다 잘 들으려는 정부 방침 확정이 체계 측면에서 확보되었다.

다섯째, 이후 매년 정부가 과로사 문제에 관한 연차 보고를 실시하게 되었으며, 방지를 위해 필요한 법률적, 재정적 조치에 대해서도 언급하고 있다. 따라서 이 법률의 효과로써 조사 연구와 계몽 활동만이 아니라 과로사를 없애기 위한 다양한 실효성 있는 정부 조치(노동법령의 개정 등)에 연결시키기 위한 조건이 설정되어 있다.

과로사, 과로 자살을 없애기 위해서 이 법률 제정에 노력했던 사람들은 물론 광범위한 국민의 노력과 지지가 한층 더하기를 기대한다.

후기

2014년 신년 초하루. 집 근처의 전철역 주변에서 다섯 명 정도의 사람들이 모여서 큰 소리로 무언가를 호소했다. 가까이 가서 보니 우체국 직원들이 길가에 책상을 내놓고 연하장을 팔고 있었다. 원래는 신년 초하루에 배달했어야 하는 연하장인데 전년에 다 팔지 못했나 보다. 우체국이 민영화되고 나서 경영 실적 관리가 힘들어졌다는 말은 들었지만 신년 초하루에 길거리에 나와 판매까지 하는 것은 일하는 자에게 정신적으로도 육체적으로도 상당히 가혹한 일은 아닐까.

정부는 2014년 6월 24일, 일한 '시간'의 길이와 관계없이 노동의 '성과'에 대해 임금을 지불하는 제도를 도입한다는 방침을 각료 회의에서 결정했다. 현재로서는 그 대상자를 일정 범위로 한정한다고 말하지만, 일단 도입되면 조금씩 대상을 넓혀갈 우려가 있다.

판매·영업 관련 직종에서는 얼마나 많이 상품을 판매할 수 있는가가 '성과'가 된다.

상품 판매 실적은 노동자 각자의 경험이나 능력 이외에도 시장에서의 상품에 대한 평판, 사회 전체의 경기 동향, 같은 업계 타사의 동향 등에 의해 정해진다. 노동자 개개인의 노력으로는 도저히 어찌할 수 없는 사정에 크게 좌우되는 것이다. 그럼에도 불구하고 이러한 새로운 제도가 도입되면 노동시간의 상한제한이 완전히 없어지고 경영자나 회사의 상사가 결정한 목표(할당량)를 달성하기 위해 노동자는 뼈 빠지게 일해야 한다. 또한 시간에 상관없이 임금이 같아지고 연장 근무 수당, 심야 수당, 휴일 수당도 사라진다.

판매·영업 관련 직종에서만이 아니라 기획·개발 등 다양한 부문에 종사하는 노동자들이 회사가 설정한 달성 목표에 사로잡혀 '합법화'된 '무보수 연장 근로'에 종사하게 될 것이다.

중요한 점은 이러한 목표(할당량)를 결정하는 것은 경영자나 회사의 간부이지 노동자 본인이 아니라는 점이다. 목표가 결정되면 경기 악화 등 여러 가지 지장이 발생해도 '성과'가 나오기까지 계속 일하게 된다. 현재도 과로사, 과로 자살이 많이 발생하는 일본의 일터에서 과로와 스트레스가 더욱 심해지고, 노동자들은 당연히 건강을 해치고 목숨도 잃을 것이 뻔하다.

이처럼 위험한 노동시간, 임금제도를 도입해서는 절대로 안 된다.

1) '국회는 살아 있다'

2014년 6월 20일, 의원들이 당파를 초월해서 과로사 등 방지 대책 추진법(약칭, 과로사방지법)을 법률로 제정했다. 과로사를 방지하기 위해 전 국가가 힘을 쏟겠다는 법률 제정은 일하는 사람들의 목숨과 건강을 지키는 데 역사적 의의가 있다고 할 수 있다.

1988년 이후 과로사라는 말이 국내외로 확산되고 그 심각한 실태가 적나라하게 드러났는데도 정부의 대응은 냉랭했다. 1990년대 전반 무렵까지 일본 노동 행정은 과로사라는 개념 자체를 부정하고 그런 것은 일본에 존재하지 않는다고까지 말했다. 이러한 역사적 경위를 생각하면 과로사라는 말이 법률

명칭이 되고 또한 과로사 방지가 '국가의 책무'가 된 것의 의의는 말할 수 없을 만큼 크다.

중요한 것은 이 획기적인 법률을 앞으로 효과적으로 활용하는 것이다.

우선 이 법으로 정해진 4개 주요 항목(① 조사·연구, ② 계몽 활동, ③ 산업의 등 인재 육성, ④ 민간 활동 지원)을 즉시 실천하는 것이 급선무이다.

그리고 이 법률에서는 노동시간 규제 등에 관해 직접 다루지 않지만, 앞으로 이 법률에 기초한 과로사의 조사 분석, 계몽 활동 등을 근거로 필요한 조치(법령 개정의 검토를 포함한다)가 강구되기를 바란다.

노동시간 규제를 없애는 방향으로의 '개혁'은 과중 노동이 한층 더 심각해져 과로사, 과로 자살을 방지하기는커녕 촉진하게 될 것이다. 법률 개정은 장시간 노동을 비롯한 과중 노동을 규제하는 방향으로 개정이 이루어져야 한다.

과로사방지법 제정을 위해서 커다란 힘을 발휘한 유족을 비롯하여 지지해주신 여러분들의 노고와 협력에 대해 마음을 다해 감사의 인사를 드리며 이 법률이 실효성을 발휘하도록 계속해서 함께 활동할 것을 약속한다.

또한 입법을 위해 크게 노력해주신 여야당의 국회의원, 법제국 등 공무원 여러분에게 깊은 경의를 표한다. 최근 원자력발전소 소송의 판결 이후 법원 앞에 '사법은 살아 있다'라는 현수막이 걸렸다. 나는 과로사방지법이 제정된 사실에서 '국회는 살아 있다'는 것을 실감했다.

이 책의 집필과 발간에 즈음해서 우에다 마리(上田麻里) 씨를 비롯해 이와나미 서점의 여러분이 애를 써주셨다. 그 덕분에 시의적절한 내용으로 출판할 수 있었다. 진심으로 감사드린다.

2014년 6월

가와히토 히로시

주요 인용·참고문헌 일람

제1장

川人博,『過勞自殺』(初版), 岩波新書, 1998年.
川人博,『過勞自殺と企業の責任』, 旬報社, 2006年.
エドワード・ヨードン,『デスマーチ―なぜソフトウエア・プロジェクトは混乱するのか』, 松原友夫·山浦恒
　　央訳, シイエム・シイ出版部, 2001年.
樋口範雄,『医療と法を考える―救急車と正義』, 有斐閣, 2007年.
植山直人,『起ちあがれ! 日本の勤務医よ―日本医療再生のために』, あけび書房, 2011年.

제2장

高橋祥友,『自殺予防』, 岩波新書, 2006年.
高橋祥友,『自殺の心理学』, 講談社現代新書, 1997年.
大野裕,『「うつ」を治す』, PHP新書, 2000年.
加藤敏編著,『職場結合性うつ病』, 金原出版, 2013年.
宮島喬,『デュルケム自殺論』, 有斐閣新書, 1979年.
デュルケーム,『自殺論』, 宮島喬訳, 中公文庫, 1985年.
井上達夫,「個人権と共同性―「悩める経済大国」の倫理的再編」(加藤寛孝編『自由経済と倫理』成文堂,
　　1995 年所収)
山本茂実,『あゝ野麦峠―ある製糸工女哀史』(新版), 朝日新聞社, 1972年.
細井和喜蔵,『女工哀史』, 岩波文庫, 1954年.
福原義柄,『社会衛生学』(訂正第 2版), 南江堂書店, 1919年.
井出孫六,「戦後史 その虚妄と実像を歩く その十五 近江絹糸·組合の誕生」『世界』, 1989年11月号所収,
　　井出孫六『ルポルタージュ戦後史』(上·下), 岩波書店, 1991年.

제3장

川人博·平本紋子,『過勞死·過勞自殺勞災認定マニュアル―Q&Aでわかる補償と予防』, 旬報社, 2012年.
川人博,「ケアと自殺対策」(広井良典編編著『講座ケア新たな人間―社会像に向けて1 ケアとは何だろ
　　うか領域の壁を越えて』ミネルヴァ書房, 2013号所収)
竹山道雄,『ビルマの竪琴』, 新潮文庫, 1959年.
入江杏,『悲しみを生きる力に―被害者遺族からあなたへ』, 岩波ジュニア新書, 2013年.
原田憲一,『精神に関わる勞災認定の考え方と実際上の問題点』, 精神科治療学, 2007年1月号所収.

佐久間大輔, 『労災・過労死の裁判』, 日本評論社, 2010年.

熊沢誠, 『働きすぎに斃れて──過労死・過労自殺の語る労働史』岩波書店, 2010年.

川人博・山下敏雅, 『地方公務員の公務災害制度の問題点』, (『季刊教育法』第179号所収)

제4장

森岡孝二, 『過労死は何を告発しているか──現代日本の企業と労働』, 岩波現代文庫, 2013年.

山本勲・黒田祥子, 『労働時間の経済分析──超高齢社会の働き方を展望する』日本経済新聞出版社, 2014年.

肥田美佐子, 「米国では「残業代ゼロ見直し」へ」(『週刊東洋経済』, 2014年5月24日号所収).

藤本正, 『ドキュメント「自殺過労死」裁判──24歳夏アドマンの訣別』ダイヤモンド社, 1996年.

植田正也, 『電通「鬼十則」』, 日系報道, 2001年.

山下格, 『精神医学ハンドブック ── 医学・保健・福祉の基礎知識』(第7版), 日本評論社, 2010年.

川人博・高橋祥友編著, 『サラリーマンの自殺──今, 予防のためにできること』(岩波ブックレットNo. 493),
　　　　岩波書屈　1999年.

天笠崇, 『成果主義とメンタルヘルス』, 新日本出版社, 2007年.

中央労働災害防止協会・労働者の自殺予防マニュアル作成検討委員会編著, 『職場における自殺の予防
　　　　と対応』, (2007年改訂版), 中央労働災害防止協会, 2007年.

全国過労死を考える家族の会編, 『日本は幸福か──過労死・残された50人の妻たちの手記』, 教育史料出
　　　　版会, 1991年.

宮里邦雄・川人博・井上幸夫, 『就活前に読む──会社の現実とワークルール』, 旬報社, 2011年.

マックス・ヴェーバー, 『プロテスタンテイズムの倫理と資本主義の精神』(改訳版), 大塚久雄訳, 岩波文庫,
　　　　1989年.

吉越浩一郎, 『「残業ゼロ」の仕事力』(新装版), 日本能率協会マネジメントセンター, 2011年.

吉越浩一郎, 『「残業ゼロ」の人生力』(新装版), 日本能率協会マネジメントセンター, 2011年.

山田昭男, 『ホウレンソウ禁止で1日7時間15分しか働かないから仕事が面白くなる』, 東洋経済新報社,
　　　　2012年.

小室淑恵, 『6時に帰るチーム術──なぜ, あの部門は「残業なし」で「好成績」なのか?』, 日本能率協会マネ
　　　　ジメントセンター, 2008年.

中谷常二編著, 『公益ビジネス研究叢書ビジネス倫理学』, 晃洋書房. 2007年.

田中滋・川淵孝一・河野敏鑑編著, 『会社と社会を幸せにする健康経営』, 勁草書房, 2010年.

濱口桂一郎, 『若者と労働──「入社」の仕組みから解きほぐす』, 中公新書ラクレ, 2013年.

乾彰夫, 『若者が働きはじめるとき──仕事, 仲間, そして社会』, 日本図書センター, 2012年.

真木悠介, 『時間の比較社会学』, 岩波現代文庫, 2003年.

金子勝・神野直彦, 『失われた30年──逆転への最後の提言』, NHK出版新書, 2012年.

野中郁江・全国労働組合総連合編著, 『ファンド規制と労働組合』, 新日本出版社, 2013年.

ジュリエット・B・ショア, 『浪費するアメリカ人──なぜ要らないものまで欲しがるか』, 森岡孝二監訳,
　　　　岩波現代文庫, 2011年.

セネカ, 『生の短さについて他二篇』, 大西英文訳, 岩波文庫, 2010年.

[권말 자료] 업무에 의한 심리적 부담 평가표

특별한 사건

특별한 사건의 유형	심리적 부담 종합 평가를 '강'으로 하는 경우.
극도의 심리적 부담	· 생명을 위협하거나, 극도의 고통을 동반하거나, 또는 영구 노동 불능과 후유 장해가 남은 업무상 질병이나 부상을 당했다(업무상 상병은 6개월을 초과, 요양 중에 증상이 급변, 최고 고통을 동반한 경우 포함). ⇨ 항목 1 관련 · 업무와 관련하여 다른 사람을 사망하게 하거나 생명을 위협 심각한 부상을 입혔다(의도적 제외). ⇨ 항목 3 관련 · 강간이나 본인의 의사를 억압하고 성추행 등의 성희롱을 받은 것. ⇨ 항목 36 관련 · 기타 상기에 준하는 정도의 심리적 부하가 최고라고 인정되는 것.
극도의 장시간 노동	· 발병 직전 한 달에 대략 160시간을 넘거나 이에 못 미치는 기간에 이와 같은 정도의(예를 들어 3주에 대략 120시간 이상) 시간 외 근로를 하게 됨(휴식 시간은 적지만 대기시간이 많은 경우 등 노동 밀도가 특히 낮은 경우 제외).

※ '특별한 사건'에 해당하지 않는 경우에는 각각의 항목으로 평가한다.

특별한 사건 이외(종합 평가의 공통 사항)

1. 사건 이후의 상황의 평가

사건 이후의 상황으로 표에 나와 있는 '심리적 부하의 종합 평가의 관점' 외에 다음에 해당하는 상황 중 두드러진 것은 종합 평가를 강화하는 요소로서 고려한다.

　　① 일의 재량성 부족(타율성, 강제성의 존재). 구체적으로 작업이 고독, 단조로운 작업, 스스로 일의 순서·방법을 결정할 수 없는 작업, 자신의 능력과 지식을 업무에 사용하게 요구하지 않는 등.

　　② 직장 환경의 악화. 특히 소음, 조명, 온도(혹서·한랭), 습도, 환기, 냄새의 악화 등.

　　③ 직장의 지원·협력 등(문제에 대한 대처 등을 포함)의 부족. 구체적으로는 일하는 방식의 재검토, 개선 체제의 미확립. 책임의 분산 등 지원·협력이 이루어지지 않는 등.

　　④ 상기 이외의 상황이며, 사건에 따라 발생했다고 인정되는 것(다른 사건과 평가할 수 있는 것을 제외한다).

2. 항시적인 장시간 노동이 인정되는 경우 종합 평가

　　① 구체적인 사건의 심리적 부하의 강도가 노동 시간을 가미하지 않고 '중' 정도로 평가되는 경우이며, 사건 후 계속적인 장시간 노동(월 100시간 정도 되는 시간 초과근무)이 인정되는 경우에는 종합 평가는 '강'으로 한다.

　　② 구체적인 사건의 심리적 부하의 강도가 노동 시간을 가미하지 않고 '중' 정도로 평가되는 경우로서, 사건 전에 항시적인 장시간 노동(월 100시간 정도가 되는 시간외 노동)을 인정, 사건 직후(사건 후 대체로 10일 이내) 발병에 이르고 있거나, 사건 직후 발병에는 이르지 못했지만 사후 대응에 많은 노력을 투자 후 발병한 경우 종합 평가는 '강'으로 한다.

　　③ 구체적 사건의 심리적 부하의 강도가 노동시간을 가미하지 않고 '약' 정도로 평가되는 경우로서, 사건의 전후에 각각 계속적인 장시간 노동(월 100시간 정도 되는 시간 외 근로)이 인정되는 경우에는 종합 평가는 '강'으로 한다.

한국의 과로 자살 결코 낯설지 않은

김명희 / 시민건강연구소

이 책에 소개된 일본의 과로 자살 사례들은 하나같이 안타까움과 분노를 자아낸다. 어떻게 이런 말도 안 되는 상황이, 그것도 수많은 일터에서 벌어질 수 있었을까? 스스로 목숨을 끊은 노동자들, 그리고 남겨진 가족들이 겪었을 고통은 감히 짐작조차 할 수 없다.

그러나 이 책의 미덕은 장시간 노동과 일터 괴롭힘의 비극적 결말을 그저 소개하는 데 그치는 것이 아니라, 구조적·사회적 원인을 분석하고 해결의 노력과 그 경과까지 보여주었다는 데 있다. 감당하기 어려운 슬픔에도 불구하고 이것이 개인적 비극이 아니라 사회적 문제이며 다른 가족도 이런 슬픔을 경험해서는 안 된다는 생각으로 목소리를 내온 유가족들, 그리고 과로사 110번 같은 시민사회의 노력은 일본의 일터와 법 제도를 서서히 변화시켜왔다. 물론 과로사예방법이 제정되었다고 해서 하루아침에 모든 것이 바뀌지는 않을 것이다. 하지만 과로사와 과로 자살이 중요한 문제라는 점을 사회적으로 인정하고, 국가에 책임이 있다는 것을 확인했다는 점에서 이는 커다란 진전이다.

그렇다면 한국의 상황은 어떨까? 아마 많은 독자들은 소개된 사례들을 읽으면서 '한국이랑 너무 비슷한데?' 하면서 공감하거나, '한국의 일터만 이상한 건 아니구나!' 하면서 묘한 안도감을 느꼈을 것이다. 본문에는 1990년대 후반 경제 위기 이후 일본과 마찬가지로 한국의 자살률이 급증했다는 사실이 언급되기도 한다. 저자는 글로벌 시장 경쟁 속에서 일본의 과로 문화가 지구촌으로 확산되는 것을 우려했다. 이는 결코 근거 없는 걱정이 아니다. 근로기준법을 포함한 한국의 여러 법 제도들은 일본의 것을 뼈대로 삼고 있다. 경제 발전이나 인구구조의 변화 측면에서 한국은 약간의 시차를 두고 일본을 뒤쫓고 있으며, 가부장주의와 성차별주의라는 몹쓸 유산을 공유하고 있다. 우리는 일본의 경험을 통해 우리 모습을 돌아보기도 하며, 또 앞으로 나아가는 데 중요한 교훈을 얻을 수도 있다. 이 책을 한국에 소개하게 된 이유이기도 하다.

이 글에서는 책을 다 읽고 나서 한국 상황에 대해 궁금증을 가질 독자들을 위해, 한국의 과로 자살 문제를 간단히 짚어보고자 한다.

1. 한국의 과로 자살: 통계

책을 읽으면서 가장 먼저 떠오르는 질문은 아마도 '그렇다면 한국에는 과로 자살이 얼마나 많을까?'일 것이다. 안타깝게도, 이에 대한 답변은 '아직 모름'이다. 일본의 경우에도 과로 자살의 숫자를 정확히 파악할 수는 없었다. 경찰청 통계에 '근무 문제'로 집계된 사례로 짐작해보건대, 연간 최소 2000명 내외일 것으로 추정할 뿐이다. 이 중 노동재해(산업재해) 보상을 청구한 사례는 연간 200여 건 내외로 사망 추정 숫자의 약 10%에 불과하며, 그나마 실제 노동재해로 승인된 경우는 이 중에서도 30~40%에 지나지 않는다.

일본과 한국은 1997~1998년 동아시아를 강타한 외환 위기 이후 자살 사망

<그림 1> 일본과 한국의 연간 자살 사망자 숫자, 1990~2015년

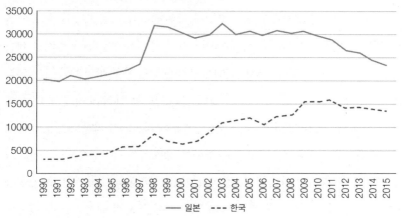

자료: WHO, Mortality Database

<그림 2> 일본과 한국의 성별에 따른 연간 연령 표준화 자살 사망률(10만 명당), 1990~2015년

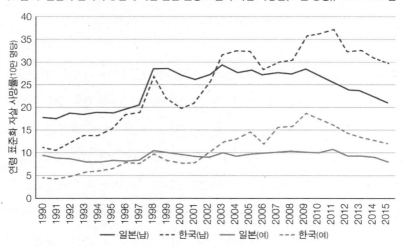

자료: WHO, Mortality Database

자가 급증하는 현상을 경험했다. 일본은 이후 자살자 숫자가 연간 3만 명이 넘는 해가 10년 이상 지속되다가 2010년 이후에야 감소 추세로 돌아섰다. 한국의 경우에도 1997~1998년 급증한 이래 지속 증가해 2011년에 정점을 찍은 이후 감소세로 돌아섰다. 가장 높았던 시기 한국의 자살 사망자 숫자는 연간 1만 5000명이 넘었다(〈그림 1〉). 그런데 일본 인구가 한국에 비해 두 배 이상 많고, 상대적으로 노인 인구 비중도 높기 때문에 자살자 숫자를 그대로 비교해서는 곤란하다. 연령 구조를 표준화해 10만 명당 자살 사망률을 구해보면 〈그림 2〉와 같은 결과가 나타난다. 일본이 '자살 대국'이라고 하지만, 2003년을 지나면서 한국의 자살 사망률은 남녀 모두 일본을 훌쩍 뛰어넘었다. 한국은 작년에 리투아니아가 OECD 회원국으로 가입하기 전까지 10년 넘게 OECD 에서 자살 사망률 1위를 지켜왔다. 그리고 현재 자살은 20대와 30대 사망의 가장 흔한 원인이며, 40대와 50대에서도 암에 이어 두 번째로 많은 사망 원인이다.

이러한 자살 사망자들 중에서 얼마나 많은 사람들이 장시간 노동이나 일터 괴롭힘 때문에 스스로 목숨을 끊었는지는 알 수 없다. 다만 일본에서 했던 것처럼 여러 자료들로부터 단서를 찾을 수는 있다. 우선 2012년 제정된 '자살예방 및 생명존중문화 조성을 위한 법률'에 따라 보건복지부와 중앙자살예방센터는 매년 『자살예방백서』를 펴내고 있다. 2018년에 발행된 백서에는 2016년 자살 사례들에 대해 경찰청이 집계한 자살 동기 분류 결과가 제시되어 있다. 이에 따르면 정신과적 질병 문제(36.2%)가 가장 많았고, 경제생활 문제(23.4%), 육체적 질병 문제(21.3%) 등이 그 뒤를 이었다. '직장 또는 업무상 문제'라고 분류된 경우는 전체 자살 사망자 1만 3092명 중 514명, 즉 3.9%였다. 2012년에서 2016년 동안 정신과적 질병에 의한 비율은 27.7%에서 36.2%로 점점 커지고, 직장 내 문제가 차지하는 비율은 4.1%에서 3.9%로 소폭 감소했다. 그러나 자살이 한 가지 동기에 의해서만 일어난다고 보기 어렵고, 또 어떤 동기나 원인이 있다 한들 자살 직전에는 대개 우울증이나 적응 장애 같은 정신과적 문제를 경유한다는 점에서 이러한 분류는 부적절해 보인다. 일본에서 자살 동기·원인 분류에 세 가지까지 표기할 수 있도록 한 것은 이러한 문제점 때문이다. 어쨌든 이러한 한계를 염두에 둔 채 '직장 또는 업무상 문제'로 분류된 사례들을 살펴보면, 남자 442명, 여자 72명으로 남자가 압도적으로 많았다. 또한 연령별로는 직장 내 문제로 분류된 비율이 20대 자살 사망자의 9.1%, 30대 5.8%, 40대 4.9%, 50대 4.5% 수준이었다. 직업별로는 자영업 자살 사망자의 8.3%, 전문직 10.5%, 공무원 25.0%(자살자 수 88명에 해당), 일반 봉급자 10.1% 등이 '직장 또는 업무상 문제'로 분류되었다. 동기 분류가 자의적일 뿐 아니라, 통계청의 표준직업분류체계조차 따르지 않았다는 점에서 국내의 경찰청 통계는 개선해야 할 부분이 많다.

한편 국내 중앙심리부검센터*에서는 자살의 동기나 원인에 대한 심층적 이해를 위해 2015년부터 2017년까지 자살로 사망한 298건의 사례에 대해 심리적 부검을 시행한 바 있다. 그 결과 자살 사망자의 87.5%에서 정신 건강 관련 문제가 있었을 것으로 추정되었다. 그리고 스트레스 요인을 중복해서 파악했는데, 가족 관계 관련 스트레스 추정 사례가 64.0%, 경제적 문제 60.9%, 직업 관련 스트레스 53.6%로 나타났다. 만일 2016년 자살 사망자 중 취업자에 해당하는 5709명에 대해 이 통계를 적용해본다면, 최소한 3000명의 자살이 직간접적으로 일과 관련 있다고 볼 수 있다. 특히 심리적 부검에서 중년기(35~49세)의 경우 경제적 어려움 이외에 직장 내 대인 관계, 이직이나 업무

---

* http://www.psyauto.or.kr/sub/data_02.asp

량의 변화, 실직 등 직업 관련된 요인들이 빈번하게 거론되었고, 장년기(50~64세) 자살 사망자들 사이에서는 실업 문제로 인한 스트레스 비중이 높은 것으로 나타났다. 매우 제한된 표본이기에 이 결과를 자살 사망자 전체로 일반화하기는 어렵겠지만, 중장년층에서 일터 환경이나 실직 등 직업 관련 스트레스가 적지 않다는 것만은 분명해 보인다.

과로 자살을 추정해볼 수 있는 또 다른 정보원은 산재 통계이다. 고용노동부는 매년 산재 승인 자료에 기초해 「산업재해 현황분석 보고서」를 발행하고 있다. 산재 신청 자체에 여전히 장벽이 높고, 사고성 재해가 아닌 질병의 경우 상대적으로 승인율이 낮기 때문에 산재 보상을 청구해 실제 승인된 사례만을 분석한 결과를 볼 때에는 주의가 필요하다. 이러한 제한점을 염두에 두고 2017년 보고서를 살펴보면, 과로와 밀접하게 알려진 뇌·심혈관 질환으로 산재를 승인받은 사례는 2016년 587명에서 2017년 775명으로 32% 늘어났다. 이 중 사망에 이른 경우도 354명이나 되었다. 이 보고서에는 '자살' 또는 '과로 자살'이라는 범주가 존재하지 않고, 과로, 스트레스, 간 질환, 정신 질환 등을 포함하는 '작업관련성 질병 기타'라는 범주가 있다. '정신 질환'으로 분류된 산재 승인 사례의 경우, 요양 재해자가 82명이었고 사망자가 44명이었는데, 아마도 이들 정신 질환 사망자가 과로 자살에 가장 가깝다고 볼 수 있을 것이다. 이러한 결과는 2016년 25~64세 자살 사망자의 숫자가 8733명에 달하고, 최소한 경찰청 통계에서 직업 관련 문제가 동기로 지목된 경우가 4% 남짓이었다는 점, 심리 부검 결과 작업 관련 스트레스 요인이 확인된 사례가 절반 남짓이었던 것을 고려해보면 터무니없이 적은 숫자라 할 수 있다.

어떤 문제를 해결하기 위해서는 문제의 규모와 특성을 정확하게 파악하는 것이 우선이다. 한국 사회에서는 과로, 과로사, 과로 자살에 대한 기본 통계를 산출할 수 있는 자료 수집 방안과 제도적 기반을 마련하는 것이 시급하다.

2. 한국의 과로 자살: 사례

객관적 통계를 통해서 전모를 파악할 수 없으니, 구체적인 몇몇 사례를 통해 한국 과로 자살의 특성을 들여다볼 수밖에 없다. 여기에서는 행정소송을 통해 법원에서 산재를 인정받은 세 건의 자살 사례와 유가족, 시민사회의 노력을 통해 사회적 공론화가 이루어졌던 두 건의 자살 사례를 소개하고자 한다. 전자의 경우 법원의 인터넷 판례 제공 서비스를 이용해 자료를 수집했기 때문에, 피해자의 이름은 물론 성별, 연령, 근무지 정보 등 개인 정보는 전혀 알 수 없다. 또한 판결문에는 재판 과정에서 인정을 다투는 부분만 기록되기 때문에, 유족의 목소리나 사망과 직접적 연관은 없지만 중요한 맥락에 대한 정보는 파악할 수 없다는 한계가 있다.

이 사례들을 읽다 보면, 장시간 노동과 일터 괴롭힘, 업무 부담으로 스트레스가 가중되다가 결국 개인이 무너지고 죽음에까지 이르는 과정이 앞서 소개된 일본의 사례들과 놀라울 만큼 닮아 있다는 것을 알게 된다. 게다가 근로복지공단이나 법원의 산재 인정 혹은 불인정의 논리, 법률 용어마저 똑같다는 점에서 왜 우리가 일본의 과로 자살 문제, 그 대응에 관심을 가져야 하는지 절실하게 깨달을 수 있다.

1) IT 보안 소프트웨어 업체 중간 관리자[*]

고인은 2002년 보안 업체에 입사해 줄곧 보안 프로그램 개발 업무를 담당하다가 2008년 영업 과장으로 발령받으면서 판매 영업 업무를 맡게 되었다. 2011년, 해당 부서의 차장으로 승진해 같은 업무를 수행하던 중 2013년 1월 9일 자살했다.

2012년 하반기부터 회사는 고인에게 새로운 거래처 발굴 등 독자적 영업 판로 개척을 요구했다. 이 회사는 2012년 8월 말 합병 계획을 발표했고 12월에 실제 합병을 앞두고 있었기에 영업 성과는 매우 중요한 문제였다. 고인은 이에 부응하기 위해 잦은 지방 출장과 야간 근무, 접대 활동 등을 했다고 한다. 그러나 별다른 성과를 거두지 못하면서 힘들어하는 모습을 직장 동료들이 목격하고는 했다.

2011년 11월에는 회사에서 납품한 보안 프로그램을 사용하는 기업의 서버가 해킹되어 고객 정보가 유출되는 사고가 발생해 고인이 수사기관에 참고인 조사를 받은 적이 있다. 또 2012년 9월경에는 정부 부처 등 주요 거래처에 납품한 프로그램에 장애와 오류가 발생해 거래처의 영업 담당자로부터 여러 차례 항의를 받기도 했다. 2012년 10월부터는 회사 제품에 대한 불안감과 영업 부진으로 스트레스가 심해졌다. 게다가 프로그램을 판매하는 과정에서 제품 사양을 잘못 기재해 회사에 4000만 원 상당의 손실을 입혀서 상사로부터 질책을 받은 일도 있었다.

고인은 2012년 11월 7일에 한의원을 방문해 '화병'에 대한 치료를 받았다. 당시에 2개월 전부터 매출 압박으로 스트레스가 심하다는 이야기를 했다. 11

---

[*] 서울고법 2016누37630(선고일 2016.07.21), 서울행정법원 2014구합74008(선고일 2016.02.04)

월 20일에는 대학 병원을 방문해 불면증과 스트레스를 호소하고 정신과 자문에 따라 항우울제를 처방받았다. 이런 상황이 이어지는 가운데 2013년 1월 8일, 2013년도 매출 계획에 관한 임원 회의가 열리게 되었다. 고인도 영업 계획 등 회의 자료를 제출하고 집으로 퇴근했는데, 다음 날 오전 자택 지하 계단에서 사망한 채로 발견되었다.

유가족은 고인의 죽음이 업무상 재해에 해당한다고 생각해 산재 보상을 청구했지만 2014년 4월 '부지급'이 결정되었다. "업무 관련 스트레스는 어느 정도 인정되나, 그 내용이나 강도가 자살을 유발할 정도로 과도하지는 않았다고 판단되므로, 업무와 재해 사이에 상당 인과관계를 인정하기 어렵다"는 결론이었다. 유가족은 이에 불복해 산재 보상 재심사위원회에 재심사를 청구했으나 이 역시 2014년 8월에 기각되었다. 그에 따라 유가족은 행정소송을 제기해 2016년 2월 법원으로 '부지급 취소' 판결을 받았다. 근로복지공단은 이에 대해 항소했다. 그러나 2016년 7월 고등법원이 항소를 기각하면서 최종적으로 산재가 인정되었다. 법원은 업무상 스트레스가 가중되는 가운데 고인이 동료들에게 정신적 고통을 호소하고 우울 증세로 병원치료까지 받았으며, 과거에 우울증을 앓은 전력이나 업무 외에 이러한 증상을 유발한 만한 다른 유인이 발견되지 않은 점을 들면서, 고인의 우울 증세가 업무 스트레스로 인해 유발 악화된 것으로 인정했다. 자살 직전 극심한 업무상 스트레스와 정신적 고통으로 인해 우울 증세가 악화되어 "정상적 인식능력이나 행위 선택 능력, 정신적 억제력이 현저히 저하되어 합리적 판단을 기대할 수 없을 정도의 상황"에 처해 자살에 이르렀다고 추정한 것이다. 고인이 세상을 떠난 지 3년 반 만의 결론이었다.

2) 자동차 개발 연구원[*]

고인은 2004년 국내 자동차 기업 산하 연구소에 연구원으로 입사한 이래, 줄곧 차량 개발 업무를 담당해왔다. 그는 2014년 5월 자택에서 밤늦게 외출한 후 다음날 오전 직장 인근에서 사망한 채로 발견되었다.

고인이 재직하던 연구소는 신차 양산을 위한 개발 기획, 차량 설계, 시험 차량 제작, 시험 차량 테스트 등 여러 과정을 담당했다. 고인은 2013년 1월 연구소 내부에서 승진했고 2014년 2월 조직 개편 이후에는 양산 이전 단계 시험 차량 제작을 전담하는 부서에 근무하게 되었다. 이전 1년 동안에는 부품 개발 업무 중 엔진 시스템 분야를 주로 담당했는데 신설 파트로 전환되면서 하이브리드 신차 개발 프로젝트 매니저(PM)가 되었다. 조직 개편 전에는 PM이 신차 1대와 파생차 3대의 개발 업무를 맡았지만, 2014년 2월 조직 개편 이후에는 담당 인력이 축소되면서 PM이 하이브리드를 포함한 신차 2대와 파생차 6대를, 심지어 4월부터는 신차 2대와 파생차 15대의 개발을 맡아야 했다. 게다가 신설 조직이었기 때문에 고인은 부서의 업무 프로세스 개선과 표준화를 위한 일까지 해야 했다. 고인은 2014년 2월 이후 사망 전까지 약 3개월 동안 총 83건의 보고서를 작성해 상급자들에게 주간, 수시, 긴급 보고 등의 형태로 보고했다. 사망 전 12주 동안 일주일 평균 근무시간은 61.6시간에 달했으며 사망 전 4주 동안 1주 평균 근무시간은 57.5시간이었다. 심지어 사망 직전인 5월 19일부터 21일까지는 하루 15시간, 16시간, 12시간을 근무했다. 그가 내부 승진한 2013년 1월부터 사망하기까지 약 1년 5개월 동안 사용한 연차휴가는 총 4일밖에 안 되고, 2014년 2월 조직 개편 후에는 연차 휴가를 사용한 적이

---

[*] 서울행정법원 2015구합55585(선고일 2016.08.24.)

없었다.

하이브리드 신차는 이 기업의 차세대 주력 상품이고 언론에도 여러 차례 보도되었기 때문에 경영진의 관심이 매우 컸다. 그러나 선행 과정들이 지연되면서 고인이 속한 팀의 작업도 지연되고 신차 양산 일정은 순차적으로 지연되었다. 고인은 동료들에게 "(연습용 차량을) 한 대 한 대 인계할 때마다 죽는 거 같다. 전 부문을 다 불러야 하는데 협조가 안 된다" "어떻게 해야 될지 모르겠다. 내가 할 수 없는 일을 왜 내가 하고 있어야 되나?" "'자신의 업무를 제대로 처리 못해서 동료들에게 폐를 끼치는 건 아닌가" 등 중압감을 토로했다. 동료 연구원들 또한 4월경부터 고인이 안절부절 못하는 등 업무에 집중하지 못하는 모습을 보게 되었다. 자신들 사이에 고인을 가장 힘들어 보이는 사람으로 꼽을 만큼 그가 업무 때문에 괴로워하는 모습을 자주 목격했다고 한다. 사망 즈음해서는 일부 동료들에게 "도저히 참기 힘들다. 계속 이런 상태면 회사를 그만두든지 사고 칠 것 같다"고 말했다. 출근 마지막 날에는 "형, 너무 힘들다. 너무 힘들어서 죽어버릴 것 같다. 우리 센터장은 누구 하나 잘못되어야 상황이 심각한 것을 느낄 사람이다"라고 흥분하며 말했다고 한다.

유족들은 고인의 죽음이 업무상 재해에 해당한다고 생각해 근로복지공단에 산재 보상을 청구했지만 2015년 1월 20일에 불승인 결정되었다. "업무 강도가 상당히 높았고 과로를 하였을 것으로 보이나, 그로 인해 판단력 망실에 이를 만한 정신과적 질환 상태에 있으리라 볼 근거는 찾기 어렵다"는 것이 그 이유였다. 이에 유족들이 행정소송을 제기했고, 2016년 3월에 유족 급여 및 장의비 부지급 처분 취소 판결을 받아냈다. 법원은 고인의 업무 환경에서 정신적 스트레스가 심했고 과중한 업무에 시달렸다는 점, 사망 전 고인이 보인 모습이 우울증의 진단에 합당하다는 점을 인정했다. 그리고 다른 지병이나 경제적 어려움을 겪고 있지 않았기에 업무상 스트레스를 제외하고는 정신적·육체적으로 자살을 결심할 만큼의 우울증 악화 요인을 찾기 어렵다고 판단했다. 고인이 만일 심장마비나 뇌혈관 질환으로 사망했다면, 이 정도의 장시간 노동과 업무상 스트레스가 과로사의 기여 요인이라고 쉽게 인정되었을 것이다. 하지만 과로 자살은 인정의 문턱이 높다.

3) 건설감리업체의 임원[*]

고인은 2005년 건축사 사무소에 입사해 임원으로 재직하며 아파트 신축공사의 감리 용역 업무를 담당해왔다. 2011년 고인이 감리를 맡은 서울 시내 아파트 공사 발주처가 주관한 점심 식사 겸 종무식 행사에 참석한 후 사무실로 복귀했다가 오후에 공사 현장 사무실에서 사망한 채로 발견되었다.

고인이 근무하던 회사는 공사 시공 종합 감리 전문 업체로, 공기업이 주요 거래처였다. 2009년 1월부터 2011년 4월까지 서울 시내 한 공사 현장에서 약 38억 원에 달하는 책임 감리 용역 계약을 맺었고, 고인은 이 계약의 총괄 책임자였다. 그는 소속 직원의 업무를 분장하고 제대로 감리 업무를 이행하는지 확인하며, 대외적으로 시공사, 발주처 관계자를 응대하는 업무도 담당했다. 해당 발주처는 회사의 주요 거래처일 뿐 아니라 수주 규모가 크고 대금 지급도 안정적이기 때문에 요구에 부응할 수밖에 없는 상황이었다.

그런데 공사 현장에서 공장, 송전선로 철거가 지연되고, 문화재 발굴 조사 같은 발주처 요인 때문에 시공사의 공사 착공이 연기되면서, 준공 기일과 감리 계약 기간도 차례로 연장되었다. 현장에 상주해야 할 필수 감리 인원의 수가

---

[*] 대법원 2013두21793(선고일 2014.12.24.), 서울고등법원 2013누8464(선고일 2013.09.26.)

17명으로 정해져 있는데, 계약 기간이 연장되자 계약 금액을 맞추기 위해 상주 인원을 12명으로 대폭 축소했다. 이러한 상황에서 2011년 6~7월에 비가 계속 내려 현장 공사가 이루어질 수 없었다. 자연재해는 규정상 공사 기간 연장 사유에 해당하지만, 발주처는 착공이 늦어졌고 분양 일자가 이미 공지되었다며 공사 기간을 연장해주지 않았다. 고인은 공사 기일을 준수하기 위해 시공사를 독려하는 등 과중한 업무를 수행할 수밖에 없었다. 그러던 중 7월 말에 서울에 기록적 폭우가 내리면서 인근에서 산사태가 발생해 공사 현장이 흙과 빗물에 매몰되는 큰 사고가 일어났다. 시공사는 약 한 달 동안 뻘 청소 등 피해 복구 작업을 하면서 동시에 예정된 공사를 병행해야만 했다. 감리 회사의 감리원들도 상당한 업무 부담이 있을 수밖에 없었다.

또한 2011년 4월과 10월, 고인의 소속사는 자재 관리와 시공 확인 소홀, 안전 관리 소홀을 이유로 발주처로부터 경고장을 받았다. 이렇게 되면 향후에 수주가 제한될 수도 있고, 현장 책임자인 고인에게 벌점이 부과되거나 책임 감리 단장 지위 교체 등 불이익이 생길 수 있었다. 고인은 상당한 부담감을 느낄 수밖에 없었다. 그뿐만 아니라 공사 현장에서는 발주처 요구로 준공 예정 6개월을 앞두고 수많은 설계 변경이 이루어졌다. 이 경우 감리 회사는 설계 변경에 따른 시공사 요청이 타당한지 검토해 발주처 승인을 받아야 한다. 설계 변경에 따라 증액되는 금액 확정을 위한 자재, 인력, 장비 파악 등 그 업무는 상당했다. 사정이 이러한데도 발주처 요구로 2011월 12월 감리원 2명이 추가로 공사 현장에서 철수했다. 준공 기한을 앞두고 있던 단지는 산사태로 큰 피해를 본 곳이고 외국인 임대 단지라서 각종 가구와 집기까지 공급해야 하기 때문에 축소된 감리 인원으로 이를 감당하기는 무리였다.

고인은 이 시기 극도의 불안감에 휩싸인 것으로 보인다. 동료들은 고인이

"자살하기 약 2개월 전부터 휴일에도 출근해 현장을 둘러보는 등 책임 감리원으로서 준공을 걱정하고 초조해했다. 평소 화를 잘 내지 않는 성격인데 발주처 주관 회의를 다녀오면 화를 내고 불안해했다"고 증언했다. 고인의 유서에는 다음과 같은 내용이 담겨 있었다.

책임 감리원, 기술자 생활 30여 년 이렇게 힘들 때가 있었을까요. 10월 초부터 지금에 이르기까지 준공, 입주시키느라 내 생전 이런 스트레스 처음이고 이로 인해 2주째 불면증에 시달리고 있고 몸도 가누지 못할 정도입니다. 간 검사, 췌장 등 몇 가지 검사 이상이 없었는데도 불면증·고문이나 마찬가지고 현장 들어서는 순간 가중된 스트레스가 쌓여만 가네요. 그리고 발주처의 고압적인 압박, 두고 보자는 식의 협박, 감리원을 보내야 하는 동료로서의 아픔. 본사에 이야기도 못하고 고민해야 하는 나의 자존심, 고독감. 따라오지 못하는 시공사·시스템의 문제가 아무리 노력해도 여기까지 몰고 온 것 같습니다.

유족은 고인의 죽음이 업무상 재해에 해당한다고 생각해 산재 보상을 청구했다. 하지만 2012년 5월 근로복지공단은 "통상적 업무 외에 달리 극심한 환경 변화 등이 없었던 것으로 보이고, 우울, 불면증의 증상이 나타나지만 망인의 자해 행위는 개인적 취약성에 의한 것으로 보여 업무상 재해로 인정할 수 없다"고 결론 내렸다. 유족은 이러한 부지급 결정을 취소해달라고 행정법원에 제소했으나 2013년 2월 판결에서도 역시 산재는 인정되지 않았다. 유가족은 이에 불복해 근로복지공단을 상대로 항소했다. 이에 고등법원은 2013년 9월 판결에서 1심 판결을 취소한다고 결론 내렸으나, 이번에는 근로복지공단이 불복해 상고했다. 결국 2014년 12월, 대법원이 상고를 기각하고 업무상 재해로 최종 인정했다. 대법원은 업무로 인한 부담 이외에 개인적 스트레스 요인이 없었고 평소 축구회 활동을 하는 등 건강 상태가 양호했다는 점, 사망 한 달 전부터 업무상 스트레스 누적으로 불면증과 우울증 등을 호소하고 병원에 내원해 업무상 스트레스에 의한 우울증 진단을 받았던 점을 고려해 업무와 자살 사이에 상당 인과관계를 인정했다. 고인이 세상을 떠난 지 3년 만에, 그것도 대법원에 가서야 겨우 과로 자살을 인정받은 것이다.

4) 온라인 교육업체 웹 디자이너[*]

2018년 1월 3일, 온라인 교육 업체에서 웹 디자이너로 근무하던 36세 장민순 씨가 목숨을 끊었다. 그녀는 과거 우울증을 앓은 적이 있었지만 거의 완치라고 할 만큼 상태가 호전되어 2015년 5월에 S사에 경력직으로 입사했고, 이곳에서 32개월을 근무한 후였다. 비극적 사건이 일어나기 한 달 전, 그녀는 친언니에게 대성통곡하며 회사 생활의 괴로움을 처음으로 털어놓았다. 언니는 동생의 야근이 심하다는 것은 알고 있었지만 그 정도로 힘든지는 몰랐다. 마침 언니도 장시간 노동으로 악명 높았던 온라인 게임 업체에서 일하고 있었다. 언니는 자신이 다니던 회사에서 개발자 몇 명이 연달아 돌연사한 후 고용노동부의 근로 감독을 받고 근로 환경이 한층 개선된 경험을 가지고 있었다. 이를 떠올리며 자매는 고용노동부 강남지청에 근로 감독을 요청했다. 그러나

---

[*] 고 장민순 웹 디자이너의 사례는 언론 보도와 토론회 등에서 밝혀진 내용을 토대로 사건 경과를 정리했다. 대표적으로 2018년 4월 《오마이뉴스》 연속 기고 시리즈 "에스티유니타스 웹 디자이너는 왜 힘들어 했는가", "에스티유니타스 웹 디자이너 과로 자살 진상조사결과 발표 및 재발 방지를 위한 토론회"(이정미 국회의원, 공인단기·스콜레 웹 디자이너 과로 자살 대책위원회. 2018년 5월 9일 국회의원 회관 제3간담회실).

강남지청은 올해 치의 감독이 종료되었다며 2018년 2월 쯤 다른 기업들과 같이 감독을 나가겠다고 답변했다. 당시 자매들은 알지 못했지만, 노동부는 이미 2016년 10월에 S사에 근로 감독을 실시한 적이 있었다. 당시에도 최저임금법 위반 128건, 연장·야간근로 수당 미지급 128건 등 위반 사례를 적발했으나 한 건도 처벌하지 않았다. 만일 이 때 장시간 노동 실태에 대한 충분한 조사와 개선이 이루어졌더라면, 어쩌면 비극적 죽음은 막을 수 있었을지도 모른다.

이들 자매는 가만히 있을 수 없어, 언니가 다니던 회사의 노동환경 실태를 고발했던 시민단체 노동자의미래에 상담을 요청했다. 그리고 그곳 활동가의 조언을 토대로 회사의 불법행위를 고발하기 위한 자료 수집에 직접 나섰다. 그러나 이런 노력 도중인 2018년 1월 2일, 동생은 언니에게 자신의 출퇴근 교통카드 기록을 넘겨준 것을 마지막으로, 세상을 등지고 말았다.

동생의 죽음 이후 언니는 노동자의미래를 비롯한 시민사회 단체의 도움을 받아, 30여 명의 전현직 동료들을 찾아다니며 근로 환경 실태를 직접 조사했다. 이후 시민사회 차원의 '디자이너 과로 자살 대책위원회'가 결성되면서 고인의 과로 실태와 문제점이 세상에 알려졌다.

우선 그녀가 입사 당시 체결한 연봉 계약은 포괄 임금제 방식으로 월 69시간의 연장근로, 월 29시간의 야간근로에 해당하는 수당이 이미 포함되어 있었다. 그 비중은 연봉의 36%에 달했다. 그녀는 입사하자마자 3개월 동안 매주 연장근로 법적 한도를 초과하며 일했다. 위의 근로 감독 영향인지는 알 수 없으나, 다행히 2016년 10월 무렵부터는 야근 횟수가 상당히 줄었다. 그러나 2017년 4~6월에 직무 교육 웹 사이트 리뉴얼 작업을 맡게 되면서 5월에 집중적으로 야근을 하게 되었다. 컨펌 대기는 물론 수시로 변경되는 기획 등으로 극도의 스트레스를 받다 우울증이 악화되자 9월 한 달 간 휴직했다. 10월 초에 복귀했는데, 이때부터는 사이트 디자인과 브랜딩 디자인 업무는 물론 카드뉴스 제작 등 여러 명이 해야 할 일을 혼자 떠맡게 되면서 업무가 폭주했다. 11월 한 달 동안 8시 이후에 퇴근한 날이 14일, 자정 이후 퇴근한 날이 4일이었다. 당시 연장근로 한도를 위반한 주가 40%, 장시간 노동 한도를 위반한 주가 11.8%에 달했다. 12월에는 거의 탈진 상태에 이르고 수면 장애가 악화되면서 지각이 잦아졌다.

장시간 근로만이 문제는 아니었다. 확립되지 않은 업무 프로세스 탓에 상사의 컨펌을 받기 위해 정해진 근무시간과 관계없이 상시 대기하고, 수시로 바뀌는 의견을 반영하여 수차례 수정 업무를 반복하는 것, 업무의 양과 시간을 예측할 수 없는 상황이 지속되었다. 또한 오프라인에서 이루어지는 수험생 응원 이벤트 등에 '자발적'으로 참여해야 했다. 자발적이라고는 하지만 인사 평가에 20%나 반영되는 중요한 업무였다. 야근이 이어지는 와중에도 상사로 부터 자기 계발서를 읽어 오라는 요구를 받거나, 채식주의자인데 회식 자리에서 고기 음식을 강요당하기도 했다. 그뿐만 아니라 과도한 몰입 강요로 개인의 내면에 상처를 주는 일도 있었다. 이를테면 2017년 6월의 업무 보고 일지에는 "… 기획서를 깊게 파지 않은 제 자신이 참 부끄러웠습니다" 10월에는 "… 제대로 파악하지 않고 엉망으로 작업을 진행한 제 자신이 너무 부끄러웠습니다. 다시는 이런 결과가 없도록 더욱 노력하겠습니다", 11월에는 "그동안 제가 얼마나 기계적으로 페이스북 컨텐츠를 내보냈는지 부끄러웠습니다" 등의 자아비판 반성문이 적혀 있었다.

이렇게 장시간 노동과 스트레스, 괴롭힘에 시달리느라 병원에 갈 시간을 내기도 어려웠다. 원래 다니던 병원 대신 가까운 의료 기관에서 약 처방전을 발급받은 사례가 10회나 된다. 그녀는 수면 장애와 체중 감소가 심해졌고, 언니가 보기에 걱정이 될 만큼 평소보다 많은 술을 마시기 시작했다.

고인의 죽음 이후 언니는 회사 측에 취업규칙, 업무 일지, 출퇴근 기록에 대해 증거보전 신청을 했지만, 회사는 그녀의 사망이 우울증 때문이다, 신청 범위가 과도하다, 영업 비밀이 포함되어 있다 등의 이유를 들면서 증거보전 신청을 기각해달라고 요청했다. 그러나 2월 20일에 법원은 증거보전 결정을 내렸다. 사측은 외부 법무 법인을 통해 조사한 결과 유족 주장을 뒷받침할 만한 내용을 확인할 수 없었다면서 3월 19일에야 자료를 제출했다. 그런데 컴퓨터 로그 기록은 분석이 불가능하도록 약 1000페이지에 달하는 종이 출력물을 제공했고, 업무 일지는 기밀이라며 중요 부분을 모두 가린 상태였다. 출퇴근 기록은 다른 사원들의 개인 정보와 회사 주요 내용이 담겨 있다며 아예 제출을 거부했고, 출입카드 기록은 건물 관리 업체 소관이라며 역시 제출하지 않았다.

　　이후 고용노동부의 근로 감독, 유가족과 대책위원회의 자체 조사 결과 발표, 시민사회의 압박이 이어지자 마침내 2018년 7월 12일, 사측은 유가족에게 공식적으로 사과했다. 유가족은 야근 근절, 직장 내 업무 스트레스를 야기하는 환경 개선, 사과와 재발 방지 대책, 책임 있는 상사의 징계 등을 요구했다. 사측은 사과뿐 아니라 법정 노동시간 준수, 업무 시각 외 업무 지시 금지, 직원 대상 심리 상담과 치료 지원, 근로 환경 개선과 고충 처리 센터 마련 등 후속 대책을 발표했다. 유족과 시민사회의 노력을 통해 그녀의 안타까운 죽음은 일터와 사회를 변화시키는 밑거름이 되었다.

5) 방송국 드라마 제작 PD[*]

2016년 10월 26일 새벽, 20대 후반의 방송국 PD가 서울 시내 한 호텔 객실에서 사망한 채로 발견되었다. 2016년 1월 C 방송사에 입사해 4월 자회사 예능국의 한 드라마 제작에 합류한 고 이한빛 PD였다. 10월 26일은 이 드라마의 종방연이 있는 날이었다. 고인은 10월 21일 회사에 출근한다고 집을 나가서 돌아오지 않았고, 그의 부모는 25일에야 무단결근을 알리는 회사 인사과의 연락을 받고 실종 신고를 했다. 고인의 부모는 26일에 회사를 찾아가 선임 PD에게 아들의 불성실함과 무능함에 대한 비난을 들었고, 고개 숙여 사과를 해야 했다. 이후 가족과 지인들의 동선 추적 끝에 그가 발견되었다. 사망 현장에서 발견된 유서와 통화 기록, 메모장 등을 통해서 확인한 내용들은 이 젊은 노동자가 얼마나 정신적 고통에 시달렸는지를 보여주었다.

그는 인력이 빠듯한 현장에서 신입 조연출로 일하며, 의상, 소품, 식사, 촬영 준비는 물론 영상 파일 전달, 촬영장 정리, 비용 정산, 편집, 차량 통제 등 거의 모든 잡무를 도맡아 했다. 2016년 8월 27일부터 10월 20일까지 55일 동안 쉬는 날은 겨우 이틀이었으며, 휴대전화에는 하루 평균 28건의 발신 기록이 남아 있었다. 게다가 이러한 일들이 제대로 처리되지 않으면 선임자들로부터 폭언에 시달렸다. 통화 녹취록에는 "이 회사에 정직원이고 C 직원이고 하면 니가 일을 더 해야 돼…. 진짜 한 대 후려갈길 뻔했다. 너 퇴사에 대해 고민하고 있으면, 퇴사를 해야겠다고 생각했으면 지금 나가라. 일이 몰리긴 뭘 몰려. 원래 신입 사원은 그런 일하는 거야" 같은 내용이 남아 있었다.

---

[*] 고 이한빛 PD의 사례는 다수의 언론 보도와 그를 기리기 위해 세워진 '한빛미디어노동인권센터' 자료를 참고해 사건의 경과를 정리했다. http://hanbit.center/xe/page_ZXws81

절대적 업무량만큼이나 그를 괴롭힌 것은 중간 관리자로서의 어려운 역할이었다. 그는 대학생 시절 학생운동에 참여하고, 취업 후에도 빈곤사회연대, 4·16연대, KTX 해고 승무원 대책위원회 등에 후원을 할 만큼 사회정의에 대한 인식이 투철한 사람이었다. 하지만 현장에서 그는 다른 스탭들에게 열악한 환경의 장시간 노동을 강요해야 했다. 또한 비정규직을 해고하는 역할, 방송사가 파기한 계약에 대해서 외주 업체의 계약금을 환수하는 역할 등을 맡아야 했다. 그의 유서에는 '노동 착취'라는 단어와 함께 "하루에 20시간이 넘는 노동을 부과하고 두 세 시간 재운 후 다시 현장으로 노동자를 불러내고, 우리가 원하는 결과물을 만들기 위해 이미 지쳐 있는 노동자들을 독촉하고 등 떠밀고 제가 가장 경멸했던 삶이기에 더 이어가긴 어려웠어요"라는 내용이 적혀 있었다.

유가족은 그의 죽음이 개인의 나약함 탓이 아니라 사회적 타살임을 주장했고, 청년유니온, 민주사회를 위한 변호사모임 등 17개 시민사회 단체가 참여하는 대책위원회가 만들어졌다. 대책위원회는 살인적 노동 강도, 본인의 신념에 반하는 일을 하며 괴로워했던 점, 연출팀 내의 따돌림이 자살의 원인이라고 분석했다. 그러나 고인이 사망한 지 두 달 후 회사 측이 발표한 조사 보고서는 학대나 모욕 행위는 없었다고 결론 내렸다. 이렇게 사측이 비협조로 일관하자, 가족과 대책위원회, 언론은 경찰 수사와는 별도로 직접 자료를 수집하고 관련자들을 만나면서 증거를 모아 2017년 4월에 이를 모두 공개했다. 유족들이 원한 것은 보상금도 아니고 처벌도 아니고, 사과와 재발 방지였다.

이러한 노력이 사회적 반향을 일으키면서 C사는 2017년 6월에 유가족에게 정식 사과를 했다. 그리고 이한빛 PD를 기리기 위한 사단법인 '한빛'에 사측이 재정적 후원을 약속하면서, 방송·미디어 노동환경 개선을 위한 '한빛미디어

노동인권센터'가 2018년 정식 설립되었다. 젊은 노동자가 고통 끝에 목숨을 끊고, 유가족과 시민사회가 끈질긴 투쟁을 하고 나서야 겨우 한 가지씩 문제가 해결된다는 사실을 다시 한 번 깨달을 수 있다.

3. 수면 아래 감춰진 거대한 빙하, 과로와 일터 괴롭힘

자살은 아무런 전조도 없이 어느 날 갑자기 일어나는 것이 아니다. 우울한 기분에서부터 죽고 싶다는 생각, 구체적인 자살 계획과 시도, 그리고 완결된 자살에 이르기까지, 자살은 폭넓은 스펙트럼을 가진 자기 파괴적 행동의 최종 단계라 할 수 있다. 죽음으로 종결된 자살 사례들은 마치 수면 위로 드러난 빙산과 같다. 그 수면 아래에는 겉으로 보이는 것과는 비교도 안 될 만큼 커다란 크기의 고통과 그 고통을 벗어나려는 시도들이 존재한다. 이들 중 극소수는 비극적 결말을 통해 세상에 드러나지만, 대다수는 알려지지 않은 채로 과로사, 과로 자살의 거대한 예비군을 이룬다.

1) 과로: 장시간 노동과 교대 근무, 지나친 업무 부담

이 책은 일본의 장시간 노동 문제를 반복적으로 지적했다. 하지만 장시간 노동이야말로 한국의 '특산품' 아닌가! 오죽하면 부당 노동 행위를 감시하고 근로 환경 개선을 지도해야 할 근로 감독관마저 과로로 사망하는 곳이 한국이다.* 실제로 일본과 한국의 노동시간을 비교해보면, 주당 평균 노동시간도 한국이 길고(〈그림 3〉), 장시간 근무(주당 48시간 이상)하는 노동자 비율도 한국

---

* 　대법원 2015도40743(선고일 2015.07.10.)

〈그림 3〉 일본과 한국의 연도별 주당 평균 노동시간 추이

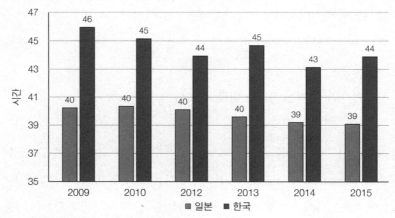

자료: ILOSTAT https://goo.gl/78Qbtb

〈그림 4〉 한국과 일본의 장시간(주당 48시간 이상) 노동자 비율(%)의 추이

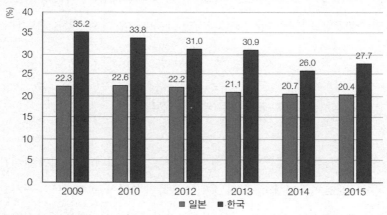

자료: ILOSTAT https://goo.gl/78Qbtb

이 월등히 높다(〈그림 4〉).

그럼에도 한국에서 '과로' 현황에 대한 연구는 매우 적은 편이다. 2011년 출판된 연구보고서[*]는 다양한 통계 자료에 기초해 연장근로나 교대 근무를 하는 노동자의 규모를 국내 최초로 추정한 바 있다. 이 연구에 의하면, 약 127만~129만 명(임금 노동자의 10.2~14.5%)이 야간 근무를 하고 있으며, 170만~410만 명(임금 노동자의 15.0~31.9%)이 주당 52시간 이상 일하는 것으로 나타났다. 또한 49만~76만 명(임금 노동자의 3.3~5.5%)은 두 가지 조건 모두에 노출되어 있었다.

장시간 노동, 야간 근무, 휴일 부족은 심혈관계와 소화기계, 내분비계 등에 다양한 신체적 문제를 일으킬 뿐 아니라 수면 장애, 기분 장애 등 정신 건강에도 악영향을 미친다. 게다가 사회적 관계 맺기, 일·가정 양립을 어렵게 만들면서 정신 건강을 한층 악화시킨다. 앞서 소개한 국내 과로 자살 사례들에서도 비인간적인 장시간 노동과 과로가 사람을 얼마나 피폐하게 만드는지 확인할 수 있었다.

실제 과로와 휴식 부족에 시달리는 노동자들의 목소리를 들어보자. 〈표 1〉은 필자가 보건 의료 부문의 장시간 노동에 대한 연구 과정에서 만난 노동자들의 경험을 보여준다.[†]

〈표 2〉는 노동 인권 단체 직장갑질119에 제보된 사연의 일부이다. 직장갑질119는 2017년에 만들어진 온라인 상담 창구로, 오픈 채팅과 이메일을 통해 노동자들의 다양한 제보와 상담, 법적 지원 활동을 병행하고 있다. 임금 체불,

---

[*] 김현주·김소연·임신예·전경자, 「연장, 야간 및 휴일 근로 등 과중 업무 수행 근로자 관리 방안」 (고용노동부, 2011).

[†] 김명희·고한수·이명준·김창엽, 「ILO 국가별 사례 연구 – 최종 보고서. 한국 보건 의료 부문의 근로시간 형태와 그 영향」 (시민건강연구소, 2015).

<표 1> 과로가 신체적·정신적·사회적 건강에 미치는 영향

> 제가 약간 우울해, 사람이 인제, 많이 가라앉으면서 잠을 잘 못 자게
> 되니까 우울해지고 그 다음에 또 그렇게 푹, 퇴근한 날 푹, 자버리면 저
> 녁에, 낮에 아무것도 안 먹고 자버리니까 일어나서 또 폭식을 하고 식
> 습관에도 영향을 미치고. 네, 그런 걸로 스트레스를 많이 받았던 것 같
> 아요. 그러다 보니까 나중에 분노도 좀 조절이 잘 안되고. 네, 화가 조
> 금만 나도 신경질적으로 내게 되고 사람이 되게 예민해지고 부정적이
> 된 것 같아요. … 정말 저는 성격이 참 이상해진다. 나이트 하면은 성격
> 이 이상해진다 이런 얘기를 막 선생님들한테, 제 위에 선생님들한테 제
> 가 막내로 일할 때 선생님 '저 요즘 계속 성격이 이상해지는 것 같다'고
> 그랬더니 나이트 하면 원래 그렇게 된다고. 야간 전담 의료기사

> 응급실 같은 경우는 엠아이(myocardial infarction, 급성심근경색), 디
> 케이에이(diabetic ketoacidosis, 당뇨성 케톤산증) 오면 다 봐야 되고.
> 누구 하나 미룰 수가 없는데, 새벽 2시에 정신도 멍해지고, 이미 그전
> 에 올린 환자 차트 정리도 다 못한 그런 마음 상태에서 보다 보면 속이
> 타죠. 그렇게 당직을 선 날은 한 달씩 수명이 주는 것 같은 기분을 느껴
> 요. 전공의

> 약속을 못 잡으면 한 번, 두 번 보이콧 하면 그 다음부터 연락이 안 와
> 요. 저 또한 약속을 못 잡아요. 더더군다나 명절을 가족들, 그니까 제가
> 입사해 가지고 명절을 딱 4번 쇄봤거든요. 그니까 명절은 행운이에요,
> 행운. 17년차 경력의 공공병원 수간호사

> 인턴, 전공의 1, 2년차를 지나면서 인간관계가 끊기고 사회적 불구가
> 되는 게 개인적으로는 힘들었었어요. 친구들을 만날 수 없으니까, 친구
> 들이 멀어지고. 결혼하고, 그러면서 벤틸레이션[ventilation(털어놓기)]
> 할 데가 많이 없으니까…. 전공의

> 용용 일요일 저녁 열한 시에 전화 안 받았다고 쌍욕 먹엇습니다. 살려
> 주세요 매일 야근 기본 12시까지 하고 간혹 새벽 4~5시까지도 합니다
> 야근 수당 없구어 한 번은 쉬비도 않고 37시간 일한 적도 잇네요 금요
> 일 아침에 출근해서 토요일 저녁 열시 넘어서 퇴근햇어어 ㅜ 얼마나 피
> 곤하냐면요. 일 끝나고 너무 졸려서 운전 못할 거 같아서 술 안 먹엇는
> 데 대리기사님 종종 불러서 집 가요. 조그만한 회사에서 설계해요 대리
> 비 사비로 씁니다. 청구해봐야 안 줄 거구요 법인 카드로 천 원 쓰는 것
> 도 쌍욕 먹어요 ㅎㅎ 업무상 부품 사러 나간 건데

> 꿀꿀빵 주말 근무 동의서를 연초마다 작성하고 있는데 기간이나 업종
> 이 명시되지 않고. "사용자가 지시하는 어떠한 업무에도 따르겠다" 하
> 는 내용에 동의를 합니다. 내용 자체가 위법일 수 있을까요?

> 하이 시대만 바뀌었지. 아직 노예제도 그대로 남아있는 거 같아요.
> ㅠㅠ 진짜 자기들 노예처럼 대하니까.

부당 해고, 장시간 노동과 수당 미지급은 단골 상담 주제다. 본문 중 고딕체는
채팅방 닉네임이며, 스마트폰 채팅의 특성상 오타와 비문이 많지만 그대로
인용했다.

주변에서 한번쯤 들어봤거나, 혹은 독자들 중 일부도 이미 경험해서 잘 알
고 있는 한국의 일터 모습이다.

2) 일터 괴롭힘

앞에서 소개한 일본과 한국의 과로 자살 사망자들은 공통적으로 장시간 노동, 과로 이외에 극심한 스트레스에 직면해 있었다. 특히 일터 괴롭힘은 과로만큼이나 노동자들을 힘들게 했다. 일본에 권력형 괴롭힘 '파워하라'가 있다면 한국에는 '갑질'이 있다. 우리 사회에서는 이미 활주로를 출발한 비행기를 되돌리라는 요구처럼 엄청난 스케일의 갑질이 가끔 언론을 통해 폭로되지만, 이는 그야말로 빙산의 일각이다. 크고 작은 일터에서 갑질은 '만연'해 있다. 왜 노동문제를 상담하는 온라인 창구 이름을 직장갑질119라고 지었겠는가. 실제로 노동연구원이 2017년에 직원 수 30인 이상인 기업에서 일하는 2500명에 대해 시행한 온라인 실태 조사에 따르면, 지난 5년간 직장 내 괴롭힘의 직접 피해 경험이 있는 응답자가 66.3%나 되었고, 간접 목격은 80%에 달했다. 괴롭힘의 가해자는 대개 상사나 선배였는데, 피해자 대부분은 "무엇을 해도 해결되지 않는다고 생각했기 때문"에 적극적으로 대응하지 않았다고 응답했다.[†]

직장갑질119에 제보된 갑질 천태만상 몇 가지를 소개해보겠다. ①의 사례처럼 회사 물건을 '자발적으로' 강매시키는 경우가 있는가 하면, ②~⑤처럼 폭언과 욕설, 모욕 사례는 너무 많아서 회사 이름만 바꾼 채 '복사해서 붙여넣기'를 의심할 지경이다. 이런 회사를 그만두고 싶어도 협박이 두려워 어쩌지 못하거나, 극심한 스트레스로 수면 장애, 체중 감소를 경험하는 이들도 있다. 상사에게 심한 욕설을 들은 이후 그 장면이 생생하게 떠오르고 지속적으로

---

[*]　권력을 뜻하는 영단어 power와 괴롭힘을 뜻하는 단어 harassment를 합친 단어인 パワーハラスメント의 축약어.

[†]　김근주·이경희, 「직장 내 괴롭힘 실태와 제도적 규율방안」(한국노동연구원, 2017).

재경험한다는 사례는 외상 후 스트레스 증후군을 의심케 한다. 상담자 중에는 자살 시도를 한 이들도 있었다. 제보자 ⑥의 사연처럼 특정한 한두 명이 아니라 조직적으로 집단적인 따돌림이나 괴롭힘을 가하는 경우도 있다. 일본 과로 자살 사례의 '이지매'에 해당하며, 피해자는 그 스트레스로 인해 정신과 치료를 받고 있었다.

---

① 회사 물건 강매

오직치맥뿐: 애사심 고취를 핑계로 명절마다 회사 제품을 강제로 구매를 '권'합니다. 하지만 목표 금액이 주어지고요 실질적으로는 팀별 구매 실적, 개인의 팀과 사번, 실명까지 공개하며 순위 매긴 파일을 전체 메일로 보냅니다. 그러므로 임원들 눈치 보는 팀장은 판매 실적이 저조한 사원에게 암묵적으로 강요하지요. 이 경우 법적으로 어떤 위반에 해당 되나요?

② 욕설과 퇴직 요구 거절, 협박

죽을꺼 같습니다: 회사를 옮긴 지 3개월인데 처음엔 월급도 많이 주겠다, 연봉 이외엔 달라고 한 적도 없는데, 사장이 성과급 이런 걸 적어 일하게 됐습니다. 추석 보너스도 주고. 그런데 사무실엔 20대 여직원 뿐이고 어느 날부터 오래 근무한 어린 직원에게 아침부터 저녁때까지 화를 내고 욕을 합니다. 그러고 업체든 계약하고 본인 말을 안 듣거나 기분이 나쁘면 맘대로 계약파기에 소송을 합니다. 그러다 조금만 일이 잘못되면 욕을 하면서 다 책임지라고 하는데, 견디다 못해 사표를 냈더니 욕을 하면서 신불자 만들어줄까 협박을 합니다. 무서워서 다른 사람 구할 때까지 나오지도 못하고, 매일 욕 들으면서 있는데, 굳이 여자만 고용하겠다며 그나마 들어온 면접도 1시간 전에 취소하고. 기분 상하게 했다 저한테도 온갖 명

목으로 소송 걸까 봐 무섭습니다. 오늘도 한 업체가 기분 나쁘다고 돈을 안 주더니 결국 먼저 소송하겠다고 난리인데 언제 관둘 수 있을지 버텨야 되는지 고민입니다.

#③ 상사의 폭언으로 인한 스트레스, 자살 시도

XX이 열 받을 땐 반말과 소리 지름이 반복되었지만 일을 배우려는 마음으로 참았습니다.

저는 ○○○의 행동에 화가 났습니다. 제게 은근히 모욕적인 말을 했습니다.

눈을 왜 그렇게 뜨고 다니냐, 약 먹었냐, 일을 왜 비효율적으로 하냐 (XX은 비효율적이라고 하지 않음). 기분 좋게 머리하고 왔더니 머리 만지면서 툭 치는 등. 결국 정말 스트레스로 자살 시도를 했습니다. 죽으면 다행인데 안 죽더라구요, 사람이 쉽게. 힘줄 및 인대 파열 수술 받고 4주 진단이 나왔으나 이틀 입원하고 바로 일하러 갔습니다.

#④ 선임의 괴롭힘으로 인한 스트레스(간호사, 이메일 제보)

취업이 늦어져서 신규 간호사로 입사하게 되었다. 제가 일할 부서와 저를 지도하시는 프리셉터가 배정이 되었는데, 입사 3일째부터 태움이 시작되었다.

"그만 둘 거면 빨리 그만둬라" "나랑 안 맞는 것 같다"

일을 시켜놓고 중간에 다른 일시키고 시간되니깐 왜 안 했냐고 물으며 혼을 낸다. 20분 걸릴 일을 시켜놓고 중간에 3~4번 불러서 다른 일시키고 혼내고 하더니 20분 후에 부르더니 그 동안에 왜 다 못했냐며 혼을 낸다.

"쥐어 팰 수도 없고…" "출근시간이 늦다 세 시간 먼저 나와라"

(모니터 화면을 보면서) "이게 눈에 안보이냐? 눈깔을 빼서 씻어줄까?"

"저한테 좀 맞으실래요? 왜 하라는 대로 안 해?"

환자 생명 운운하며 매일매일 혼을 내고 괴롭힌다. 나는 항상 죄인처럼 걸어 다니고 죄인처럼 인사하고 죄인처럼 대답하고 죄인처럼 밥 먹고. 1년 버틸 수 있을까? 난 하루하루가 견디기 힘들다.

괴롭히고 혼을 내도 이러다 말겠지 생각에 굽신굽신하고 싫은 내색을 안 했다. 기분 나쁨이 내 얼굴에 나타나기까지 멈추지를 않더라……. 너무 우울하다. 내 삶에서 웃음이 사라졌다. 웃긴 걸 봐도 웃기지 않는다. 음식도 맛이 없다. 물맛도 쓰게 느껴진다. 두 달 만에 7kg이 빠졌다. 자도 피로가 풀리지 않고 잠이 들기 전 마음이 너무 괴롭고 가슴이 두근거린다. 매일매일이 끔찍하다.

⑤ 상사의 집요한 보복과 괴롭힘

저는 남들 다 들으면 알 정도의 기업에 다니고 있습니다. 오늘 아침까지도 육두문자를 듣고 시작하였습니다. 재직 중간쯤 퇴사자가 해당 지점장을 인사 그룹에 고발조치 하였습니다. 인사 그룹에서 정식적으로 조사하고 매장에 몇몇 직원들에게 내용증명 사실 확인서 작성하라고 하여 작성하였습니다. 그중 직위에 있는 한 남성 직원은 거짓으로 작성하였고 여성직원들은 사실대로 작성하였습니다.

해당 내용으로 그 당시 지점장은 감봉 조치가 이뤄졌습니다. 문제는 그 후입니다. 인사 그룹에 조치는 저희가 작성한 사실 증명서를 고스란히 가해자인 지점장에게 읽어주었다고 합니다. 저는 인사 그룹에 매장에서 지점장이 제가 고발한 거라고 직원들에게 공유하여 저를 의심해서 피해가 심하다고 말씀드렸습니다. 그 부분은 걱정 말라고 조치하겠다고 하시고 근무하게 하였습니다. 어떤 천하 호인이라도 가해자와 피해자가 한방에 있으면 보복을 안 하겠습니까? 게다가 지위와 권력까지 있는 분이 당연히 보복하죠! 그후 회식 자리에서 "키메라", "아수라 백작", "이중인격자", "내가 세상 사람 다 믿어도 넌 못 믿는다", "조폭 꽃 돼지" 등의 발언으로 몇

년 간 무참히 언어 폭력에 시달렸습니다. 평소에도 휴무 날 전화 바로 안 받으면 "여보세요?", "야 씨발 년아"라고 바로 욕이 날라오십니다. 저는 심한 욕설로 지금도 그 당시 상황이 눈에 아른거리고 귀에 들립니다. 정확하게 "이 씨발 개 같은 년이 존재 가치도 없는 게 좆 같은 년"이라고 욕을 하시면서 자신의 안경을 손으로 접었습니다. 욕의 사유는 우체국을 늦게 다녀왔다고 하시길래 "정 급한 거였음 다른 직원도 있고 우체국이 꼭 저만 가야 되나요?"라고 말하니 저 욕이 날라온 겁니다. 저는 저 음성과 저 장면이 계속 눈에 보입니다.

⑥ 집단적 괴롭힘으로 인한 정신 질환 발병

하리: 저는 10년 넘게 일한 회사에서 이유도 모른 채 인사팀과 간부들로부터 수 개월간 조직적인 괴롭힘과 폭언, 갑질, 불합리한 차별로 마녀사냥을 당해 전보 배치 받았습니다. 하지만 옮긴 사업장에서도 이미 본사에 투서를 넣어서 온다더라, 상사를 폭행하고 온다더라 등 거짓 유언비어가 퍼져 있었습니다. 또한 그곳 상사의 갑질과 괴롭힘이 끝나지 않았고 본부에서 대화할 때 녹음하라는 지시를 받았다고 합니다. 또한 평가 역시 아무리 노력해도 안 될 거니 좋은 평가는 기대하지 말라고 하더군요. 그 후 회사 고충 처리 부서에 도움을 요청했지만 오히려 저의 주변을 사찰해 저의 흠을 잡으려 했고 금전 요구했다는 또 다른 유언비어가 퍼졌습니다. 이 억울함을 전 사원이 가입돼 있는 회사소통 sns에서 올렸다는 이유로 현 재직 중인 직원임에도 강퇴시켰네요. 결국 저는 스트레스를 견디다 못해 정신과 치료도 받고 있어요. 본사에서는 처리하겠다는 말뿐 기다림만 계속되네요. ~ㅜ 여기에도 회사 관계자나 댓글 부대가 있을까 두려워 어렵게 글 올립니다.

〈표 3〉 직장갑질119 오픈 채팅방 참여자들의 닉네임 사례

> 돈떼먹지마라 / 곧 퇴사예정 / 이사에게 복수를 / 이게나라냐 / 힘들다
> / 풍전등화 / 갑질극혐 / 퇴사라는꿈 / 힘뷰러 / 도와주세요 / 을오브을
> / 갑질청소기 / 디자인노비 / 입사지옥 / 쉬고싶은 / 야근덕후 / 몸도마
> 음도언제나겨울 / 포괄 임금제로 야근수당 못받나요 / ㅠ.ㅠ / 헬직장탈출
> / ㅠㅠ / 돈내놔 / 도와주세요 / 을of을 / 갑질적폐청산 / 바뀔꺼야 / 사필귀정
> / 갑질근절 / 갑질재섭써~ / 갑질시러 / 갑질노노 / 힘들어 / 이직준비중
> / 제발! / 을중을 / 18 갑질 척결!! / 힘없는직원 / 지만잘났어 / 화난다
> / 빡심스트레스 / 이민이 답인가? / 직장언어폭력 / 쑤셔쑤셔 무릎이 /
> 죽을꺼 같습니다

국내에서 과로 자살로 산재를 인정받은 사례들은 대개 전문직, 관리직 종사
자들이거나 유가족이, 시민사회의 끈질긴 공동 대응을 통해 사회적으로 공론
화된 사례들이었다. 이렇게 예외적으로 산재가 인정되거나 사회적으로 공론
화된 사례들 뒤에는 직장갑질119에 도움을 요청할 수밖에 없는 수많은 '을'들
의 고통이 존재한다. 오픈 채팅방에 참여한 이들의 닉네임에서 이들의 애환이
그대로 드러난다(〈표 3〉).

이들은 일터의 낮은 지위 때문에 폭력과 괴롭힘, 부당한 요구에 직면하고,
바로 그러한 권력의 열세 때문에 적절한 대응이 어렵다는 공통점을 갖고 있었
다. 산재 신청은커녕 명백한 불법적 행위에 대해서조차 제대로 대응할 수 없
는 것이 많은 노동자들이 처한 현실이다.

이러한 상황은 과로와 과로 자살 문제를 검토할 때 완결된 자살, 산재로 인
정된 자살 사례만을 살펴보는 것만으로는 왜 불충분한지 깨닫게 해준다.

3) 노동자를 보호해줄 법과 제도는 어디에 있는가?

국내에서 노동자를 보호하는 일차적 제도는 근로기준법이다. 여기에 명시된 근로기준은 법령에서 스스로 밝힌 것처럼 그야말로 '최저 기준'(제3조)이지 표준이나 목표 기준이 아니다. 그래서 이 기준에 미치지 못하는 근로조건을 정한 계약은 그 부분에 한하여 무효라는 조항(제15조)도 있다. 근로기준법에는 강제 근로 금지(제7조), 폭행 금지(제8조) 같은 조항, '묻지 마' 근로계약을 하지 않도록 임금, 근로시간, 휴일과 유급휴가, 근로조건 등을 명시하라는 조항(제17조)도 들어 있다. 너무 당연한 것들이라 이걸 굳이 법으로 명시해야 하나 싶지만, 앞서 소개한 과로 자살 사례나 직장갑질119 사연들을 보면 이조차도 제대로 지켜지지 않는 것이 현실이다.

근로기준법은 제50조에서 제63조에 걸쳐 근로 시간과 휴식에 대한 상세한 규정을 담고 있다. 현재 '원칙적으로' 주당 근로시간은 휴게 시간을 제외하고 40시간을 초과할 수 없고 1일 근로 시간은 8시간을 초과할 수 없다(제50조). 다만 노사 당사자의 합의에 의해 주 12시간 한도로 근로시간을 연장할 수 있다(제53조). 사용자는 노동자가 연장·야간·휴일 근로를 한 경우에 통상 임금을 가산하여 지급해야 하며(제56조), 임금 대신 보상 휴가를 제공할 수도 있다(제57조). 또한 사용자는 4시간 이상 근로에서는 30분 이상, 8시간인 경우에는 1시간 이상의 휴게 시간을 보장해야 한다. 이 때 휴식 시간은 노동자가 자유롭게 이용할 수 있어야 하고(제54조), 1주에 평균 1회 이상의 유급휴가를 보장해야 한다(제55조).

그런데 이러한 원칙은 현장에서 제대로 지켜지지 않으며, 아예 합법적 예외도 존재한다. 탄력적 근로시간제(제51조)나 선택적 근로시간제(제52조)를 통해 1일 근로시간, 1주 근로시간 한도 규정을 우회할 수 있고, '재량 근로제'라는

〈표 4〉 포괄 임금제와 장시간 노동

> [디자인에이전시] 여기 저 포함 디자인 직원 전체가 포괄 임금제라는 명목하에 야근 수당도 못 받고 새벽 근무에 철야까지 하면서 근무하고 있어요. 3개월 수습 기간에 월급의 85% 지급에다, 주말 전부 출근할 때도 있고요. 특히나 신입 같은 경우에는 연봉 1800~2000 사이를 받는데도 새벽 4시 다음날 아침 12시까지 일하는 경우도 있구요. 리프레시 휴가를 주지만 주말 하루 나와서는 주지도 않고 토,일 전부 나와야 휴가 하루만 줍니다. 평균 회사 하루 근무시간이 최소 14시간 이상이고요.
> 부당하다고 생각되지만 제 이름을 걸고 신고를 하면 여기 업계가 좁아서 다음 채용에 불이익이 있을 수도 있고 일이 복잡해질 듯한데 익명으로 신고할 수 있는 방법이 있을까요?

이름으로 근로시간 계산에 아예 특례를 적용할 수도 있다(제58조). 현재 근로기준법 시행령(제31조)상 재량 근로가 허용되는 업무는 ① 신상품 또는 신기술의 연구 개발이나 인문사회과학 또는 자연과학 분야의 연구 업무, ② 정보처리 시스템의 설계 또는 분석 업무, ③ 신문, 방송, 또는 출판 사업에서의 기사의 취재, 편성 또는 편집 업무, ④ 의복, 실내장식, 공업 제품, 광고 등의 디자인 또는 고안 업무, ⑤ 방송 프로그램, 영화 등의 제작 사업에서의 프로듀서나 감독 업무 등이다.

물론 진전은 있었다. 지난 10년 동안 한국 사회의 평균 노동시간과 장시간 노동자 비율은 꾸준히 감소해왔다(〈그림 3, 4〉 참조). 특히 지난 2018년 개정된 근로기준법은 정부의 장시간 노동 근절의 의지를 분명히 보여주었다. 예컨대 1주당 최대 근로시간이 휴일 근로를 포함해 52시간임을 분명히 했고(제2조), 근로시간 특례 업종을 5개 업종으로 축소했으며, 이들 업종에서도 근로일 사이에 최소 11시간 이상의 연속 휴식 시간을 부여하도록 했다(제59조). 또한 2019년 1월 개정된 근로기준법에는 '직장 내 괴롭힘' 금지 조항(제76조 2항과 3항)이 신설되었다. 문제는 이렇게 노동시간을 축소하는 가운데에서도, 산업계의 요청을 받아들여 탄력적 근로시간제 확장을 도모하고 있다는 점이다. 이는 가와히토 변호사의 지적처럼 애써 이룩한 노동시간 축소를 무위로 만들 수 있다는 점에서 심각한 문제가 아닐 수 없다. 또한 직장 내 괴롭힘 문제를 근로기준법에 사업주의 책무로 명시한 것 자체는 바람직하지만, 앞서 직장갑질119 제보 사례들처럼 중소기업에서는 사업주가 괴롭힘의 가해자인 경우가 많기 때문에 얼마나 효과를 발휘할 수 있을지 의문이다.

한편 산업안전보건법은 "근로자의 신체적 피로와 정신적 스트레스를 줄일 수 있는 쾌적한 작업환경을 조성하고 근로조건을 개선할 것"을 사업주의 의무로 정하고 있다(제5조). 또한 2018년에는 고객 응대를 주 업무로 하는 노동자들에게 고객 폭언 등으로 인한 건강 장해 예방 조치를 담은 조항이 신설되기도 했다(제26조2). 서비스직 노동자의 감정 노동, 고객의 '진상·갑질'로 인해 발생하는 건강 문제를 인정하고 제도적 대응책을 마련했다는 점에서 이는 커다란 진전이다. 그럼에도 불구하고, 산업안전보건법은 여전히 물리적·화학적 유해인자, 사고성 재해 예방에 치우쳐 있다는 비판을 면치 못하고 있다.

과로나 괴롭힘으로 인해 건강 문제가 생기거나 사망에 이르게 되면 산업재해보상 보험법의 영역이 된다. 이 법률의 업무상 질병 인정 기준(제37조 2항)에는 "근로자의 고의, 자해 행위나 범죄 행위 또는 그것이 원인이 되어 발생한 부상, 질병, 장해 또는 사망은 업무상의 재해로 보지 아니한다. 다만 그 부상, 질병, 장해 또는 사망이 정상적인 인식 능력 등이 뚜렷하게 저하된 상태에서 한 행위로 발생하는 경우로서 대통령령으로 정하는 사유'가 있으면 업무상의 재해로 본다"는 조항이 있다. 과로 자살의 산재 인정은 이 조항에 기초해 이루어진다. 또한 2019년 근로기준법 개정안에 직장 내 괴롭힘 금지가 포함되면서, "직장 내 괴롭힘, 고객의 폭언 등으로 인한 업무상 정신적 스트레스가 원인이 되어 발생한 질병"도 업무상 질병 인정 기준에 추가되었다. 문제는 산재 승인 여부를 따지기 이전에, 산재보상 청구 절차가 복잡하고 노동자들이 제도에 대해 잘 모르거나 고용상의 불이익을 우려해, 혹은 사측의 비협조 때문에 제도 안으로 진입하는 것 자체가 쉽지 않다는 점이다. 과로 자살의 산재 승인 사례들이 비교적 화이트칼라 전문·관리직에 빈번한 것도 이러한 점과 관련 있다. 고 장민순 웹 디자이너나 고 이한빛 PD의 경우에도, 사측이 협조해주지 않아 죽음과 업무 연관성을 입증하기 위해 유가족이 상당한 노력을 기울여야만 했다.

4) 전근대적 가부장주의, 글로벌 자본주의, 취약한 사회보장제도의 잘못된 만남

과로, 과로사, 과로 자살이 아주 드물게 나타나는 일이라면 우리는 이를 어쩔 수 없는 개인의 불운이라고 생각할 수 있다. 하지만 '복사해서 붙여넣기'를 보는 것처럼 희생자들에게서 비슷한 상황이 반복적으로 나타난다면, 이는 개인의 속성이나 우연 탓으로 돌릴 수 없다. 그러한 사건들의 이면에 구조적 요인, 사회적 힘이 작동한다고 볼 수 있다. 스스로 목숨을 끊은 이들에게는 희생자의 숫자만큼이나 다양한 각자의 사연이 있고, 누가 자살에 이르게 될지 우리는 미리 예측할 수 없다. 하지만 우리는 과거의 자살률 통계를 이용해 올해의

---

* 시행령 36조에서 다음의 하나에 해당하는 경우 ① 업무상의 사유로 발생한 정신 질환으로 치료를 받았거나 받고 있는 사람이 정신적 이상 상태에서 자해 행위를 한 경우, ② 업무상의 재해로 요양 중인 사람이 그 업무상의 재해로 인한 정신적 이상 상태에서 자해 행위를 한 경우, ③ 그 외에 업무상의 사유로 인한 정신적 이상 상태에서 자해 행위를 하였다는 것이 의학적으로 인정되는 경우.

자살률을 추정할 수 있고, 특별히 취약한 집단을 미리 진단할 수도 있다. 이것이 바로 사회적·구조적 힘이고, 에밀 뒤르켐의 통찰이다. 또한 "어떤 개인이 특정 시점에 질병에 걸린 원인과 인구 집단 발생률의 원인이 다를 수 있다"면서 집단적 문제에는 집단적 해결책이 필요하다고 역설한 역학자 제프리 로즈(Jeoffrey Rose)*의 주장과도 맞닿아 있다.

한국의 일터에서 왜 그토록 많은 노동자들이 과로와 괴롭힘에 시달리는가? 또 그렇게 고통을 겪으면서도 왜 일터를 떠나지 못하는가? 이에 답변하기 위해서는 노동자 개인을 넘어선 사회적·구조적 요인에 대한 분석이 필요하다.

우선 한국 노동시장의 고질적 저임금과 불안정 고용구조를 빼놓고는 이 현상을 설명하기 어렵다. 저임금은 '자발적' 장시간 노동을 강요하고, 항구적 고용 불안은 정규직이든 비정규직이든 과도한 노동이나 불리한 조건을 '기꺼이' 감수하도록 만든다. 4차 산업혁명의 시대가 도래했다고 떠들어대지만, 글로벌 경쟁을 이유로 일터에서 마른 수건 쥐어짜기, 자발적 몰입과 헌신을 강요하는 경우도 더불어 늘어나고 있다. 예컨대, 〈표 5〉는 보건 의료체계의 시장화, 경쟁 심화가 가져온 노동의 변화를 보여준다. †

국제 학술 논문들은 단기간 동안 장시간 노동을 하고 휴식을 충분히 제공하는 '압축 근무(compressed work)', 병원처럼 교대 근무가 필수적인 일터라면 '전방 순환 교대(forward rotation)'가 그나마 나은 근로 형태라고 추천한다. 그러나 필자가 직접 인터뷰한 병원 노동자나 전문가들은 이러한 방식에 모두 고개를 내저었다. 이미 8시간 체제에서도 너무 오래, 너무 많이 일하고 있기 때문에, 12시간 근무제가 공식적으로 인정된다면 노동 시간은 훨씬 더 길어질 것이라 우려했다. 또한 어떤

---

* 제프리 로즈 지음, 김명희 등 공역, 『예방의학의 전략』(한울 아카데미, 2010).
† 김명희·고한수·이명준·김창엽, 「ILO 국가별 사례 연구 – 최종 보고서. 한국 보건 의료 부문의 근로시간 형태와 그 영향」(시민건강연구소, 2015).

〈표 5〉 보건 의료체계의 상업화, 영리화에 따른 노동의 변화

> 병원 측에서 퇴원을 빨리 해라, 다른 환자를 받기 위해서…. 그래서 환자가 더 많이 늘었어요. 옛날에는 저녁에 퇴원 안 했어요. 그런데 지금은 (밤) 12시, 1시에도 퇴원을 해요. 청소 노동자
> 최근에는 뭐 고객에 감동을 주는 서비스를 해라, 이래가지고 근무 끝난 다음에도 전화번호 알려줘서 전화 오게 하는……. 노동조합 활동가

바람직한 교대제를 설계한다 해도, 충분한 인력이 보장되지 않으면 제대로 작동할 수 없을 것이라 지적했다. 노동시간, 과로 문제는 시장을 규율하고 기업의 이윤 추구 방식을 변화시키지 않고는 근본적 해결이 어렵다.

여기에 나이나 성별, 지위 등에 의한 신분의 위계를 강조하는 가부장주의가 상황을 악화시키는 데 한몫하고 있다. 근로계약이란 모름지기 노동력과 임금의 교환을 둘러싼 동등한 주체들, 사용자와 노동자 사이의 계약이다. 그리고 일터에서의 지위가 인간 존재의 우열함을 반영하는 것도 아니다. 하지만 현실에서 근로계약은 거의 인신 구속에 가까운 '노예 계약'으로 전락하기도 하고, 직장 내의 지위가 중세 시대의 신분 질서로 작동하는 것이 한국의 일터이다. 〈표 6〉의 사례는 일터 내 가장 낮은 지위에 있는 이들이 어떻게 조직적으로 착취당하고 있는지를 잘 보여준다.

노동자 개개인의 '멘탈'과 '노오력'만으로는 이러한 사회적 힘을 견제하거나 물리칠 수 없다. 노동자의 조직된 힘, 이를 뒷받침하는 법률과 사회적 보호 장치가 필요하다. 1980년대 중후반 거세게 일어난 민주 노조 운동 당시, 노동자들의 요구 중에 임금 인상이나 근로 환경 개선 외에 '두발 검사 폐지'가 있었다는 점은 상징적이다. 일터에서 인간으로서의 존중을 확보하기 위해, 노동

〈표 6〉 위급 상황 호출 대기는 신규 간호사의 몫

> 노동조합은 온콜(on-call) 대기하는 것도 이건 딴 일을 못하는 거기 때문에 이것도 이제 인정해야 된다고 얘기하니까, 최근에는 어떤 편법까지 쓰냐면, 대기자를 미리 지정해놓지 않고 어떤 상황이 터지면 그때 대기자를 물색하게 하는 거죠. …… 신규(간호사)부터 전화를 해서, 올 수밖에 없는 약자들부터 이제 오게 한다는 거죠. **노동조합 활동가**

자는 힘을 합쳐야 한다. 그리고 바로 이 점이 우리 사회에서 문제 해결을 어렵게 만드는 요인이기도 하다. 노동조합에 적대적인 사회 문화, 노동자의 조직화와 단체 행동을 어렵게 만드는 노동 법률, 그리고 일터를 벗어났을 때 사회적으로 보호받을 수 있는 장치가 별로 없다는 점은 일하는 이들이 힘을 모으고 협상하는 것을 어렵게 만든다. 노동자들이 노동조합이 아니라 직장갑질119에, 그것도 거듭 익명 보장을 요구하며 각자 사연을 제보하고 도움을 요청할 수밖에 없는 이유이다.

이런 면에서, 한국의 과로, 일터 괴롭힘, 과로사와 과로 자살을 막기 위해서는 근로기준법이나 산업안전보건법 같은 구체적 법률의 보완뿐 아니라, 노동자의 권력 강화와 사회보장제도의 강화 같은 '근본적' 개혁이 절실하다는 점을 이야기하지 않을 수 없다.

4. 글을 마치며

과로사와 과로 자살을 막기 위한 일본의 법률 제정, 근로시간 단축, 근로시간 특례 업종 축소를 담은 국내 근로기준법의 개정. 이 모든 것은 노동자들의 안타까운 죽음을 딛고 유족, 노동계, 시민사회가 노력해서 빚어낸 결실이다. 안타까운 희생이 일어나기 전에 미리 예방했으면 더욱 좋았겠지만, 지금 이 시간에도 과로와 괴롭힘에 시달리는 노동자들이 많다는 점을 생각하면 그나마 다행이기도 하다.

하지만 과로, 과로사, 과로 자살에 대한 통계자료의 수집과 문제의 정확한 진단, 이 문제의 사회적 공론화, 적절한 예방 제도 마련, 사회적 보호의 증진, 전반적인 시장의 규율과 노동 권력 강화 등, 우리는 여전히 가야 할 길이 멀다. 이 길에서 우리보다 조금 먼저 이 문제를 겪고 사회적 대응을 모색해온 일본 사회의 경험이 안내판의 역할을 해줄 수 있기를 기대한다.

특별히 지금도 과로와 일터 괴롭힘 때문에 남모를 고통을 겪고 있는 독자가 있다면, 아래의 연락처를 통해 지지와 도움을 받을 수 있다는 점을 알리며 글을 마친다.

- 직장갑질119: 카카오톡 오픈채팅 http://gabjil119.com/
  이메일 gabjil119@gmail.com
  페이스북 https://www.facebook.com/gabjil119/
- 한빛미디어노동인권센터 http://hanbit.center
- 과로사예방센터 02-490-2352
- 자살예방상담전화 1393
- 한국생명의전화 https://www.lifeline.or.kr/ 1588-9191

학술 연구의 세계에 진입하고 나면 영어로 된 자료와 논문에 대한 의존도가 높아지기 마련이다. 하지만 국제 학술 공동체의 일원이 되고 국제적 동향을 읽어내는 작업은 상당 부분 북미와 유럽에 편중된 전문 지식 체계를 구축하는 과정이기도 하다. 가끔씩, 여기에 틈새가 드러난다.

한국의 여러 제도와 문화적 습속, 문제점의 근원을 찾아가다보면 서구가 아닌 일본 사회와 마주치는 일이 더 많기 때문이다. 예컨대 한국의 자살 문제 특성을 이해하기 위해 여러 나라의 자료를 펼쳐놓았더니, 일본이라는 짝이 분명하게 드러났다. 장시간 노동, 기업별 노조, 비정규직 차별, 성차별, 이주민 혐오, 저출산……. 영역은 다르지만, 이런 주제에 관심을 가질 때마다 항상 일본 사회와 마주쳤다. 그때마다 일본 사회를 공부해야겠다는 마음이 조금씩 일었다.

마음만 있을 뿐 좀처럼 실천에는 옮기지 못하던 와중에 지인이 미야우치 마사요시(宮內正義) 선생님을 소개해주셨다. 그리고 미야우치 선생님이 일본으로 귀국하시면서 다나카 신이치(田中眞一) 선생님을 소개해주셨다. 두 분은 한국어에 능통할 뿐 아니라 한국과 일본의 역사에 무척이나 조예가 깊으셨고,

심지어 본업에 쫓기는 학생의 수업 불참을 우려하여 내가 일하는 연구소로 찾아와 수업을 진행해주셨다. 일주일에 한 번씩 오셔서 한두 시간씩 같이 책을 읽고 문장에 대한 해설과 일본 사회의 맥락을 설명해주셨다. 처음으로 읽은 책이 『전후사(戦後史)』(이와나미신서, 2005), 두 번째 책이 『기회불평등(機会不平等)』(문춘문고, 2004), 세 번째 책이 한국에도 독자층이 두꺼운 우에노 치즈코(上野千鶴子) 교수의 『여성들의 서바이벌 대작전(女たちのサバイバル作戦)』(문춘신서, 2013)이었다. 그리고 작년에 다나카 선생님이 일본으로 돌아가시면서 노미애 선생님을 소개해주시고, 이 책 『과로 자살』을 교재로 추천해주셨다. 책을 한 권씩 읽어나갈 때마다 내가 이 가까운 나라에 대해 얼마나 무지한지, 왜 일본 사회를 꼭 이해해야 하는지 절실하게 깨달을 수 있었다. 심지어 국내 학술 서적과 논문, 법률 조문에 넘쳐나는 수동태와 만연체 문장, 어려운 한자어의 기원을 깨닫는 뜻밖의 소득도 있었다.

『과로 자살』을 읽으면서, 쌍둥이처럼 빼닮은 일본과 한국의 일터 모습, 국경을 넘어 전해지는 유가족들의 절절한 사연, '복붙(복사하여 붙여넣기)' 수준의 산재 불승인 결정문에 가슴이 답답했다. 그러나 문제의 원인을 차근차근 진단하고, 많은 이들의 노력으로 과로사예방법이 제정되는 과정을 따라가다 보니, 한국 사회에 이 책을 소개하고 과로, 과로사, 과로 자살 문제를 많은 이들에게 알리는 것이 문제 해결의 첫걸음이 될 수 있겠다는 생각이 들었다. 그래도 형편없는 일본어 실력 때문에 마음을 정하지 못하고 있을 때, 다나카 신이치, 노미애 선생님이 적극적으로 나서 번역 작업을 이끌어주셨다. 사전의 도움을 받아가며 겨우 책을 읽을 수 있는 내가 번역한 글들을 단어 하나하나 원문과 대조하며 확인하고 수정해주신 두 분 선생님이 없었더라면 이 책은 나올 수 없었다. 공동 번역자이자 좋은 과외 선생님이었던 두 분께 지면을 빌려 다시

한 번 감사의 말씀을 전하고 싶다.

그리고 한국의 과로 자살 현황을 살펴보는 부록 글을 쓸 수 있도록 자료 수집을 도와주신 한양대학교 보건대학원 김인아 교수, 일과 건강 한인임 사무처장, 노동건강연대와 직장갑질119의 전수경 활동가, 한국노동안전보건연구소 최민 상임연구원, 법률에 대한 질문에 친절하게 답해주신 노동건강연대 유성규 노무사에게도 감사의 말씀을 전한다. 무엇보다 사례 수록을 허락해주신 고 장민순 웹 디자이너, 고 이한빛 PD의 유가족인 장향미, 이한솔 님께 특별히 감사드린다.

인권의 다른 영역도 마찬가지겠지만, 특히 한국 사회 노동자 건강권의 발전사는 희생과 투쟁의 역사라 할 수 있다. 평범해 보이는 법조문의 한 구절, 산재 승인 판결문의 한 줄마다 노동자의 생명과 피땀, 때로는 수년에 걸친 유가족과 노동·시민사회의 투쟁이 아로새겨져 있다. 우리가 예전보다 조금이라도 안전하고 건강한 일터에서 일할 수 있게 된 것은 바로 이들 덕분이다. 이제는 더 이상 희생을 딛고 나아가는 사회가 아니라, 미리 희생을 예방하는 사회가 되어야 한다. 우리보다 먼저 과로, 과로사, 과로 자살 문제에 직면하고 해결을 도모했던 일본 사회의 경험이 담긴 이 책『과로 자살』이 희생을 미리 '예방'하는 노력에 조금이라도 도움이 되었으면 하는 바람이다.

2019년 2월 20일
번역자를 대표하여 김명희

지은이

가와히토 히로시(川人博)
변호사(가와히토 법률사무소)
도쿄대학 경제학부 졸업
1998년부터 과로사 110번 활동에 참여
현재 과로사 변호단 전국 연락회의 간사장
후생 노동성 과로사 등 방지 대책 추진 협의회 위원
과로사 등 방지 대책 추진 전국 센터 공동 대표 간사
도쿄 변호사회 인권위원회 국제 인권 부회장
저서: 『과로 자살』(1998년 초판, 2014년 개정판), 『과로사 제로 사회를 위하여』(2017년 공저), 『과로
      사, 과로 자살 산재 인정 매뉴얼 Q&A로 알아보는 보상과 예방』(2012년 공저)

옮긴이

김명희
시민건강연구소 건강형평성연구센터장
노동건강연대 집행위원
한양대학교 의과대학, 서울대학교 보건대학원, 한양대학교 대학원 졸업
저서: 『몸은 사회를 기록한다』(낮은산, 2018 공저), 『한국의 건강불평등』(서울대학교 출판부, 2015 공
      저), 『예방의학의 전략』(한울 아카데미, 2010 공역), 『보건의료의 사유화: 불편한 진실』(후마니
      타스, 2010 공저), 『노동자건강의 정치경제학』(한울아카데미, 2007 공역), 『부유한 국가, 불행한
      국민』(몸과 마음, 2004 공역), 『사회역학』(한울아카데미, 2003 공역)

노미애
한국방송통신대학교 일본어번역연구회
덕성여대 영문학과, 방송통신대 일본학과 졸업
저서: 『일본 도자기의 신, 사기장 이삼평』(지식과 감성, 2015 공역), 『저출산 무엇이 문제인가』(지식과
      감성, 2017 공역), 『인구감소와 지방소멸』(지지통신사, 2018 공역), 『어느 과로사』(건강미디어
      협동조합, 2018 공역)

다나카 신이치(田中眞一)
한국방송통신대학교 일본어번역연구회
메이지대학 문학부, 아이치대학 법학과 졸업
아이치 현립 고등학교에서 30년간 사회과 교사로 일한 후 퇴직
2009년 경희대학교 국제교육원에서 한국어 연수 과정 수료
일한교육실천(日韓教育実践研究会) 연구회 회원
저서: 『일본 병원사』(한울아카데미, 2017 공역), 『어느 과로사』(건강미디어협동조합, 2018 공역)

과로 자살

지은이 **가와히토 히로시**
옮긴이 **김명희 · 노미애 · 다나카 신이치**
펴낸이 **김종수**
펴낸곳 **한울엠플러스(주)**
편집 **전성준** ┃ 편집책임 **조수임**

초판 1쇄 인쇄 **2019년 3월 5일**
초판 1쇄 발행 **2019년 3월 15일**

주소 **10881 경기도 파주시 광인사길 153 한울시소빌딩 3층**
전화 **031-955-0655**
팩스 **031-955-0656**
홈페이지 **www.hanulmplus.kr**
등록번호 **제406-2015-000143호**

Printed in Korea.
ISBN   978-89-460-6623-6 03330 (양장)
       978-89-460-6624-3 03330 (반양장)